Herrmann Mostar · Unschuldig verurteilt!

Herrmann Mostar

Unschuldig verurteilt!

Aus der Chronik der Justizmorde

Herbig

Umschlagentwurf: Ralf Rudolph
Satz: VerlagsSatz Kort GmbH, München
Druck und Binden: Welsermühl, Wels/Oberösterr.
Printed in Austria 1979
ISBN 3-7766-0937-0

Inhalt

Einleitung

oder

Warum gibt es Justizmorde?

I

»Ein unschuldig Verurteilter ist die Angelegenheit aller anständigen Menschen!« schrieb La Bruyère, und er schrieb es in einer Zeit, die den Richter bestenfalls nach seinem Wissen, kaum je nach seinem Gewissen wählte und wertete, die keine öffentliche, sondern nur eine geheime Justiz kannte, abhängig von unentdeckbaren und unentwirrbaren Einflüssen der großen und kleinen Machthaber, der staatlichen und privaten Interessen, der Tagespolitik, des Glaubens, des Aberglaubens und der Korruption – kurz: in einer Zeit, die kaum entscheiden konnte, ob jemand zu Recht oder zu Unrecht verurteilt worden war. Das war nicht immer so gewesen: beim Thing unter den germanischen und keltischen Eichen hatte zuerst das Volk selbst Recht gesprochen und dann, als des Volkes zuviel wurde, ein erwählter Rat der Ältesten und Weisesten, und seit die Zeiten des Zweikampfes und des Gottesurteils vorüber waren, hatte man es keinem Angeklagten verwehren können, vor aller Öffentlichkeit den Beweis für seine Unschuld anzutreten. Das war auch in der Epoche La Bruyères nicht überall so: mit den Normannen war diese Rechtsauffassung nach England gelangt, und bereits seit dem Jahre 1215 konnte kein freier Engländer ohne den öffentlich abgegebenen Wahrspruch von Geschworenen verurteilt werden, die seinesgleichen waren. Das ist schließlich heute auch bei uns nicht mehr so: mit der Französischen Revolution kehrte das Geschworenen- und Schöffensystem in seine Urheimat zurück, und in allen demokratischen Ländern sprechen seither bei schwereren Fällen Fach- und Laienrichter gemeinsam, spricht das Volk wieder Recht.

Welche Einwände nun auch gegen diese Einrichtung erhoben werden können, und es wurden und werden ihrer viele erhoben – zweierlei hat sie erreicht: wo sie funktioniert, da sind Verfahren und Urteil, da sind insbesondere die Persönlichkeiten der Richter, Ankläger, Verteidiger, Geschworenen und Schöffen kontrollierbar. Darum bringt dies Buch lediglich Fälle aus unserer kontrollierbaren Zeit und verzichtet auf eine Kritik der Geheimjustiz, die freilich tausendfach Unschuldige vorsätzlich und wissentlich hinrichten ließ, also Justizmorde im engsten Sinne des Wortes beging.

Aber nicht nur die Laien, sondern auch die Juristen haben den Begriff »Justizmord« beibehalten und ihn ausgeweitet auf jede Bestrafung eines Unschuldigen; mit gutem Grund. Denn wo ein Verbrecher seinen Nächsten, nicht gerade aus niederen Beweggründen, heimtückisch und grausam an Leben, Leib oder Gut schädigt, da mag er nur ein Totschläger, ein Körperverletzer, ein Räuber sein; wo aber diejenige Instanz, der die Gerechtigkeit anvertraut ist, einen Schuldlosen verurteilt, sei es auch unter Einfluß und Druck von oben, außen oder unten, aus Fahrlässigkeit oder Übereifer, aus Kadavergehorsam und Buchstabentreue gegenüber dem Gesetz oder selbst aus tragischem Irrtum, da mordet sie: zuweilen sein Leben, zuweilen seinen Ruf, zuweilen sein und der Seinen Fortkommen und Glück – und immer sich selbst. Hier wird auch Irrtum Mord; und wenn denn »ein unschuldig Verurteilter die Angelegenheit aller anständigen Menschen ist«, so ist er es um so mehr, wenn er von anständigen Menschen verurteilt wurde.

Wie kommt es nun, daß gerade viele anständige und rechtskundige wie rechtsbewußte Menschen an die Möglichkeit von Justizmord und Justizirrtum nicht glaubten und noch immer nicht glauben?
Sie weisen darauf hin, daß unser Strafgesetzbuch und unsere Strafprozeßordnung, daß auch unsere Polizeivorschriften dem Beschuldigten jeden denkbaren Schutz gewähren. Er darf ohne richterlichen Beschluß nicht in Haft gehalten werden. Einen Rechtsbeistand darf man ihm, falls er eines schwereren Delikts angeklagt ist, nicht verweigern, auch nicht, wenn er arm ist. Die Polizei darf ihn weder zu scharf noch zu lange vernehmen, und sie darf kein Geständnis erpressen, weder durch Drohung noch durch Lockung. Wenn er es nicht will, braucht er vor der Polizei nicht auszusagen und kann die Vernehmung durch einen Richter fordern. Glaubt er dennoch durch Verschulden des Vernehmenden oder durch eigenes Ungeschick zu belastenden Aussagen veranlaßt worden zu sein, so ist er trotzdem noch nicht verloren: dem Urteil darf nur das zugrunde gelegt werden, was er in öffentlicher Verhandlung ausgesagt hat oder was ihm in öffentlicher Verhandlung bewiesen wurde. Selbst wenn er ein Geständnis ablegt, gilt es bei uns noch nicht als Beweis, er muß überdies durch Zeugen und Indizien überführt werden, anders als in England, wo das Geständnis eines Angeklagten jedes Beweisverfahren unnötig macht – solcher und anderer Eigentümlichkeiten des angelsächsischen Rechtes wegen wurde in diesem Buch auch auf die Darstellung englischer Justizmorde verzichtet. Seine Angehörigen dürfen jede Aussage verweigern, die ihn belasten könnte. Ist er nicht »mit an Sicherheit grenzender Wahrscheinlichkeit« über-

führt und bestehen vernünftige und begründete Zweifel an seiner Schuld, so kann er nicht verurteilt werden.
Das eigentliche Schwurgericht, bei dem zwölf Geschworene allein über die Schuld und drei Fachrichter allein über das Strafmaß entscheiden, existiert bei uns nicht mehr; jene Selbstherrlichkeit der Laien wirkte sich oft zugunsten, vielfach auch zuungunsten des Angeklagten aus, und ihr Urteil war abhängig von seinem »persönlichen Eindruck« und der Rednergabe des Verteidigers oder des Staatsanwalts. Was wir »Schwurgericht« nennen, ist eigentlich ein Schöffengericht, bei dem drei Fachrichter und sechs Laienrichter über Urteil und Strafmaß gemeinsam beraten und abstimmen, bei gleicher Bewertung jeder Stimme. Und ich stehe nicht an zu erklären, daß ich nach langjähriger Erfahrung und bei gewissenhafter Berücksichtigung aller Einwände dies Schöffensystem für glücklicher und nicht nur der Wahrheit, sondern auch dem Angeklagten dienlicher halte als das Geschworenensystem. Denn wenn auch beim deutschen Laien der Respekt vor dem Fachmann groß ist, der »die Sache ja studiert hat und es also besser wissen muß«, so kommen doch erfahrungsgemäß gerade bei Kapitalfällen gegen die Meinung der Fachrichter mehr Freisprüche als Schuldsprüche zustande, weil der Laie sich scheut, die Verantwortung für die schwere und immer ein Leben vernichtende Verurteilung eines Menschen zu übernehmen, von dessen Schuld er nicht völlig überzeugt ist.
Was also will man mehr? Ist nicht jede Vorsorge getroffen? Wie sollen da dennoch Justizmorde zustande kommen? Ja, wie konnte da sogar der große Jurist v. Holtzendorff schreiben: »Man kann der Justiz nicht oft genug sagen, wie sehr sie der Gefahr des Irrens ausgesetzt ist!«? Nun, so wirklich gut und angeklagtenfreundlich es die von sehr liberalen Männern erdachten und sehr liberal gemachten

Vorschriften meinen: sie scheitern doch an der sozialen Frage, das heißt: sie können eben den nicht zureichend schützen, den sie in erster Linie schützen wollen: den Armen – weshalb denn die Mehrzahl der in diesem Buch geschilderten Justizmorde an Menschen begangen wurde, die nicht eben im Wohlstand lebten.

Mit der Haftdauer beginnt es. Gewiß, nur ein Richter kann sie bestimmen; aber er muß sie verlängern, wenn Verdunklungs- oder Fluchtgefahr vorliegt, und Fluchtgefahr liegt fast immer vor, wenn der Beschuldigte gar kein Heim oder nur ein armseliges Heim und einen armseligen Besitz hat, so daß er sich von beidem leicht trennen und entfliehen kann. Den Wohlhabenden also, der an seiner Habe hängt, den seine Habe aber auch bindet, kann man bald entlassen, obwohl seine Angehörigen eine geraume Zeitlang auch ohne seinen Verdienst gut auskommen könnten; den Ärmeren jedoch muß man sitzen lassen, obwohl seine Familie ohne ihren Ernährer bald in Not gerät. Und wenn die Polizei auch weder drohen noch locken darf – die Redewendung: »Gestehen Sie's doch ein, dann dürfen Sie heim zu Ihrer Frau und Ihren Kindern!« gehört zum Vokabular jedes Kriminalassistenten und ist noch dazu oft genug wahr. Handelt es sich um ein schweres Delikt, das auch nach einem Geständnis keine Haftentlassung ermöglichen würde, so bleibt da doch die Lockung mit der Zigarette, die gerade den weichmacht, der sie sich nicht kaufen kann, und die Aussicht auf die Beendigung jener Verhöre, die gerade den quälen, der solchen geistigen Anstrengungen nicht gewachsen ist. Die »alten Hasen« in der Zelle überreden dann den Neuling: »Gib's doch ruhig zu, in der Verhandlung kannst du's ja immer widerrufen!« – und haben sie nicht recht? Jawohl, aber nur formal: in der Wirklichkeit der Gerichtspraxis wird meist dem einmal abgelegten Geständnis geglaubt und nicht dem Widerruf, die Vernehmungsbeamten schwören nach bestem Wissen und Gewissen und von ihrem Standpunkt aus mit Recht, daß es »ohne jeden Druck« erfolgte, und wenn schon einmal ein Fachrichter das Gewohnheitsmäßige solcher »Polizeieide« in Rechnung stellt, so wird sie der Laie doch für überzeugend halten. Die Aussageverweigerung der Angehörigen entlastet den Angeklagten im allgemeinen nicht; sie ist ja eben deshalb erlaubt, weil eine wahrheitsgemäße Aussage ihn belasten könnte, und belastet ihn deshalb, wiederum bei den Laien, erst recht. Und die Zeugen? Zeugen können nicht nur irren, sie irren erstaunlich oft; ihre Erinnerungsbilder haben sich in der meist langen Zeit zwischen Tat und Verhandlung verwischt und verschoben, sie können oft beim besten Willen nicht mehr unterscheiden zwischen dem, was sie sahen, und dem, was man ihnen soundso oft »vorhielt«, sie sind dem strengen Ton des Vorsitzenden, den Attacken des Staatsanwalts und des Verteidigers nicht gewachsen, und die Scham vor der Öffentlichkeit verwehrt es ihnen, etwas einmal Gesagtes zurückzunehmen oder zu berichtigen. Der Eid aber – der Eid ist tot in einer Zeit, welcher der Glaube meist längst zum bloßen Brauchtum geworden ist; er lebte von der unumstößlichen Gewißheit, daß Gott jeden Meineid erkennen und im Jenseits bestrafen werde; von der Drohung mit irdischer Strafe vermag er nicht zu leben. Und doch ist der Richter an eine beeidigte Aussage weitgehend gebunden, solange sie nicht widerlegt ist. Was für den beeidigten Zeugen gilt, gilt für den beeidigten Sachverständigen; er ist von seiner persönlichen Auffassung des einzelnen Falles ebenso abhängig wie von der grundsätzlichen Auffassung, die seine Wissenschaft zur Zeit gerade vertritt; es wurde schon mancher Angeklagte, den ein halbes Dutzend Fachärzte als geistig gesund bezeichneten, wenige Monate oder Jahre später geisteskrank, es erwies sich schon mancher

Brief, den nach den Schriftsachverständigen der Angeklagte geschrieben haben sollte, bald darauf als von ganz anderer Hand geschrieben.

Weil die Justiz das weiß, zieht sie dem Zeugenbeweis jenen anderen vor, dem das Volk so mißtraut: den Indizienbeweis. Und tatsächlich ist er der weitaus zuverlässigere; Dinge lassen sich nicht beeinflussen wie Menschen, und wo sich Indiz um Indiz zu einer Kette zusammenfügt, an der auch nicht ein Glied fehlt, da kann auch der hartnäkkigste Leugner als überführt gelten. Aber doch: wie oft übersieht auch das gewissenhafteste Gericht das Fehlen eines Gliedes in der Kette, wie oft faßt es sie am falschen Ende an, wie oft stellte man schon fest, daß Verurteilung oder Freisprüche früherer Zeiten nicht möglich gewesen wären, wenn man damals schon über die verfeinerten wissenschaftlichen und technischen Untersuchungsmethoden von heute verfügt hätte – wird also jedes beweiskräftige Indiz von heute bestehen können vor den abermals verfeinerten Untersuchungsmethoden von morgen? In einem Oldenburger Prozeß unserer Tage ging es um die Reißfestigkeit eines Strickes, mit dem der Angeklagte seine Frau erdrosselt haben sollte; eine ganze Reihe einwandfreier Gutachten bewertete diese Reißfestigkeit sehr hoch, und der Mann wurde zu lebenslänglichem Zuchthaus verurteilt; vier Jahre später verfügte das Kriminaltechnische Institut in Göttingen über eine neue Apparatur, die weit exakter arbeitete, und auf Grund seines Gutachtens mußten nun Wiederaufnahme und Freispruch erfolgen. Wie beenden doch die mohammedanischen Richter jeden ihrer Sprüche; »Ich habe dich nach meinem besten Wissen und Gewissen verurteilt; Allah weiß es besser!« Darum wird in Zweifelsfällen jeder rechte und gerechte Richter lieber zehn vermutlich Schuldige freisprechen als einen vielleicht Unschuldigen verurteilen.

Und der »persönliche Eindruck« des Angeklagten – ach, wenn diese Redewendung doch endlich aus den Urteilsbegründungen verschwände! Jeder Mensch strahlt Sympathie oder Antipathie, strahlt bisweilen auf den einen diese und auf den anderen jene aus; aber Sympathie läßt sich auch »erspielen«, durch Schläue oder geheuchelte Einfalt, durch Unterwürfigkeit oder »edlen« Stolz, durch Rednergabe oder schüchternes Schweigen; und Antipathie kann auf der äußeren Erscheinung und der inneren Unsicherheit beruhen. Dann liest man, der Angeklagte sei »verstockt«, »gefühlsmäßig unansprechbar« gewesen, habe »keinerlei Reue über seine Tat gezeigt«, um dann später, wenn's gut geht, festzustellen, daß er die Tat gar nicht beging und mithin auch nicht bereuen konnte. Das höchste päpstliche Gericht muß urteilen, ohne den Beschuldigten gesehen zu haben, es darf ihn gar nicht sehen, weil es sonst beeinflußt wäre – darin steckt viel Weisheit.

Gleichwohl: uns steht das nicht zu. Wir müssen auf unserem bitteren Weg zur Wahrheit alle jene Gefahren auf uns nehmen – aber: auf uns! Wir dürfen sie nicht dem Angeklagten aufbürden. In diesem Buch sind dreizehn Justizmorde aufgezählt, deren jeder durch eine oder mehrere solcher Fehlerquellen zustande kam: der erste durch den Zufall, der eine geradezu teuflische Ähnlichkeit zwischen dem vermeintlichen und dem wahren Täter schuf, und durch überzeugte und überzeugende, dennoch aber irrende Zeugen; der zweite durch das falsche Geständnis eines geistig und physisch Armen, der den Qualen der Haft und der Verhöre nicht gewachsen war; der dritte durch einen Beamten, der der Verlockung durch die ausgesetzte Belohnung erlag; der vierte durch den Druck einer dem Angeklagten abholden öffentlichen Meinung; der fünfte durch den Haß einer gläubigen Bevölkerung gegen eine angebliche Freidenkerin; der sechste und siebente wieder

durch zwei falsche Geständnisse, deren eines auf der Schwäche eines Halbverhungerten, »dem schon alles wurscht war«, und deren anderes auf dem Geltungsdrang eines Psychopathen beruhte; der achte durch den Übereifer eines Kriminalbeamten; der neunte durch die komödiantenhafte Rednergabe eines Staatsanwalts; der zehnte durch den Mißbrauch des Eides; der elfte durch den kleinstädtischen und kleinstaatlichen Widerwillen gegen den landfremden Hungerleider; der zwölfte durch den Eingriff eines Gewaltherrschers, der einen Vorwand brauchte, um die Justiz zu entmachten. Und der dreizehnte endlich, dessen Augenzeuge ich wurde, durch eine fast unglaubwürdige Anhäufung so ziemlich aller denkbaren Fehlerquellen: ungünstige Zeitumstände, unglaubliche Zufälle, Karrieresucht unfähiger und Wahnvorstellungen fähiger Kriminalbeamter, dilettantische Voruntersuchung, Nachgiebigkeit gegenüber der öffentlichen Meinung, Aussageerpressung, Überlastung und dadurch Übereilung des Gerichts eingeschüchterte Zeugen, starrsinnige Ankläger, schlechter persönlicher Eindruck des Angeklagten und falsche Indizienbewertung.
Und dennoch: wenn das alles auch nicht unbedingt so hätte kommen müssen – es ist trotzdem fast immer verständlich, daß es so kam. Es liegt fast niemals eine persönliche Böswilligkeit, eine verbrecherische Fahrlässigkeit der Untersuchenden, Verhandelnden und Urteilenden vor; wo dergleichen im Spiele war, wie etwa bei dem berüchtigten »Bolligerhandel« in Zürich, habe ich nicht davon berichtet: Damals, in den neunziger Jahren, verurteilte man einen unbescholtenen Vater wegen Lustmords an seiner vierjährigen Tochter, obwohl er sein Alibi mehrfach nachweisen konnte, zu lebenslänglichem Zuchthaus – während man den wahren Täter, einen mehrfach vorbestraften Sittlichkeitsverbrecher, einfach laufen und ins

Ausland entkommen ließ; die Ursachen des Justizmords waren Machtkämpfe und Eifersüchteleien zwischen den beteiligten Staatsanwälten und Richtern; erst nach Jahren konnte er revidiert werden. Aber derartige Fälle sind zu selten und abwegig, um typisch zu sein. Solche »typischen« Fälle hingegen gibt es leider sehr viele; der Amtsgerichtsrat Sello, der nur die von ihm mehr oder minder zufällig entdeckten und belegten Justizirrtümer seit der Französischen Revolution darstellte, und zwar ausschließlich Prozesse, bei denen es um Tod und Leben ging – dieser integre und verdienstvolle Jurist zählte ihrer bis 1911 nicht weniger als zweihundertsiebenundsiebzig auf: sechsunddreißig in Deutschland, fünfzehn in Österreich-Ungarn, sieben in der Schweiz, einen in Luxemburg, hundertsiebzehn in England, fünf in den USA, dreiundfünfzig in Frankreich, drei in Belgien, sechs in Italien sowie vierunddreißig in verschiedenen Ländern, über die andere Juristen berichteten. Bedenkt man nun, daß nicht nur Schwurgerichte Fehlurteile fällen, daß niemand über sie Buch führte und die Justiz auch kein Interesse an solcher Buchführung hatte, daß nur der Zufall einige von ihnen aufdeckte und die weitaus meisten unentdeckt blieben und bleiben, daß ich von Sellos Fällen für dies Buch nur fünf auswählte und nur acht von denjenigen, die mir durch die Literatur oder durch eigenes Miterleben bekannt wurden, und das waren insgesamt zweiundsiebzig und seit 1945 in der Bundesrepublik allein zwölf – dann wird man begreifen, daß ihre wirkliche Zahl in die Tausende gehen muß.

Und doch halte ich einen großen Teil, halte ich den Großteil von ihnen für unvermeidbar, für die auf keine Weise ganz auszuschaltende Folge der Unzulänglichkeit alles Menschlichen – und auch die Justiz ist nur Menschenwerk. Wenn dem so ist – was will dann dies Buch?

II

Es anerkennt, daß sich Fehlurteile nicht vermeiden lassen; aber es beweist, daß sie sich auch korrigieren lassen; und es fordert, daß man endlich die Hintergründe wegräume, die man auf dem Wege zu solcher Wiedergutmachung aufgebaut hat.

Man bedenke: wer ein kleines Delikt begangen hat, einen Diebstahl etwa oder einen Betrug, kommt vor das Amtsgericht. Wird er verurteilt, und scheint ihm die Strafe zu hoch oder hält er sich gar für unschuldig, so kann er Berufung einlegen, und diese Berufung muß unter allen Umständen der höheren Instanz vorgelegt werden. Sein Fall wird also vor einem neuen Gericht von Grund auf nochmals untersucht, Zeugen können abermals vernommen und weitere Zeugen, weitere Sachverständige benannt werden. Gelangt auch diese Instanz wieder zu einer Verurteilung, dann allerdings bleibt nur noch die Revision übrig, und ihr darf die höchste Instanz nur dann stattgeben, wenn das Urteil formale Fehler oder Denkfehler aufweist – um den Tatbestand selbst darf sie sich gar nicht mehr kümmern, kein alter oder neuer Zeuge kann vernommen, kein Beweismaterial überprüft werden.

Wer aber einer schweren Untat bezichtigt und mit langem oder lebenslänglichem Zuchthaus bedroht ist, kommt vor das Schwurgericht; und wird er verurteilt, so steht ihm das Rechtsmittel der Berufung nicht mehr zu. Er kann nur noch Revision einlegen. Ein einziges Mal wird sein Fall geprüft; dann nicht mehr. Und »revisionsfest« kann und wird ein guter Richter fast jedes Urteil machen, wenn Verfahrensfehler vermieden worden sind und Denkfehler vermieden werden. Die Situation ist geradezu grotesk:

dem »kleinen« Angeklagten, bei dem es nur um eine kleine Strafe geht, stehen mehr Rechtsmittel zur Verfügung als dem »großen«, bei dem es ums Leben geht. Hätte auch er die Möglichkeit der Berufung – so mancher Justizmord, so manches Wiederaufnahmeverfahren wären vermieden worden.

Und wie schwer ist solch eine Wiederaufnahme durchzusetzen! Wenn nicht während der Hauptverhandlung eine nachweislich falsche Urkunde vorgelegt, eine nachweislich falsche Zeugen- oder Sachverständigenaussage gemacht, eine strafbare Amtspflichtverletzung eines Richters begangen wurde – dann bleibt nur das Vorbringen neuer Tatsachen oder Beweismittel, die aber nur dann anerkannt werden, wenn sie allein oder in Verbindung mit den früher erhobenen Beweisen geeignet erscheinen, eine Milderung oder Aufhebung des Urteils herbeizuführen. Und ob sie dazu geeignet sind – darüber entscheidet in den meisten Fällen eben das Gericht, das das angefochtene Urteil gefällt hat! Und das ist fast immer, weil Menschen eben Menschen sind, ein unbewußt »befangener« Gerichtshof, denn ihm wird ja zugemutet, nicht fremde, sondern eigene Fehler zu korrigieren; so unterliegt er denn nur allzuoft in des Wortes buchstäblicher Bedeutung einem Vorurteil, eben seinem eigenen Vor-Urteil. Das hat er ja nach seinem besten Wissen und Gewissen gefällt – und nun läßt er es, gleichfalls nach bestem Wissen und Gewissen, meist gar nicht zu einer neuen Verhandlung kommen.

Und dies oft jahre- und manchmal jahrzehntelange Tauziehen zwischen dem Angeklagten, dem Gericht und der Staatsanwaltschaft, der das Beschwerderecht gegen die Wiederaufnahme zusteht, dies knifflige und spitzfindige Streiten um den Begriff des »neuen« Beweismittels schädigt wiederum in erster Linie den Ärmeren im Lande: ohne einen geschickten und energischen Anwalt kann er seine Sache nicht durchfechten, und der Kampf um die Wiederaufnahme macht diesem Anwalt wieder so ungeheuer viel Arbeit und so große Kosten, daß sie ein nicht wohlhabender Klient gar nicht aufbringen kann – zumal er ja im Zuchthaus sitzt und nichts verdient. Daraus erklärt es sich, daß so viele Berichtigungen von Fehlurteilen durchgesetzt wurden von Menschen, die eigentlich außerhalb der Sache standen: von idealistischen Anwälten, von Leitern humanitärer Organisationen und vor allem – von der Presse. Zwar findet nicht jeder Dreyfus seinen großen Emile Zola, aber doch, und gottlob, mancher kleine Mann seinen kleinen Reporter, der den Schrei nach dem Recht aus der engen Zelle in die weite Öffentlichkeit trägt und es durch Hartnäckigkeit und manchmal Rücksichtslosigkeit schließlich »schafft«.

Die Justiz ist auf solche Männer dann meist sehr böse und spricht von Sensationsmache und unzulässigem Druck der Presse auf das Gericht. Sie sollte aber bedenken, daß die »Urteilsschelte« und der Weg in die Öffentlichkeit jedem zustehen, daß jeder das Recht hat, seine Sache öffentlich verhandelt zu sehen, und daß, wie die Dinge sich nun einmal entwickelt haben, die Öffentlichkeit heute nur durch Presse und Rundfunk repräsentiert wird. Das Volk selbst kann ja nicht mehr Recht sprechen wie auf der Agora zu Athen oder unter den germanischen Eichen, und es kann auch nicht mehr Recht sprechen durch ein von ihm erwähltes Gremium seiner Ältesten und Weisesten; sondern die Geschworenen werden zwar aus seinen Reihen durch das Los bestimmt, aber die Listen derer, die für die Auslosung in Frage kommen, werden in den kleineren Orten vom Bürgermeister, in den größeren von den politischen Parteien aufgestellt; dort droht die Freunderlwirtschaft, hier die Gefahr der vorgefaßten Meinung, und überall droht nicht nur, sondern besteht bereits die Gefahr des

»Berufsschöffentums«: Männer und Frauen nämlich, die im tätigen Leben stehen, fürchten die zeit- und geldraubende Tätigkeit als Laienrichter und verstehen sich zu drücken, und so sieht man denn auf den Schöffenbänken der Gerichte oft immer dieselben Gesichter – Gesichter von Rentnern und pensionierten Beamten, die Zeit und Geduld haben und die sich mit den Jahren zwar eine gewisse »Schmalspurjuristik« aneignen, dafür aber jene Unbefangenheit und Naivität einbüßen, die die Laienrichter auszeichnen soll: sie sollen ja das Rechts*wissen* des Fachmanns ergänzen durch das Rechts*gefühl*. Nein, sie allein garantieren die Teilnahme des Volkes an der Rechtsprechung nicht, und doch hat das Volk das Recht, Recht zu sprechen, und alle Urteile werden noch immer in seinem Namen gefällt.

Und die Öffentlichkeit des Verfahrens? Ist das Publikum, das die Zuschauerräume der Gerichtssäle füllt oder nicht füllt, jenes Konglomerat aus Armen, die sich ein bißchen aufwärmen, aus Arbeitslosen, die sich nicht langweilen, aus neugierigen Damen, die »mal was Interessantes hören«, aus Kriminellen, die für ihren nächsten Termin etwas lernen, aus Bräuten von Referendaren, die den Geliebten bei seiner ersten Rede als Vertreter der Staatsanwaltschaft bewundern wollen – ist das die »Öffentlichkeit«? Nein: sie wird vertreten durch die Presse – die dann freilich gereifte und kluge Persönlichkeiten in die Gerichtssäle schicken sollte und nicht junge Adepten, die sich die ersten Sporen und einige Pfennige je Zeile verdienen sollen und in zehn Zeilen über stunden- und tagelange Prozesse berichten müssen, bei denen es immer und immer wieder um Leben oder Untergang von Menschen geht. In England zum Beispiel ist das anders; dort wird ausführlich und gewissenhaft über jede wichtige Verhandlung berichtet, und von fast jedem großen Prozeß erscheint dort eine umfassende und protokollgetreue Darstellung in Buchform; wie denn auch die hohe Zahl der von Sello gesammelten englischen Justizirrtümer nicht etwa darauf beruht, daß dort mehr geirrt wird, sondern darauf, daß dort mehr Irrtümer entdeckt werden – eben vor und von der Öffentlichkeit!

Also: man schaffe auch für den Angeklagten, der vor dem Schwurgericht steht, die Möglichkeit der Berufung, damit sein Fall zweifach geprüft werden kann – doppelt hält auch in der Justiz besser. Man sei großzügiger in der Bewilligung eines wirklich tüchtigen Offizialverteidigers für die Armen. Man fasse den Begriff der »neuen Tatsachen« weiter, und vor allem erleichtere man die Wiederaufnahme dadurch, daß man nicht dasselbe Gericht über sie entscheiden läßt, welches das angegriffene Urteil fällte – wenn man schon nicht, wie in manchem anderen Staat, einen Kassationsgerichtshof schaffen will, der jedes ihm nicht gerecht erscheinende Urteil aufheben und den Fall neu verhandeln lassen kann. Alle jene Änderungen bedürfen nicht einmal einer Änderung des Strafgesetzbuches; eine Änderung der Strafprozeßordnung genügt. Die Presse erblicke nicht in der Justiz ihren Feind, und vor allem nicht die Justiz in der Presse: der Pressemann ist kein mißliebiger Gast im Gerichtssaal, sondern als Vertreter der Öffentlichkeit Teilnehmer an der Rechtspflege. Und vor allem: die Justiz sei nicht so hartnäckig in der Anerkennung eines begangenen Fehlers. Sie kehre sich von dem Gedanken ab, daß ein formal unangreifbares Schwurgerichtsurteil auch ethisch tabu sei. Unsere Generation hat ja, im Gegensatz zu dem Fortschrittsoptimismus des vergangenen Jahrhunderts, gelernt, daß und wie sich die Wissenschaft, daß und wie sich der Mensch und jede menschliche

Einrichtung irren kann und umstellen muß, aber auch wie furchtbar die Einsicht in solche Irrtümer und ihre Berichtigung sein kann; eben wenn uns vor unserer Gottähnlichkeit bange wird, werden wir menschlicher, und der gewiß notwendige Respekt vor der Justiz leidet nicht darunter, daß Fehlurteile gefällt werden, sondern darunter, daß sie so ungern eingesehen und so mühsam berichtigt werden. Wenn man so täte – gewiß, man könnte zu Unrecht erlittenes Leid nicht »wiedergutmachen«; aber man könnte aus Unrecht wieder Recht machen. Und nur unter einer Voraussetzung könnte man das nicht; wenn die Todesstrafe wieder eingeführt würde.

Alle, die das alte Wort »Volkes Stimme, Gottes Stimme!« nachsprechen, müssen bedenken, daß es aus einer Zeit stammt, in der die Götter noch sehr blutrünstig waren und mit unserem Christengott nichts gemein hatten. Aber das Volk hat meist sehr gute Gründe für seine Einstellung, und wenn ihm in diesem Fall auch die guten Gründe mehr von manchen Sachkennern geliefert werden, so hat es doch sehr berechtigte *Gefühle,* die ihm für die Totalbeseitigung des mordenden Menschen zu sprechen scheinen. Es will sich vor ihm sichern, und nur aus der ewigen Haft des Grabes gibt es kein Entfliehen, aus der lebenslänglichen Haft hinter Mauern sehr wohl, und das nur allzuoft nicht einmal durch persönliche Initiative des Mörders, sondern durch kriegerische oder politische Umstürze: wir haben es schaudernd erlebt. Es ist ferner überzeugt davon, daß nur die Todesstrafe den Mordlustigen abschrecken könne und es kann darauf hinweisen, daß das Zuchthaus tatsächlich nicht abzuschrecken scheint. Vor allem aber ist es ein Gefühl, das die Todesstrafe verlangt: das einfache und gerade Rechtsgefühl des Volkes, niedergelegt in den dröhnenden Worten: »Blut will wieder Blut.« Mit alldem kann und muß man sich auseinandersetzen, es ist ernsthaften Nachdenkens wert. Nur eines ist abzulehnen: die Auseinandersetzung mit den vielen, die da argumentieren, ein lebenslänglich Inhaftierter koste den Staat eine Unsumme an Geld, eine Hinrichtung aber dagegen wenig, und die werde in den meisten Fällen von den Hinterbliebenen getragen; das Dritte Reich ließ sich ja tatsächlich jeden seiner Justizmorde von den Angehörigen der Opfer bezahlen. Aber die Entscheidung über Tod und Leben darf keine Geldfrage werden, keine Ersparnismaßnahme, kein Finanzgeschäft, und sei es auch eines zugunsten des Staates. Während des Dritten Reiches wurde zweifellos mehr und billiger gehängt als je in der deutschen Geschichte – und doch kamen am Ende die Henker uns teurer zu stehen und kosteten uns weiß Gott mehr, als uns die Verurteilten gekostet hätten, wenn sie noch am Leben und hinter Mauern gewesen wären.

Die anderen drei Argumente aber sind sachlicher und leidenschaftsloser, teils aber auch leidenschaftlicher Betrachtung würdig. Daß nur der Tod den Mörder am weiteren Morden endgültig hindern kann, ist zuzugeben. Nur er schaltet jede Möglichkeit erneuten Schuldigwerdens für die Ewigkeit aus. Das Festsetzen hinter noch so dicken Mauern hingegen enthält immer ein Risiko. Ob die Gemeinschaft es auf sich nehmen kann oder soll, hängt von der Stellungnahme zu den sonstigen Gründen ab.

Da ist die scheinbar so einleuchtende Abschreckungstheorie: sie wackelt. Es liegt nämlich kein Beweis dafür vor, daß in Ländern, die die Todesstrafe kennen und anwenden, die Anzahl der Morddelikte geringer wäre als bei uns. Eher scheint das Gegenteil der Fall zu sein – viele Statistiken beweisen es; doch stammen sie aus anderen Ländern. Also muß bei uns diese Zahlenfrage offenbleiben. Hingegen ist mit ziemlicher Sicherheit die psychologische Frage beantwortbar, ob der gemeine und hinterlistige, habsüchtige und grausame Mörder, den ja auch nach der Meinung selbst der überzeugtesten Anhäger der Todesstrafe allein der Beilhieb treffen soll – ob dieser Typ Mensch oder Unmensch denn überhaupt abschreckbar ist oder nicht. Die Antwort ist ein klares Nein, für fast alle Fälle. Das Hassende, das Verbrecherische, das Verlorene, das Asoziale, das Krankhafte in solchen Wesen, oder wie immer man es nennen will, ist stärker als ihr Ich, stärker auch als die Furcht dieses Ich vor seiner eigenen Auslöschung. Für viele unter ihnen ist die Hinrichtung sogar eine seltsame Lockung; so mancher forderte sie, viele gingen gefaßt und kühl in den Tod oder »versagten« erst im allerletzten Augenblick, und einzelne gingen »lüstern« nach Tod zum Galgen. Es ist wahr, daß das Zuchthaus sie nicht abschreckt, aber es ist ebenso wahr, daß auch das Beil sie nicht abschreckt. Ich sah und erlebte den Massenmörder Pleil, der für zurechnungsfähig befunden wurde: nun, er mordete, mordete mehr als dreißigmal, als die Todesstrafe noch galt. Er war anders als die eben erwähnten Typen, persönlich wehleidig, er hätte sicher vor dem Tode gewimmert, erbrochen, geheult – von seinen dreißig Morden zurückgehalten hat ihn die Drohung mit dem Tode nicht. Aber warum soll, warum darf so einer weiterleben? Das Blut seiner Opfer schreit nach seinem Blut, er hat das Beil genommen und soll durch das Beil umkommen. Wenn er im tiefsten krank und also im tiefsten unschuldig sein sollte, nun, so wäre sein Sterben eben eine Art Euthanasie – so sagen die Aufgeklärtesten unter den Anhängern der Todesstrafe. Sie vergessen, daß »so einer« dann vielleicht auch heilbar wäre, daß die Wissenschaft da noch auf dem Wege ist, daß schon morgen möglich sein kann, was heute noch nicht möglich ist. Sie gehören im Grunde ja auch zu den Vertretern jener uralten Vergeltungstheorie, mit denen freilich schwer zu reden sein wird, weil eben ein Gefühl sie beutelt, nicht eine Überlegung sie leitet. Was man ihnen entgegenhalten kann, das sind einmal die Forderungen der christlichen Religion, zu der sie sich ja wohl alle bekennen. Die Zeiten, da die Kirchen selbst Schuldige verfolgten, sind vorbei, und sogar damals fällte die Kirche, zumindest formal, nur das »geistliche« Verdammnisurteil und überließ die Verurteilung zum leiblichen Tode dem weltlichen Schwert. Wie man als Christ von heute die Todesstrafe noch mit christlichen Gründen rechtfertigen will, ist mir unerfindlich. »Wer das Schwert nimmt, soll durch das Schwert umkommen«, gewiß – aber nicht der Christ wird beauftragt, dies Schwert zu schwingen. Für ihn gilt gebieterisch das tiefere, größere Wort: »Du sollst nicht töten!« – jenes Wort, das einer aussprach, der zum Opfer eines Justizmordes wurde, und das seinen inneren Sinn auch nicht ändern würde, wenn es, wie manche sagen, richtig übersetzt heißen müßte: »Du sollst nicht morden.« Als der Moskauer Arzt Friedrich J. Haas sich beim Justizminister wie beim Zaren vergeblich für einen Verurteilten eingesetzt hatte, den er für unschuldig hielt, wandte er sich schließlich an den Metropoliten, das Oberhaupt der russischen Kirche; aber auch der sagte: »Wer verurteilt wurde, muß schuldig sein!« Da sagte Haas: »Eminenz, Sie haben Jesus Christus vergessen!« – und der Metropolit senkte beschämt den Kopf und erwiderte: »Nein. Jesus Christus hat mich vergessen.« Und der Mann wurde begnadigt.

Und hier sind wir beim Hauptargument gegen die Todesstrafe, über das meines Erachtens kein wahrhaft rechtlich Denkender hinwegkommt, wenn er nur zugleich ein Nachdenkender ist. Wir sind nicht so weit, wir werden nie so weit sein, daß wir uns für unfehlbar halten dürften. Wir können Irrtümer begehen, wir haben sie immer begangen. Wir haben auch Unschuldige hingerichtet, guten Gewis-

sens – und Monate oder Jahre nachher sind die eigentlichen Täter aufgetaucht oder bekannt geworden. Wir hatten vergessen oder nicht berücksichtigt, daß es Menschen gibt, die aus Lebensüberdruß gestehen oder aus Sensationssucht oder vor allem darum, weil sie Verhöre und Haft einfach nicht durchstehen, weil ihre Nerven versagen, weil ihnen das Ende mit Schrecken erträglicher scheint als der Schrecken ohne Ende. Und nun war es zu spät. Niemand konnte den Toten wieder lebendig machen. Das Urteil war nicht mehr korrigierbar. Die Justiz selbst war zum Mörder geworden. Man bedenke doch einmal, wie viele von denen, die Hitlers Justiz hinrichten ließ, nach unseren heutigen wie auch nach unseren früheren Gesetzen weit milder bestraft oder freigesprochen worden wären, wie viele unschuldig starben. Heute kann nichts, nichts an ihnen wiedergutgemacht werden.
Und wenn nun gesagt wird, das sei heute nicht mehr möglich, wir hätten ja keine Entartung des Rechts, keine politisierte Rechtsprechung mehr – wird nicht der Ruf nach der Todesstrafe gerade dann wieder laut, wenn es sich um Taten politischer Fanatiker handelt, und deutet dies nicht auf eine neue Politisierung des Rechts? Was nämlich für den gemeinen Mörder gilt, das gilt für den fanatischen, den weltanschaulichen Mörder: er ist nicht abschreckbar. Er fühlt sich ja nicht als Schuldiger, sondern als Opfer, als Märtyrer. Er ist überzeugt, daß seine Bewegung gerade durch seinen Tod lebt. Mit welchem Aufwand an Feuer und Schwert sind im Laufe der Geschichte Fanatiker verfolgt worden – und es hat nie genützt. Mag sein, daß auch das Gefängnis nichts nützte. Aber es schuf wenigstens nur kleine, keine großen Märtyrer.
Vor allem aber eines: auch in unserer Nachkriegszeit, in unserer um Demokratie bemühten Zeit gab es eine Politisierung des Rechts. Sie war unbewußt, aber es gab sie.

Man denke an den Fall des Arztes Dr. Schmidt, der wegen »vielfachen Mordes« zum Tode verurteilt wurde. Er hatte, widerwillig genug und unter aktivem Widerstand, als Leiter einer großen Heilanstalt während des Dritten Reiches die Euthanasie angewandt. Kaum vier Jahre später wurden Ärzte, die des gleichen Verbrechens angeklagt waren, entweder zu ganz geringen Strafen verurteilt oder, und dies sogar meist, freigesprochen, auch wenn sie keinen Widerstand geleistet hatten: 1950 hatte sich eben eine andere Rechtsauffassung durchgesetzt als 1946. Endlich hat man Schmidt aus dem Zuchthaus entlassen müssen; man konnte ein Unrecht wiedergutmachen, zum Teil wenigstens. Wenn aber die Todesstrafe nicht abgeschafft worden wäre, dann wäre ein Justizmord geschehen. Genügt das nicht, um sich mit aller Leidenschaft gegen die Todesstrafe zu stellen? Sie ist nicht notwendig, denn sie wendet keine Not. Sie schafft eine neue. Hüten wir uns, ein gebranntes Geschlecht!

Der große italienische Staatsmann Mancini schloß seine berühmte Parlamentsrede gegen die Todesstrafe mit den Worten: »Welches Geschehnis hat größere Berühmtheit erlangt als der Fall jenes jungen Bäckergesellen in Venedig, der unschuldig zum Galgen geführt wurde! Sein Tod war der Grund zu einem Beschluß des Senats der Republik Venedig: *Immer,* wenn vor Gericht über eine Anklage auf Tod und Leben verhandelt wurde, mußte ein Abgesandter des Senats im Saale erscheinen und zu den Richtern ein Wort sprechen, das ihr Gewissen wachrief: Denkt an den armen Bäckergesellen!«

Denken auch wir an ihn. *Immer.*

1796

Der Fall Lesurques

oder

Der Teufel hat die Hand im Spiel

Am 27. April des Jahres 1796, nachmittags fünf Uhr, verläßt der Postwagen nach Lyon die französische Hauptstadt. Der Postillon Audebert und der Schaffner Excoffon haben heute nur einen Passagier zu befördern; auf Grund seines Passes, der auf den Namen Laborde lautet, hat er sich für die ganze Strecke bis Lyon eintragen lassen; nun ist er im Innern des Wagens mit dem Schaffner allein. An Banknoten und Münzen aber führt die Post den immensen Wert von vierundsiebzigtausend Franken mit sich.

Die erste Etappe endet nach fünfundvierzig Kilometern im Städtchen Melun, und die Kutsche passiert noch zu angemessener Zeit das elf Kilometer vor Melun liegende Dörfchen Lieursaint. Aber in Melun trifft sie nicht ein. Man findet sie zwischen beiden Orten, da, wo die Straße durch unübersichtlichen Wald führt. Im Wagen liegt der Schaffner, von vielen Messerstichen getötet, auf der Straße der Postillon, von vielen Säbelhieben erschlagen. Das gesamte Geld und das Sattelpferd des Postillons fehlen.

Spuren ermöglichen eine erste, ungefähre Rekonstruktion des Verbrechens: vier Berittene müssen, plötzlich aus dem Walde brechend, den Postillon überfallen, der Passagier Laborde muß zur gleichen Sekunde den Schaffner ermordet haben. Am Tatort ließen sie einen versilberten Sporn, der mit Bindfaden am Stiefel befestigt war. Die Wirren der Revolution sind vorüber; es herrscht Ordnung in Frankreich und vor allem auf seinen Straßen; das außergewöhnliche Verbrechen erregt also außergewöhnliches Aufsehen; die neu und fast vorbildlich organisierten Kriminalbehörden arbeiten fieberhaft und exakt. Es scheint auch, als hätten sie bei dem geradezu dilettantischen Vorgehen der Verbrecher leichtes Spiel; schon nach wenigen Tagen weiß man vieles:

Am Vormittag des Tattages nämlich haben vier Reiter Paris verlassen und sind höchst ungeniert die Landstraße nach Melun entlanggeritten. Im Flecken Mongeron sind sie im Gasthaus des Monsieur Evrard eingekehrt und haben dort ausgiebig zu Mittag gegessen; den Kaffee haben sie im Chatelainschen Gasthaus eingenommen und durch einige Partien Billard verlängert; gegen vier Uhr nachmittags sind sie gemächlich weitergeritten nach Lieursaint und haben beim Gastwirt Champeaux einige Flaschen Wein geleert. Zwei von ihnen sind ohne Scheu im Orte längere Zeit spazierengegangen, einer hat sein Pferd beschlagen, ein anderer sich von Frau Champeaux seinen losgegangenen Sporn mit Bindfaden befestigen lassen. Wieder einer ist, als alle vier um sieben Uhr Lieursaint in Richtung Melun, ganz langsam reitend, verlassen hatten, noch einmal zurückgekommen, weil er seinen Säbel im Stall vergessen hatte; er hat sein Pferd abzäumen und füttern lassen, ist jedoch plötzlich nervös geworden, hat das Tier eilig wieder aufgezäumt und ist im Galopp davongesprengt – ganz kurz darauf ist die Post durch Lieursaint gefahren. Es scheint fast, als hätten es die Täter geradezu darauf abgesehen, bemerkt zu werden. Und richtig erkennt Herr Champeaux den zerbrochenen Säbel am Tatort als den im Stall vergessenen, Frau Champeaux den Sporn mit dem Bindfaden als den von ihr befestigten.

Damit nicht genug: fünf Reiter sind in den frühen Morgenstunden des 28. April im schärfsten Trab aus der Richtung Melun nach Paris zurückgeritten; die Schildwachen an der Brücke von Charenton und an der Barriere der Stadt haben sie gesehen. Als wenige Stunden später das Sattelpferd des Postillons herrenlos und umherirrend mitten auf dem Boulevard eingefangen wird, ist es klar, daß man die Ermittlungen in Paris fortsetzen muß. Sehr bald hat man heraus, daß ein gewisser Couriol vier gesattelte und total erschöpfte Pferde bei einem Gastwirt eingestellt und nach drei Stunden wieder abgeholt hat. Wenige Tage später werden dieser Couriol und seine Freundin Madeleine verhaftet. Man weist ihm nach, daß er vom 27. April früh bis zum 28. April mittags nicht in Paris war, ja, daß er es war, der die Pferde zuerst bei jenem Gastwirt eingestellt und dann bei dem Pferdeverleiher Bernard abgeliefert hat. Zwar behauptet er, daß ihn vier Unbekannte damit beauftragt hätten; doch findet man bei ihm eine Summe, die fast genau einem Fünftel des in der Postkutsche geraubten Betrages entspricht: sein Anteil also an der Beute!
Nun greift man energisch durch. Man verhaftet auch den Pferdeverleiher; und vor allem verhaftet man Couriols Wohnungsgeber, einen gewissen Richard, und zwei Beamte, die ebenfalls bei Richard wohnen: Bruer und Guesnot. Guesnot aber kann sein Alibi für den Tattag so exakt nachweisen, daß jeder Verdacht gegen ihn entfällt und daß er in Freiheit bleibt.
Und gerade dieser Umstand sollte zum Anlaß des ersten großen Justizmordes der modernen Kriminalgeschichte werden, eines Justizmordes, der Frankreichs Rechtsgeschichte und Rechtsgewissen fast ein Jahrhundert lang nicht zur Ruhe kommen ließ, der noch heute bei jedem Irrtum der Gerichte auch anderer Völker als drohender und warnender blutiger Schemen auftaucht – und der den-

noch bis heute ungesühnt blieb. Er wurde zum Modell des Justizmordes überhaupt.
Guesnot, der nunmehr über jeden Verdacht erhabene Beamte, wurde höflich aufgefordert, seine Papiere, die beschlagnahmt gewesen waren, gelegentlich beim Untersuchungsrichter Daubenton abzuholen. Das gedachte Guesnot am 11. Mai zu tun, also zwei Wochen nach der Tat. Da traf er unterwegs ganz zufällig seinen Landsmann Lesurques, mit dem er in Douai die gleiche Schulbank gedrückt hatte und den er eine Zeitlang nicht gesehen hatte. Die beiderseitige Freude war natürlich groß, man gedachte noch ein paar Stunden zusammenzubleiben, und so bat Guesnot den Freund, ihn nur eben zum Untersuchungsrichter zu begleiten. Lesurques, der als unbescholtener und sehr wohlhabender Mann mit solchen Instanzen noch nie in Berührung gekommen war, sträubte sich zuerst ein bißchen, ging dann aber mit und nahm gemeinsam mit Guesnot im Vorzimmer des Richters Platz.
Jetzt griff der Zufall ein zweites Mal ein: gerade für diesen Morgen hatte Herr Daubenton zwei Zeugen zu sich bestellt, die die Verhafteten identifizieren sollten. Diese Verhafteten waren: Couriol, bei dem man ja einen Teil der Beute gefunden hatte, Richard, der ihm Wohnung gewährt hatte, Bruer, der sein Alibi nicht hatte nachweisen können, und Bernard, von dem die Pferde entliehen worden waren. Diese vier befanden sich aber natürlich nicht im Wartezimmer, sondern in Haft. Die Zeugen hingegen, eine Magd des Gastwirts Evrard in Mongeron und eine Magd des Gastwirts Chatelain in Mongeron, zwei biedere Landfrauen also, konnten das nicht ahnen und hielten also Guesnot und Lesurques für die Verdächtigen. Und sofort behaupteten sie, die beiden zu erkennen: zusammen mit zwei anderen hätten sie ja am Tattage bei Evrard gespeist und bei Chatelain Kaffee getrunken, und sie, die Mägde,

hätten sie bedient. Das ließen sie dem Untersuchungsrichter durch einen Polizisten sagen.
Herr Daubenton traute, wie er später selbst versicherte, seinen Ohren nicht – und war vorsichtig: er ließ Guesnot und Lesurques eintreten und unterhielt sich mit ihnen in Gegenwart der beiden Mädge über ganz gleichgültige Dinge; dann erst fragte er die Frauen, ob sie ihrer Sache sicher seien; sie waren es! Und so blieb denn nichts übrig, als die beiden Männer zunächst zu verhaften.
Vergebens wies Guesnot auf sein bereits bestätigtes Alibi hin; vergebens erklärte Lesurques, wer er sei: ein Mann, der acht Jahre lang als Soldat vorbildlich gedient und gekämpft und als Sergeant mit glänzendem Zeugnis seinen Abschied genommen habe, um Beamter seiner Vaterstadt Douai zu werden; der dann während der Revolution und Inflation gute, aber legale Geschäfte gemacht habe und nun, als Fünfunddreißigjähriger, nach Paris gezogen sei, wo er mit seiner Frau und seinen drei Kindern auskömmlich leben könne, da die Verpachtung seiner Ländereien ihm jährlich zwölftausend Pfund Rente bringe. Vergebens: denn der Polizeichef von Douai, um ein Leumundszeugnis ersucht, bezeichnete ihn als übermäßig freigebigen Verschwender, der seit zwei Jahren seine Frau vernachlässige und sich mit Schauspielerinnen belustige. Und da ihm tatsächlich nachgewiesen wurde, daß er mit einer »fille« Clotilde gelegentlich Domino spielte, war es mit dem guten Leumund insoweit aus, wenn auch seine Frau erklärte, daß er immer ein besorgter Gatte und ein liebender Vater gewesen sei.
Nun, Lesurques brauchte noch nicht zu verzweifeln, wenn er unschuldig war; es hatten ja weit mehr Zeugen die fraglichen Reiter gesehen; die würden ihn und Guesnot wohl nicht mit anderen verwechseln. Und es erschienen der Stallknecht des Wirtes Evrard und ein Gast, der zur glei-

chen Stunde wie die vier dort gespeist hatte; es erschienen der Gastwirt Champeaux und seine Frau – und alle erkannten Lesurques mit Sicherheit: Frau Champeaux erkannte ihn sogar als denjenigen, dem sie den Sporn gerichtet hatte. Sie sagten auch, woran sie ihn erkannten: am Alter von etwa dreiunddreißig Jahren, an der Größe von etwa fünfeinhalb Ellen, an dem blonden Haar, an den blauen Augen, an der gebogenen Nase, am durchschnittlichen Mund, am runden Doppelkinn – vor allem aber, und das schloß wohl jeden Irrtum aus, an einer kleinen Narbe rechts auf der Stirn und am verstümmelten Daumen der rechten Hand.

Andere noch hatten ihn spazierengehen oder reiten sehen und erkannten ihn auch, mit Sicherheit oder doch mit Wahrscheinlichkeit; ebenso wurde Guesnot von vielen, allerdings nicht von so vielen und nicht mit solcher Sicherheit erkannt; auch Bruer, Bernard und Richard wollten einzelne wiedererkennen, von Couriol ganz abgesehen; es wurden also sechs Reiter »erkannt«, während es nur vier gewesen waren. Wenn aber selbst zwei davon falsch identifiziert wurden, dann konnten es, so mußte der Untersuchungsrichter schließen, nicht Guesnot und Lesurques sein, denn sie wurden »am genauesten erkannt«, und sie mußten zugeben, Richard und Couriol zu kennen: sie hatten zuweilen gemeinsam mit beiden gespeist, denn auch Richard stammte aus Douai!

So wurde denn Anklage erhoben gegen Lesurques, Guesnot, Couriol und Bruer, weil sie, als die vier Reiter, den Überfall verübt hätten; gegen Bernard, weil er die Pferde dazu geliehen hätte im Wissen, wozu sie dienen sollten; gegen Richard, weil er seinem Mieter Couriol zur Flucht habe verhelfen wollen und einen Teil des Raubes an sich gebracht habe. Noch im gleichen Jahre kam es zur Verhandlung; sie wurde gründlich geführt; sie dauerte vier Tage. Und da alle Angeklagten leugneten und keinem geglaubt wurde, blieb als Rettung nur das Alibi.

Und siehe, die Beamten Guesnot und Bruer konnten ihr Alibi nachweisen, denn sie hatten am Tage der Tat wiederum mit Beamten und Behörden zu tun gehabt; amtliche Register wiesen aus, daß sie an diesem Tage in Paris geweilt hatten. Obwohl sie also »erkannt« worden waren, brach die Anklage gegen sie zusammen.

Aber auch um das Alibi Lesurques', der einen ausgezeichneten Eindruck auf die Geschworenen machte, stand es nicht schlecht. Er hatte einen Freund namens Legrand, einen Goldschmied, bei dem er am Vormittag des 27. April einen Juwelier Aldenhof getroffen hatte; er hatte mittags mit seinem Vetter und dem Zeichner Hilaire gespeist; er hatte den Nachmittag mit diesem Vetter verbracht und bis in die Abendstunden mit der »fille« Clotilde Domino gespielt.

Er hatte sogar nach neun Uhr abends noch bei sich zu Haus den Maler Baudert angetroffen und ihn für den nächsten Mittag zum Essen eingeladen; Baudert hatte aber nicht annehmen können, weil er als Nationalgardist auf Wache hatte ziehen müssen.

Nun, dieser Baudert konnte noch den schriftlichen Einberufungsbefehl vorweisen; das wirkte sehr überzeugend. Die »fille« Clotilde, der Zeichner Hilaire und der Vetter versicherten ebenfalls, am 27. April Lesurques gesehen zu haben – aber beweisen konnten sie es nicht. Indessen der Juwelier Aldenhof und Freund Legrand konnten es beweisen: an diesem Tag nämlich hatte Legrand an Aldenhof einen Silberlöffel verkauft und dies unter dem Datum des Siebenundzwanzigsten gebucht – das heißt nach damaliger, revolutionärer Zeitrechnung unter dem achten des Monats Floreal des Jahres IV der Republik.

»Können Sie uns Ihr Geschäftsbuch vorlegen?« fragte der Vorsitzende.
»Selbstverständlich!« sagte Legrand. »Sonst hätte ich mich ja nicht ausdrücklich darauf berufen!« Und er legte es vor. Und nun – ja, nun stellte es sich heraus, daß der Verkauf des Löffels ursprünglich unter dem neunten Floreal eingetragen war – und daß man nachträglich über die Neun eine Acht geschrieben hatte!
Legrand wurde sofort verhaftet, der »Fälschung« wegen. Und am nächsten Tag erklärte er: »Zwar habe ich die Änderung weder selbst vorgenommen noch bemerkt. Aber meine Aussage, die sich nur auf diese Eintragung gestützt hatte, muß ich zurücknehmen.« Nun nahm auch Aldenhof seine Aussage zurück, und daraufhin ließ man Legrand frei.
Aber Joesph Lesurques wurde verurteilt.
Ihn, Couriol und Bernard verurteile man zum Tode, weil sie »an der Ermordung des Schaffners und des Postillons sowie an der Beraubung der Post teilgenommen hatten«; Richard zu fünfundzwanzig Jahren Bagno »wegen Hehlerei«.
Kaum war dies Urteil verkündet, da sprang Couriol auf – Couriol, der bisher alles geleugnet hatte. Er schrie in den Saal: »Von uns dreien bin nur ich schuldig! Bernard hat nur die Pferde geliehen – Lesurques aber hat überhaupt nicht den geringsten Anteil an diesem Verbrechen gehabt!« Am nächsten Tag wiederholte er sein Geständnis schriftlich und ausführlich – seine Freundin Madeleine hatte es schon vorher bestätigt, nach der Verhandlung, aber noch vor dem Urteilsspruch, war vom Vorsitzenden jedoch zurückgewiesen worden: »Es ist zu spät.« Nun erklärte Couriol, die vier Reiter seien er selbst, ein gewisser Dubosq, ein gewisser Vidal und ein gewisser Beroldy gewesen; der Passagier, der unter dem Namen Laborde

reiste, habe in Wirklichkeit Durochat geheißen; alle vier seien vorbestrafte Zuchthäusler. Säbel und Sporn hätten Dubosq gehört. Lesurques habe eine große Ähnlichkeit mit Dubosq – zwar habe Dubosq hellbraunes Haar und Lesurques blondes, doch trage Dubosq gemeinhin eine blonde Perücke.

Couriol tat noch mehr. Er richtete ein Gesuch an die Regierung, in dem es hieß: »So ist es denn wahr, daß ich meinem Verbrechen einen Doppelmord hinzufügen soll! Ich flehe darum, zwei Unschuldigen Gerechtigkeit zu verschaffen! . . . Die Wahrheit muß sich zeigen; binnen kurzem werdet Ihr überzeugt werden! Aber dann wird es zu spät sein! Ja, die Unschuldigen – ich werde es immer wiederholen, bis zu meinem letzten Seufzer!«

Gleichzeitig beantragt Lesurques die Aufhebung des Urteils. Sie wird verworfen. Nun richtet er ein Gnadengesuch an die Regierung. Die Regierung unterbreitet es dem Parlament, das eine Kommission einsetzt, bestehend aus drei berühmten Juristen. Die drei erklären Couriols Angaben für völlig unglaubhaft. Er habe Personen untergeschoben, von denen man nicht wisse, wo sie existieren, oder ob sie überhaupt existieren. In seinen Aussagen gebe es Widersprüche. Wenn das Gericht von Lesurques' Schuld überzeugt gewesen sei, so bedeute es eine unerträgliche Gefahr für die Gesellschaft, ein rechtskräftiges Urteil anzugreifen. Man empfehle, über Lesurques' Gesuch zur Tagesordnung überzugehen.

Das tut man denn auch. Am 10. März 1797 werden Couriol, Bernard und Lesurques hingerichtet. Couriol schreit auf dem ganzen Weg zum Schafott und noch bis zum Todesstreich, Lesurques sei unschuldig. Lesurques selbst beteuert seine Unschuld bis zum letzten Augenblick.

In einem seiner Briefe aus der Zelle hat er seinen Freund Legrand für das Urteil verantwortlich gemacht, der Fäl-

schung des Geschäftsbuches wegen. Legrand erträgt den Vorwurf nicht und verfällt dem Wahnsinn. Er stirbt im Irrenhaus.
Lesurques' Frau wird wahnsinnig, als sie von der Hinrichtung erfährt, an die sie wohl bis zum letzten Augenblick nicht geglaubt hat.
Eine seiner beiden Töchter begeht, als der Justizminister Jahrzehnte später ihr Gesuch um Ehrenrettung ihres Vaters ablehnt, Selbstmord.
Und doch erhielt schon wenige Tage nach der Hinrichtung eben jene Juristenkommission, die zur Tagesordnung überzugehen empfohlen hatte, das Schreiben eines früheren Richters, also eines Kollegen: er halte Lesurques für unschuldig, denn ihm sei aus seiner Amtstätigkeit ein gefährlicher Verbrecher namens Dubosq bekannt, der immer verschiedene Perücken bei sich geführt habe, darunter eine blonde!
Der Brief wurde nicht beachtet. Er wurde erst 1832 in den Archiven des Innenministeriums aufgefunden – »abgelegt«.

Noch kein halbes Jahr ist seit der Hinrichtung der drei vergangen, da steht in Paris ein gewisser Durochat eines schweren Diebstahls wegen vor Gericht. Ein Postbeamter erkennt in ihm plötzlich jenen Laborde, der seinerzeit mit der Todespost nach Lyon abgefahren war. Nach kurzem Verhör gesteht Durochat, daß Dubosq ihm damals den falschen Paß auf den Namen Laborde angefertigt hatte. Im Komplott seien lediglich er selbst, Dubosq, Couriol, Vidal und Beroldy gewesen. Bernard habe nur die Pferde geliefert; Lesurques habe weder mit der Planung noch mit der Ausführung oder der Beute des Verbrechens zu tun gehabt. Säbel und Sporn seien Eigentum des Dubosq gewesen. Diese Angaben decken sich völlig mit denen Couriols, und nun nimmt man die Fahndung nach Beroldy, Vidal und Dubosq auf. Man findet die beiden letzten, oft bestraften und oft entsprungenen Verbrecher bald. Wiederum gelingt ihnen die Flucht, doch werden sie wieder eingefangen – Dubosq allerdings erst nach drei Jahren. Sie werden denselben Zeugen gegenübergestellt, die damals Guesnot und Lesurques »erkannt« hatten. Nun zeigen sie sich der Ähnlichkeit zwischen Guesnot und Vidal wegen überrascht, entschließen sich jedoch in der Mehrzahl jetzt für Vidal als den echten Täter, wohl weil sie ihn mit dem noch lebenden Guesnot ja vergleichen können. Hingegen will keiner, bis auf eine Frau, Dubosq erkennen oder auch nur eine größere Ähnlichkeit mit Lesurques entdecken, obwohl man ihnen Dubosq in einer blonden Perücke vorstellt, genau nachgebildet allen auftreibbaren Bildern Lesurques'. Auch das erklärt sich leicht: Lesurques war ja tot; war er unschuldig gestorben, so waren sie mitschuldig an diesem Mord; wie konnten sie das vor sich selbst zugeben? Zudem gestehen weder Vidal noch Dubosq; nur Durochat bleibt bis zum Schafott bei seiner Aussage, daß sie schuldig seien und Lesurques sowie Bernard unschuldig. Aber die Beweise gegen sie häufen sich doch derart, daß die Nachprüfung von Lesurques' Alibi beschlossen wird. Indessen erweist sie sich als nicht mehr durchführbar; auf bis heute ungeklärte Weise sind das Geschäftsbuch Legrands und die Einberufungsorder Bauderts aus den Akten verschwunden. Trotzdem werden Durochat, Vidal und Dubosq überführt und für schuldig befunden, »den Urhebern der Mordtat vorsätzlich und mit Überlegung Hilfe und Beistand geleistet zu haben«, sie werden zum Tode verurteilt und hingerichtet. Somit scheint erwiesen, daß Bernard zumindest nicht des Mordes schuldig gewesen war; was Lesurques betrifft, so bleibt noch eine ferne Möglichkeit, daß er mit Beroldy

identisch ist, den man nicht erwischt hat. Damit suchen Richter und Geschworene ihr Gewissen zu beruhigen.
Aber im Jahre 1804, mehr als acht Jahre nach der Tat, wird Beroldy in Madrid aufgegriffen, ausgeliefert, von mehreren Zeugen erkannt und hingerichtet. Auf dem Wege zum Schafott vertraut er, der bis dahin geleugnet hatte, seinem Beichtpfarrer Grandpré an, daß er zu Recht verurteilt und Lesurques unschuldig sei.
Damit ist der Justizmord an Joseph Lesurques endgültig erwiesen.

Ein Schrei der Empörung und des Entsetzens geht durch das französische Volk und wird sehr bald aufgenommen von ausländischen, vor allem von deutschen Juristen. Die Laien machen die tyrannische Verhandlungsführung des Vorsitzenden und die Feigheit der Geschworenen, die Fachleute die Französische Revolution und die Einrichtung der Geschworenengerichte an sich verantwortlich. Ist das richtig – was ist daran richtig?
Gewiß war die Beteiligung des Volkes an der Rechtsprechung eines der heiligsten Anliegen der Revolution gewesen. Die Geheimjustiz der absolutistischen Könige war unerträglich geworden; wer verhaftet wurde, wurde im nichtöffentlichen Verfahren durch Fachrichter abgeurteilt, die faktisch den Weisungen und oft genug den Launen der gekrönten Häupter oder ihrer Minister unterworfen waren; und wenn der Angeklagte erst einmal in den Kerkern oder im Grabe verschwunden war, dann wußte niemand, ob er unschuldig gewesen war oder nicht. Nur soviel wußte man: wenn er den vornehmen oder begüterten Ständen angehörte, dann hatte er im allgemeinen Aussicht auf Milde; wehe ihm, wenn er arm und einflußlos war!
In England aber war das schon seit Jahrhunderten nicht mehr so, und so übernahm man von dort die Öffentlich-

keit des Verfahrens und die Geschworenengerichte. Das ganze Volk also konnte und sollte fortan an den Verhandlungen teilnehmen, und Männer aus dem Volke entschieden über Schuld oder Nichtschuld des Angeklagten; den Fachrichtern blieb nur die Rechtsbelehrung vor dem Spruch und die Festsetzung des Strafmaßes nach dem Spruch der Laien. Das war logisch: der König, der Souverän war gestürzt, das Volk selbst war der Souverän. Als gegen Lesurques verhandelt wurde, war die neue Einrichtung erst fünf Jahre alt; die Blutmaschinerie der politischen Scheinprozesse hatte sich totgelaufen, und dieser Fall war einer der ersten großen unpolitischen Prozesse. Es ist wahr, daß der Vorsitzende Gobier, bis dato selbst Advokat, Lesurques' Verteidiger grob unterbrach, als er auf den großen Reichtum seines Klienten hinwies, der ein solches Verbrechen unwahrcheinlich mache – das war noch Revolutionsstimmung: Man wollte ja eben Schluß machen mit der Bevorzugung des Reichtums und der Diskriminierung der Armut. Aber es ist auch wahr, daß trotz solcher Voreingenommenheit die Verhandlung mit größter Gründlichkeit geführt wurde und daß Fachrichter wie Geschworene ihr Urteil nach bestem Wissen und Gewissen und aufgrund der bestehenden Gesetze sprachen. Und noch mehr ist wahr: Daß nämlich auch ein Gericht von heute zum Schuldspruch Lesurques' unter gleichen Voraussetzungen zunächst hätte kommen müssen – so lange zumindest, bis Couriol sein »Er ist unschuldig!« in den Saal schrie, vielleicht aber auch noch danach.

Denn Lesurques war auf das schwerste belastet. Zeugen über Zeugen, die ihn zuvor nie gesehen hatten und nicht im geringsten gegen ihn eingenommen sein konnten, hatten ihn identifiziert, und das aufgrund so auffälliger Merkmale wie einer Narbe rechts auf der Stirn und einer Verstümmelung des rechten Daumens. Die Zeugen, die sein Alibi bestätigen sollten, waren nicht so reich wie er, waren Bohemiens und Winkeljuweliere und eine Dirne: sie konnten bestochen sein. Sein Kronzeuge mußte zugeben, daß sein Geschäftsbuch im entscheidenden Datum geändert worden war, und wenn es uns heute auch wahrscheinlich dünkt, daß er zuerst die Neun versehentlich eingetragen und dann erst zur Acht berichtigt hatte und nicht umgekehrt – er nahm seine entlastende Aussage jedenfalls zurück, und Aldenhof daraufhin auch. Es blieb nur das einigermaßen entlastende Zeugnis Bauderts gegen eine Reihe wertloser, gegen eine weit größere Reihe belastender und gegen zwei widerrufene Zeugnisse – und gegen ein schlechtes Leumundszeugnis dazu. Und was die Aussage Couriols betraf, dem doch der Tod gewiß war: konnte der reiche Lesurques ihn nicht dennoch bestochen, ihm die Versorgung seiner Freundin und seiner Nachkommen zugesichert haben? War nicht überhaupt jener Reichtum durch den Verkauf von Nationalgütern erworben, der zwar nicht strafbar, aber doch eben als das Geschäftsgebaren eines »Schiebers« erschien? Daß er schließlich zum Untersuchungsrichter ging, ohne gerufen worden zu sein: mußte das reine Unschuld, konnte das nicht auch höchste Raffinesse sein? Und dazu kam, daß er, der Wohlhabende, mit so dunklen Gestalten wie dem zweifellos am Komplott beteiligten Richard befreundet und mit Couriol zum mindesten bekannt war – sage mir, mit wem du umgehst, und ich sage dir, wer du bist! Und noch im zweiten Verfahren hatten alle Zeugen und Zeuginnen bis auf eine wiederum ihn als den Reiter identifiziert und nicht Dubosq!

Nein, hier hatte eben der Teufel seine Hand im Spiel. Er hatte sie im Spiel, als er Lesurques mit Guesnot gerade auf dessen Weg zum Richter zusammenführte, als er Legrand veranlaßte, sich auf sein geändertes Geschäftsbuch zu berufen, und insbesondere als er Lesurques und Dubosq ein so ähnliches Aussehen verlieh. Denn wenn die Zeugen diese Ähnlichkeit auch bestritten, wir sagten schon, warum – die Signalements aus den Gefangenenlisten sagen es anders, sie sind erhalten geblieben und mögen hier gegenübergestellt werden:

	Dubosq	*Lesurques*
Alter	etwa 33 Jahre	32 Jahre
Größe	5 Fuß 4 Zoll	5 Fuß 3 Zoll
Haare und Augenbrauen	blond	blond
Augen	grau	blau
Nase	römische Adlernase	römische Adlernase
Mund	durchschnittlich	durchschnittlich
Kinn	doppelt, mit Grübchen	doppelt, rund
Besondere Kennzeichen	kleine Narbe auf der Stirn über dem rechten Auge	Narbe rechts auf der Stirn
	Schnittnarbe am inneren Daumen der rechten Hand	der Daumen der rechten Hand ist verstümmelt

Wenn das nicht des Teufels Hand ist!

Diese Feststellung aber ist nichts weniger als tröstlich. Denn wie seine Hand damals im Spiele war, so ist sie noch oft im Spiele – was zu beweisen sein wird. Die furchtbarsten, die tragischen Justizmorde sind nicht die vermeidbaren, sondern die unvermeidbaren.

Lesurques' Verurteilung war unvermeidbar.

Lesurques' Ermordung durch die Justiz wäre vielleicht vermeidbar gewesen, wenn die Regierung von ihrem Gnadenrecht Gebrauch gemacht hätte. Bestimmt vermeidbar wäre sie nur gewesen, wenn damals die Todesstrafe abgeschafft gewesen wäre.

Tatsächlich ist der Fall Lesurques später in mehreren Ländern mit maßgebend gewesen für die Abschaffung der

Todesstrafe. Und tatsächlich ist Joseph Lesurques noch heute der erste Kron- und Blutzeuge für die Gegner der Todesstrafe – der erste allerdings in einer langen Reihe! Damals aber blieb nur noch eines: wenigstens das Andenken des unschuldig, aber »rechtens« Ermordeten zu reinigen, ihm seine Ehre wiederzugeben. Seine Nachkommen verlangten das, und das Volk im Verein mit den fortschrittlichsten Köpfen des Landes unterstützte dies Verlangen.

Auf eine der vielen Bittschriften forderte endlich Napoleon I. einen Bericht ein. Napoleon war anfangs ein Gegner der Schwurgerichte gewesen, also der Rechtsprechung durch das Volk; bald jedoch hatte er sich zu ihnen bekehrt, »weil sie dem Staat mehr Einflußmöglichkeiten böten als die Fachgerichte«. So schnell hatte also ein Autokrat eine der heiligsten Waffen der Demokratie gegen die Demokratie selbst zu kehren verstanden. Aber das Bittgesuch wies er dennoch ab, »weil Lesurques' Unschuld nicht hinreichend erwiesen scheint, und weil eine Revision zugunsten eines Verurteilten nach dessen Tode gesetzlich unzulässig ist«. Das war 1806.

1821 lehnten die Juristen Ludwigs XVIII. noch schärfer ab. »Wenn man die Revision durch ein neues Gesetz auch auf die Fälle ausdehnen wollte, in denen die Verurteilten bereits gestorben sind, so hieße das die Gerechtigkeit in ihren Grundfesten erschüttern . . . Die Revision ist mit dem Wesen des Schwurgerichts überhaupt unvereinbar.«

1846 wies der »Bürgerkönig« Louis Philippe eine Petition von Lesurques' Tochter Melanie zurück, und diese Zurückweisung führte zu dem schon berichteten Selbstmord Melanies.

Die Revolution von 1848 kam, und nun hatte ein neues Gesuch von Lesurques' letztem Kinde Virginie den Erfolg, daß sich die zuständige Kommission von Lesurques'

Unschuld »aufs tiefste überzeugt« sei, aber erklärte, zunächst müsse ein neues Gesetz geschaffen werden, das auch die Rehabilitierung bereits Hingerichteter und einige andere Erleichterungen der Revision gestatte. Es dauerte bis 1867, längst regierte Napoleon III. – da kam ein solches Gesetz endlich durch. Veranlaßt war es also durch den hingemordeten Lesurques – die Ehrenrettung verschaffte es ihm nicht. Denn obwohl der mit der Untersuchung betraute berühmte Jurist Faustin-Hélie erklärte, daß das Urteil gegen Lesurques mit dem späteren Urteil gegen Dubosq unvereinbar und Lesurques somit unschuldig sei, fand der Kassationshof am 3. Dezember 1868 unter anderem heraus, daß Lesurques »wegen Teilnahme an der Tat«, Dubosq aber wegen »Hilfe und Beistand zur Tat« verurteilt worden sei, und daß demnach beide Urteile sehr wohl vereinbar seien. Und da der Grundsatz »Im Zweifelsfall für den Angeklagten« nur bis zur Verurteilung gelten könne, danach aber der umgekehrte »Im Zweifelsfall für das Gericht«, so müsse es bei den alten Urteilen bleiben.

Und es blieb dabei. Bis heute.

Und die Justiz fühlte sich dabei im Recht. Denn das Volk selbst urteilte ja, nicht irgendein Fürstenknecht. Das Volk aber war unfehlbar, und somit durfte es nach Möglichkeit keinen Rechtsirrtum, keine Wiederaufnahme mehr geben. Die Sorge, daß durch einen auch nur nachträglichen Freispruch Lesurques' das Vertrauen in Staat und Justiz untergraben werde, war ehrlich, war Überzeugung; besser war es, daß ein einmaliges Unrecht blieb, als daß das ganze, ewige Recht wankte. Und weil man im Falle Lesurques trotzdem ein schlechtes Gewissen hatte, beschwichtigte man es durch den kläglichsten aller Auswege: Man gab den Nachkommen des Gemordeten dessen Vermögen zurück, das man damals beschlagnahmt hatte, man gab es ihnen

sogar reichlich zurück. Man glaubte, sich freizahlen zu können.
Man kann es nicht, sagten die Gegner der Schwurgerichte. Sie wiesen darauf hin, daß selbst nach dem alten, viel verschrieenen monarchischen Recht Frankreichs, Habsburgs und Preußens jedem Angeklagten das Recht auf Revision zustand und daß solch ein Justizirrtum damals überhaupt nicht hätte passieren können, weil ja keine Laien, sondern nur Fachrichter am Werke gewesen waren.
Nun, in Preußen galt dies alte Recht sogar noch bis 1848. Konnte da wirklich nichts passieren?

1834

Der Fall Berger

oder

Das falsche Geständnis

1868 veröffentlichte man die Akten des Falles Berger. Da aber damals die Richter noch lebten, die ihn verhandelt hatten, verschwieg man ihre Namen sowie den Namen des pommerschen Ortes, in dem er gespielt hatte. Seither sind die pommerschen Gerichtsakten in den Zeitwirren verlorengegangen, und die richtigen Namen lassen sich nicht mehr ermitteln.

Gleichwohl ist der Fall verbürgt.

Er begann damit, daß am 5. September 1834 der achtundsechzigjährige Hirt Meier im pommerschen Walde tot aufgefunden wurde, unter einem Tannengebüsch versteckt und zweifelsohne ermordet. Ermordet aber auf eine grauenhafte und noch kaum je dagewesene Art: Die Untersuchung ergab, daß der Täter dem beleibten Mann zuerst den Schädel eingeschlagen, dann aber noch die Pulsadern geöffnet hatte, um ihn verbluten zu lassen; erst danach hatte er dem völlig ausgebluteten Leichnam ein handtellergroßes Stück Fett so sachgemäß aus dem Unterleib geschnitten, daß die Muskulatur darunter sichtbar und ordentlich dalagen wie nach einer Sektion; dies Stück Fett war verschwunden. Geraubt war nichts, man hatte dem Opfer Hirtentasche, Hirtenstock, Pfeife und Brotmesser sowie die vierzehn Pfennig gelassen, die der mittellose Mann bei sich trug, und nur sein Tabaksbeutel und sein

Feuerstahl waren verschwunden. Das bestätigten sein Dienstherr und seine Tochter.
Der kunstgerechten Tötung wegen schloß man auf einen Fleischer als Täter und verhaftete denn auch einen vagabundierenden Metzgergesellen, der am Mordtage im nahen Dorf gebettelt hatte und seines »abschreckenden Gesichts« wegen aufgefallen war; der Mann verwickelte sich dann auch in einige Widersprüche; doch mußte er am 5. Dezember aus Mangel an Beweisen freigesprochen und entlassen werden. Die Tat blieb im dunkeln, und vor allem das Tatmotiv: Warum war jener als friedlich bekannte, bitter arme Greis auf so furchtbare Weise ermordet worden?
Erst anderthalb Jahre nach der Tat, am 9. Februar 1836, brachte ein Zufall die Klärung. Der zuständige Landrat kam auf einer Dienstreise durch dasselbe Dorf; plötzlich drängte sich die Tagelöhnersfrau Wilhelmine Berger laut weinend in das Amtszimmer. Ihr Mann habe sie, wie fast täglich, geschlagen, schrie sie; diesmal aber habe er sogar ihren alten Vater geschlagen; man möge ihn doch verhaften und festsetzen, denn sie habe Angst, daß er sie eines Tages totschlagen werde, wie er den Hirten Meier damals totgeschlagen habe!
Man arretierte den Mann sofort, einen wegen mehrerer kleiner Diebstähle vorbestraften Gelegenheitsarbeiter, der, als Sohn einer armen Magd, die Schule nur bis zum elften Lebensjahre besucht hatte und weder lesen noch schreiben konnte. Elf Tage lang bestritt er die Tat; dann jedoch ließ er sich dem Untersuchungsrichter vorführen und gestand. Er gestand einen Mord aus Aberglauben.
Sein Schwiegervater, der Tagelöhner Rogge, habe ihm und seiner Frau, so erzählte Berger unbewegten Gesichts, des öfteren von den »Diebslichtern« erzählt; das seien Kerzen, die man am besten aus dem Fett ungeborener Kinder, notfalls aber auch aus sonstigem Menschenfett zubereiten

müsse; zünde man solche Lichte während eines Diebstahls an, so müsse er gelingen, weil sie das Aufwachen der Bestohlenen verhinderten. Dieser Aberglaube war dem Untersuchungsrichter nicht unbekannt und ist noch immer nicht erloschen; noch im ersten Jahrzehnt unseres Jahrhunderts wurden schwangere Frauen der Diebslichter wegen ermordet, und ich selbst erlebte 1952 im bayrischen Allgäu, wie sich ein der »Hexerei« Angeklagter darauf berief, daß er selber ja nur »weiße Magie« treibe, seine Kollegen von der »schwarzen Magie« aber noch Diebslichter herstellten und verkauften. So war es nicht verwunderlich, daß dem Richter die Erzählung Friedrich Bergers durchaus glaubhaft schien.

Daraufhin habe nämlich, so berichtete Berger weiter, seine Frau ihn gedrängt, solche Diebslichter zu besorgen und zu diesem Zwecke einen Menschen zu erschlagen. Wie sie ihn zu all seinen Diebstählen angestiftet habe, so habe sie ihm auch hierin keine Ruhe gelassen und schließlich den Hirten Meier als Opfer vorgeschlagen, weil der ja alt und wenig widerstandsfähig und immer allein anzutreffen, andererseits aber doch wohlbeleibt sei. Lange habe er, Berger, widerstanden; endlich habe er sich doch einmal aufgemacht und den Hirten angesprochen, um ihn in ein Gespräch zu verwickeln; der Alte habe aber so freundlich geantwortet, daß er die Tat nicht über sich gebracht habe. Doch habe seine Frau weitergedrängt, und am 4. September 1834 habe er den Mord dann vollbracht.

Er schilderte die Tat in allen Einzelheiten: »Ich ging mit ihm eine Stunde zusammen, blieb darauf etwas zurück und versetzte ihm einen Hieb mit einem Tannenknüppel von hinten auf den Kopf, worauf er sogleich lautlos zu Boden stürzte; so hatte es mich meine Frau gelehrt. Darauf zog ich mein Taschenmesser . . .« Er beschrieb die Hiebe und Schnitte so genau, wie sie an der Leiche konstatiert worden waren, berichtete wie er eine Stunde gewartet habe, ehe er das Fett für die Diebslichter entnahm. »Mir war sehr beklommen, und das Herz schlug mir, ich dachte aber, ich müsse die Tat ausführen.« Am anderen Morgen habe er seine Frau zur Nachbarin um eine Lichtform geschickt – diese Nachbarin wurde später vernommen und bestätigte seine Aussage. Auf das exakteste malte er dann die Versuche zur Herstellung der Kerzen aus; indessen sie mißlangen, das Fett gerann nicht; vermutlich hat es also »echte« Diebslichter in Wirklichkeit nie gegeben. Alles das habe er bekennen müssen, schließt Berger, denn sein Gewissen lasse ihm keine Ruhe; doch möge der Richter bedenken, daß er den Mord nur auf Anstiftung seiner Frau hin begangen habe. Und nun erst und zum einzigen Mal bricht er in Tränen aus: »Dies ist mein treues und offenes Geständnis, ich habe ihm nichts hinzuzusetzen und bitte, mich doch nicht mit dem Tode zu bestrafen. Ich will gern auch die härteste Gefängnisstrafe erleiden, wenn ich nur am Leben bleibe. Ich flehe die Gnade meiner Richter an, um doch nur das Leben zu erhalten.«

Zweimal wiederholt er sein Geständnis, und seine Frau, die nun auch verhaftet wird, bestätigt, daß sie von allem gewußt habe; nur angestiftet habe sie ihn nicht.

Die Überstellung der beiden ins Gerichtsgefängnis der nahen Stadt wird beschlossen; bei dieser Überführung wird, wie es später im Urteil heißt, ein unverzeihlicher Fehler begangen: man befördert beide im gleichen Wagen, und sie können ungestört miteinander sprechen. Und kaum sind sie im Gerichtsgefängnis angelangt – da widerrufen sie beide!

Berger berichtet nun, wie es im dörflichen Gefängnis so bitter kalt gewesen sei und wie sein Strohlager von Läusen gewimmelt habe; das habe er nicht mehr ertragen können und nur deshalb ein falsches Geständnis abgelegt, um in angenehmere Haft zu kommen. Überdies habe ihm der Gefangenenwärter dies Geständnis durch die Mitteilung erleichtert, daß Berger ja als Soldat gedient habe und deshalb nicht mit dem Tode bestraft, sondern gewiß nur in eine Strafkompanie eingereiht werde, falls er gestehe. Den Mord an Meier habe er gar nicht begehen können, weil er zu dieser Zeit als Schiffer verdingt und auf Fahrt gewesen sei; er bietet den Schiffsbesitzer als Zeugen dafür an. Und schließlich sagt er: »Ich hätte aber auch gestanden, wenn mir der Wärter gesagt hätte, daß ich mit dem Tode bestraft würde, denn ich habe die fortgesetzten Fragen und Verhöre einfach nicht mehr aushalten können!« Und Bergers Frau erklärt nun: »Ja, ich habe das alles gestanden, aber es ist nicht die Wahrheit; ich sagte es nur aus Haß gegen ihn, weil er mich vorher so gewaltig geprügelt hat; und ich habe mir das alles nur ausgedacht, um von ihm loszukommen.« Das Gericht, das sei betont, nimmt diesen Widerruf durchaus ernst; alle Behauptungen Bergers werden überprüft. Die üblen Zustände im Dorfgefängnis bestätigen sich: es hat keinen Ofen und wird nur dadurch erwärmt, daß der Aufseher gelegentlich die Tür zwischen der Zelle und seiner Wachstube offenläßt; der Boden ist nur aus Ziegeln und immer feucht; das Stroh wird nur alle vier Wochen gewechselt und beherbergt tatsächlich Ungeziefer; Decken werden nicht ausgegeben. Es bestätigt sich ferner, daß der geistig nicht eben rege Berger unter den ständigen Verhören litt; oft hat er gesagt: »Schreiben Sie, was Sie wollen, nur machen Sie bald ein Ende!« Und schließlich bestätigt der Wärter, daß er Berger mit dem Hinweis auf die Strafkompanie beschwichtigt habe – aber nur, um ihn zum Geständnis zu bewegen.

Indessen bricht Bergers Alibi zusammen: der Schiffer und seine Familie erklären, daß er erst nach dem Mordtage mit ihnen gefahren ist, und sie belasten ihn noch dazu durch ihre Aussage, daß er trotz der furchtbaren Tat, die er hinter sich hatte, allezeit fröhlich und unberührt gewesen sei. Alles das hält man Berger vor, und man wählt dazu, um Eindruck auf ihn zu machen, das feierliche Schwurzimmer zur Mitternachtsstunde; er aber sagt »ruhig und unbefangen«: »Ich habe den Meier nicht ermordet. Wenn Gott vom Himmel stiege und hier lebendig vor mich träte, so würde meine Unschuld an den Tag kommen. Ich habe keine Strafe verdient, und würde ich bestraft, so wäre es das größte Unrecht.«

Im Protokoll aber vermerkt das Gericht: »Die Feder sträubt sich, das Sinnlose dieses Widerrufes näher darzutun; es ist nur ein letztes Mittel, sich vor der gefürchteten Strafe zu retten, indem der Angeklagte es wagt, ein vor einem ordentlichen Gericht in vier Verhören freiwillig abgegebenes Geständnis gänzlich abzuleugnen; die Angabe des Angeklagten fällt als durchaus leere und freche Ausflucht ins Auge.«

Und ohne öffentliche Verhandlung und ohne Geschworene, nur von kundigen, gründlichen und um Gerechtigkeit bemühten Fachrichtern, wird das Urteil gesprochen und begründet, nicht ohne daß Bergers volle Zurechnungsfähigkeit ausdrücklich festgestellt worden wäre. Es wird scharfsinnig und nach den Gesetzen der Logik schlüssig und unwiderleglich ausgeführt, daß Berger die Leiche des Hirten nach ihrer Auffindung ja nie gesehen hatte und dennoch alle Verletzungen genauso beschrieb, wie die Obduktion sie zeigte – also mußte er der Täter gewesen sein. Die Geständnisse Bergers und seiner Frau werden mühelos damit erklärt, daß das Weib ihren Mann loswerden und der Mann sich dann an seinem Weibe rächen wollte, indem er es der Anstiftung beschuldigte; die Widerrufe aber damit, daß man bei der gemeinsamen Fahrt und Aussprache im Gefängniswagen eingesehen habe, wieviel besser es sei, am selben Strang zu ziehen, und wie sehr die gemeinsamen Interessen dies geböten. Auch habe Berger, als bitter armer Mann, in seiner Scheune ebenso kalt und feucht und auf ebenso fauligem Stroh gelegen wie im Gefängnis; dazu sei der Winter sehr milde gewesen; es sei ihm also nicht zu glauben, daß er nur einer Hafterleichterung wegen gestanden hätte. Und schließlich sei das Entleihen der Lichtform bezeugt. Gestohlen habe er schon immer, und abergläubisch sei er auch, und mithin sei der Mord um der Diebslichter willen ein durchaus glaubhaftes Motiv. Er sei überführt.

Und während Wilhelmine Berger vorläufig freigesprochen wird, »erkennt der Kriminalsenat des Obergerichts zu I. für Recht, daß der Inquisit Friedrich Berger wegen Mordes mit dem Rade von oben herab vom Leben zum Tode zu bringen sei«.

Und diesmal sträubt sich die Feder nicht.

Berger reicht ein Gnadengesuch ein. Aber »das Gericht fand sich nicht bewogen, das Begnadigungsgesuch des Inquisiten allerhöchsten Ortes zu befürworten«. Doch wandelte der allerhöchste Ort »die Strafe des Rades in die milde des Beiles um«, wie es schon seit langem üblich war. Von da ab geht mit Berger eine merkwürdige Veränderung vor sich. Er bleibt bei seinem Widerruf, aber er zeigt sich ruhig und gefaßt. Vor allem nimmt er jetzt den »ihm gewährten« geistlichen Trost und Beistand gern an. Viele Stunden lang unterhält er sich mit dem Pastor S. über Fragen des Glaubens, der Vergebung und der göttlichen Gnade. Am Tage vor der Hinrichtung, die auf den 21. März 1838, morgens acht Uhr, festgesetzt war, erbittet er sich als Zeichen seiner Versöhnung mit Gott das Abendmahl. Und nun erklärt ihm der Geistliche, »daß er ihm als einem unbußfertigen Verbrecher das Abendmahl verweigern müsse, solange er bei seinem Widerruf verbleibe!« Da wird Berger zum erstenmal wieder heftig, bricht in Tränen aus und wirft den Pastor aus der Zelle hinaus. Auch Richter und Wärter, die ihn umzustimmen versuchen, bittet er, man solle ihn von dem »Pfaffen« befreien, denn der sei »gegen ihn ebenso schlecht wie die anderen«. Dann wird er schweigsam und verbringt den letzten Abend seines Lebens bei der seit langem entbehrten Pfeife.

Aber als es Nacht geworden ist, um elf Uhr, bittet er plötzlich, noch einmal vernommen zu werden. Diese Vernehmung wurde natürlich protokolliert, und sie sei hier im Wortlaut wiedergegeben.

Berger sagte:

»Ich sehe nun wohl, daß ich mich durch mein Geständnis doppelt unglücklich gemacht habe, denn doppelt unglücklich ist der, welcher den Tod des Mörders sterben soll und doch keinen Mord auf seinem Gewissen hat. Wohl wissend, daß ich auf Begnadigung nicht mehr zu hoffen habe, will ich jetzt, wo ich im Begriff stehe, vor Gottes Richterstuhl zu erscheinen, die reine und volle Wahrheit sagen. Ich habe den Hirten nicht erschlagen, sondern ihn tot, das heißt ermordet, gefunden. Als ich ihn nun so daliegen sah, kam mir der Gedanke an die Diebslichter, ich weiß selbst nicht mehr, wie, und da sagte ich mir: Hier wäre nun eine schöne Gelegenheit, um dir solche Lichter zu fabrizieren, denn gestohlen habe ich oft, dies will und kann ich nicht bestreiten, aber gemordet habe ich niemand, habe auch nie in meinem Leben mörderische Gedanken gehabt, am wenigsten gegen den Hirten Meier, den ich nur vom Ansehen kannte und der mir nie etwas zuleide getan. Und so grausig es mir auch war, so redete ich mir doch Mut ein und holte mein Messer hervor . . .

Alles, was meine Frau ausgesagt hat betreffs der Versuche,

die Diebslichter zu gießen, ist richtig, alles andere erlogen und von ihr erfunden. Nie habe ich ihr gesagt, daß ich den Hirten umgebracht, vielmehr habe ich ihr stets der Wahrheit gemäß mitgeteilt, wie sich alles zugetragen, und ich weiß nicht, wie sie mit einem Male auf den teuflischen Gedanken verfallen ist, mich als den Mörder anzugeben. Wüßte ich oder mutmaßte ich, wer es gewesen wäre, so würde ich es sagen, aber ich weiß es nicht, habe auch auf niemanden Verdacht. Dies ist meine letzte Erklärung, über deren Wahrhaftigkeit ich Gott den Allwissenden zum Zeugen anrufe. Es mag wohl sein, daß auch diese Erklärung sehr unwahrscheinlich klingt, aber dafür kann ich nicht. Es war so; Gott ist mein Zeuge!

Aus freien Stücken habe ich mich nicht eines so schweren Verbrechens angeklagt. Sie wissen nicht, was ich in N. gelitten habe, wüßten Sie es, so würde es Ihnen schon erklärlich sein. Man hat mich zu sehr gequält, bei Tag und bei Nacht, man hat mich nicht wie einen Menschen, man hat mich ärger als einen Hund behandelt. Ich habe vor Frost nicht schlafen können, dazu mich nicht satt gegessen, und ohne Unterlaß wiederholte man mir, ich sollte doch bekennen, dann würde es mir besser gehen. Und da dachte ich mir, ich wolle nur sagen, was sie von mir gern zu hören wünschten, und sagte zu allen ja, besonders weil ich vom Wärter hörte, daß ich dann hierher kommen würde, wo es ein geheiztes Gefängnis und satt zu essen gäbe. Dies sind die einzigen Gründe, welche mich bewogen, mich selbst eines so abscheulichen Verbrechens zu beschuldigen. Weiter habe ich nichts zu sagen.«

In der Nacht kam seine Frau und winselte und flehte, ihn noch einmal sprechen zu dürfen. Er jedoch sagte: »Ich will sie nicht sehen. Ich habe jetzt meinen Frieden mit Gott gemacht. Aber man soll ihr sagen, daß ich ihr von Herzen verzeihe, was sie an mir verschuldet.«

Die Frau »klagte sich des Mordes an ihrem Ehemann an, rang verzweifelt die Hände, fiel auf ihre Knie, verlangte, man solle ihre Erklärung an den König gelangen lassen, sie habe ihren Mann aufs Schafott geliefert, er sei unschuldig. Aber die Richter kehrten sich an nichts, die Vollstrekkungsordre lag in den Akten, die Anstalten waren getroffen, der Henker bestellt, das Publikum wartete.«

Soweit die alten Quellen. Bergers Frau ging und erhängte sich bald darauf in einem Erlenbruch.

Bergers letzte Worte waren: »Gott, vor dem ich in wenigen Augenblicken stehen werde, weiß, daß ich unschuldig bin. Aber die Sonne wird es an den Tag bringen, wer es getan hat.«

Dann starb er gefaßt, und die Akten schließen anerkennend: »Er söhnte viele durch den männlichen Mut, mit dem er sein Schicksal ertrug, mit sich und seinem Verbrechen aus.«

Die Feder sträubte sich wieder nicht.

Er hat das Verbrechen nie begangen.

Sechs Jahre später, am 19. Juli 1844, sollte in M. ein Matrose hingerichtet werden, der einen Rentner und dessen Magd ermordet hatte. Wie Berger ließ auch er sich am Abend vor der Hinrichtung dem Richter vorführen und gestand:

»Ich will, bevor ich vor Gott erscheine, mein Gewissen noch von einer schweren Last befreien. Ich habe vor zehn Jahren, im September 1834, im P.schen Walde einen Hirten erschlagen, mit dem ich wegen Feuerschwamms in Streit geraten war, indem ich ihm im Zorn mit meinem starken Reiseknüppel mehrere Hiebe über den Kopf versetzte, so daß er tot zu Boden stürzte ... Ich visitierte ihn am Leib und fand einen ledernen Tabaksbeutel, einen Feuerstahl und vierzehn Pfennig in seinen Taschen. Letztere

steckte ich wieder hinein, den Tabaksbeutel und den Stein aber nahm ich an mich und befinden sich dieselben unter den mir abgenommenen, deponierten Sachen. Damit kein Unschuldiger leide, gebe ich dies zu Protokoll.«
Diese Hinrichtung wurde sofort aufgeschoben, bis sich die Wahrheit der Aussage erwiesen hatte. Sie erwies sich leicht und ganz: die Tochter des Hirten erkannte Feuerstahl und Tabaksbeutel, und die Protokolle des Prozesses Berger ergaben, daß man beides bei dem Leichnam des Hirten vermißt, die vierzehn Pfennige hingegen gefunden hatte. Bergers Exekution war Mord gewesen.
Eine Wiederaufnahme des Verfahrens fand gleichwohl nie statt. Vierzehn Jahre später wurde ja durch die Revolution auch in Preußen das öffentliche Schwurgerichtsverfahren eingeführt, und nun, so tröstete man sich, werde dergleichen unmöglich sein.

1854

Der Fall Eldagsen

oder

Das Kopfgeld lockt

Eldagsen im Hannoverschen war damals ein winziges, verträumtes Landstädtchen. Es war so winzig, daß es mit einer einzigen Straße auskam, durch die der Dorfbach floß und von der nur zwei Gäßchen abzweigten, die Schulgasse und die Kirchgasse; es hatte so wenig Einwohner, daß jeder jeden kannte und auch nächtlicherweile erkannte; es war so friedlich, daß es zur Aufrechterhaltung von Ordnung und Sicherheit nur eines einzigen Polizisten bedurfte, des Herrn Baxmann; und es war so deutsch-verträumt, daß der Notar einen Namen hatte, so symbolisch, als hätte ihn Jean Paul erfunden: er hieß Haarstrich. Er sowie zwei andere Honoratioren, der einzige Kaufmann Meyer und der Steuereinnehmer Hartmann, wohnten selbstverständlich an der Hauptstraße, an der auch der Bürgermeister Sudendorf seinen Amtssitz hatte; mehr abseits hausten nur der Pastor, der sich ja an den Kirchwinkel halten mußte, und der Gutsbesitzer Jaspers. Das wär's. Bluttaten hatte Eldagsen in seiner ganzen ereignislosen Geschichte noch nie gesehen; und doch sollte es zum ersten Mal durch eine Bluttat und einen Justizmord bekannt werden, damals in ganz Deutschland und in der Fachliteratur bis auf den heutigen Tag, obwohl das nun über hundert Jahre her ist.
Steuereinnehmer pflegen nicht beliebt zu sein; aber der Steuereinnehmer Hartmann war es, und seine Frau auch.

Der frühe Tod ihrer vier Kinder hatte ihr Eheglück nicht auf die Dauer zu trüben vermocht, und Frau Charlotte hatte ihr Vermögen für den Fall ihres Todes sogar dem neunzehnjährigen Sohn ihres Mannes aus erster Ehe vermacht. Nun aber, vier Jahre nach dieser Schenkung, war sie doch noch einmal schwanger geworden; im Februar 1854 trug sie ihr Kind schon im siebenten Monat, war bereits recht schwer beweglich und auf die Hilfe ihrer hübschen und treuen Magd Auguste angewiesen. Und wie immer aßen Mann, Frau und Magd am 16. Februar gemeinsam zu Abend, in der Wohnstube, neben deren Tür ein kleines Schiebefenster zum Hausflur angebracht war. Durch dies Fensterchen pflegte Hartmann die Steuerwilligen oder Steuerunwilligen abzufertigen.
An diesem Abend, gegen sieben Uhr, verließ Hartmann noch einmal sein Haus; er müsse zum Kaufmann Meyer, um Geld einzuwechseln. Seine Frau scherzte: »Dann bringe mir wenigstens etwas mit!«, aber sie bat ihn doch, so bald wie möglich wiederzukommen. Denn genau einen Monat vorher, am 16. Januar, hatten sie und die Magd die drohenden Gesichter zweier Männer durch das Schiebefenster gesehen, die aber sofort davonliefen, als sie sich bemerkt fühlten. Und vierzehn Tage zuvor hatte die Magd geträumt, sie und die Frau Einnehmer seien von zwei Mördern umgebracht worden, einem Mann und einer Frau. Man war ein bißchen abergläubisch in Eldagsen wie in jeder ländlichen Gegend, die beiden Frauen hatten seither ein wenig und heute sogar beträchtliche Angst, denn am Morgen erst hatte Hartmann den wachsamen Hund weggegeben. Sie waren ohne Schutz. Aber der Mann lachte: wann war je etwas passiert im idyllischen Eldagsen? Gleichwohl versprach er, vor neun Uhr zurück zu sein. Indessen wie das so geht: der Abend war unfreundlich und voll Schneegestöber, der schmutzige Matsch machte die

Füße kalt, man mußte sich beim Kaufmann erst etwas aufwärmen, man riskierte einen kleinen Schwatz, und somit wurde es neun Uhr und fünfunddreißig Minuten, ehe Hartmann wieder ging – Herr Meyer wußte das später so genau, weil er nach der Uhr gesehen hatte.
Um neun Uhr fünfundvierzig hören Hartmanns Nachbar und dessen Tochter Doris ihn auf der Straße schreien: »Hilfe! Hilfe!!«
Die beiden treten mit ihm in die Wohnstube. Die gemütliche Schirmlampe brennt wie immer, der Tisch ist abgeräumt, aber nahe der Tür liegt die Magd auf dem Boden, in einer Lache von Blut. Hartmann beachtet sie nicht. Er stürzt zuerst zum Schrank; der ist erbrochen. »Wo ist meine Frau?« jammert Hartmann. Zu dreien suchen sie in der kleinen Nebenkammer. Dort ist niemand. Aber wie Doris, die Nachbarstochter, in die Stube zurückgeht, findet sie Frau Charlotte. Sie liegt zwischen dem Sofa und dem Tisch davor, im Blut wie die Magd. Hartmann legt ihr die Hand auf die Schulter und ruft die merkwürdig klingenden Worte: »Ach, meine liebe, gute Frau, was hast du wohl aushalten müssen!« Dann aber ist er wie von Sinnen. Inzwischen füllt sich das Haus. Jeder will sehen, was geschah. Der Arzt findet beide Frauen tot. Ihre Leichen sind schon starr und kalt. Also muß der Mord einige Stunden zurückliegen. Denn ein Mord war es: die Schädel beider sind zertrümmert, ihre Hälse durchschnitten. Aus dem erbrochenen Schrank sind die Privatgelder des Einnehmers und die Schmucksachen seiner Frau geraubt. Die Idylle von Eldagsen ist zu Ende.

Bürgermeister Sudendorf und Polizeidiener Baxmann sichern den Tatort und nehmen noch in der Nacht die ersten Ermittlungen auf. Sie tun das in der Weise, daß sie bei dem knappen Dutzend »übel beleumundeter Subjekte«, die es

in Eldagsen gibt, rasche Haussuchungen vornehmen. Übel beleumundet ist im Ort jeder, der etwas trinkt, dessen Geschäfte nicht gut gehen, der die Kirche nicht besucht. Ein gewisser Maurergeselle Busse ist sogar vorbestraft, vor geraumer Zeit, mit acht Monaten Gefängnis wegen Diebstahls; allerdings hat er um seiner guten Führung willen nur vier Monate davon abgesessen. Aber im letzten Winter hat er keine feste Stellung gehabt, sondern nur Gelgenheitsarbeiten übernommen. Zudem hat er rabenschwarzes Haar, was im blonden Eldagsen nicht üblich ist, und »so stechende dunkle Augen unter so buschigen Brauen«. Und in letzter Zeit sah man ihn oft im Hause des Bäckers Ziegenmeyer, der so verarmt ist, daß er nicht einmal seine Bäckerei hat halten können, und von dem jeder Eldagser weiß, daß er sich in letzter Zeit vergeblich um Kredit für sein bereits überschuldetes Anwesen bemüht hat. Also macht man in erster Linie bei diesen beiden Haussuchung, doch findet man nichts Verdächtiges, und beide, des Kummers mit der Obrigkeit gewohnt, legen sich bald wieder schlafen. Ziegenmeyer hat sich allerdings vorher noch die Leichen angesehen, wie fast jeder aus dem Ort, er soll sogar sehr genau hingesehen haben, die Anklageschrift wertet das später als schweres Indiz. Busse hingegen ist nicht zum Tatort gegangen, er hat erklärt, »er könne so was nicht sehen« – er, der doch sonst so neugierig ist! Auch das wird die Anklageschrift später für belastend halten. Den einen verdächtigt sie also, weil er hinging, den andern, weil er nicht hinging.
Schon am nächsten Tage tritt dann der Polizeikontrolleur Herrmann aus Hannover in Aktion. Er gilt als äußerst tüchtiger, kluger und energischer Kriminalist. Er verhört alle, die verdächtigt werden; das sind nicht wenige. Aber nur Ziegenmeyer verwickelt sich in Widersprüche – oder doch in einen Widerspruch. Er sagt, er sei am Tatabend

beim Notar Haarstrich gewesen. Aber da war er nicht, und überdies erklärt Busse, den ganzen Abend von sieben bis neun Uhr mit ihm zusammen gewesen zu sein. Also nimmt Herrmann die beiden vorerst in Haft.
Die Haussuchungen jedoch ergeben wiederum nichts. Eine dunkle, klebrige Masse an einem Spitzhammer, den man bei Busse findet, erweist sich bei der mikroskopischen Untersuchung als harmlos und das Instrument überhaupt als zur Tat nicht geeignet. Aussagen von Hausgenossen ergeben ein nahezu lückenloses Alibi für beide, und was den Besuch beim Notar betrifft, so gibt Ziegenmeyer ohne weiteres zu, sich geirrt zu haben; er sei in Wirklichkeit zwei Tage vorher zur gleichen Stunde dort gewesen – und das bestätigt sich. Vor allem aber haben beide noch dieselben Anzüge an wie am Abend der Tat, und man findet daran nicht die geringsten Blutflecke oder dergleichen. Daraufhin hebt der zuständige Amtsrichter die Haftbefehle sofort auf. Der Polizeikontrolleur Herrmann ist nicht klüger als zuvor.

Aber die kleine Stadt ist es.
Die oberen Schichten freilich sind von nichts beherrscht als von Panik. Der Bürgermeister gibt seinem bisher einzigen Stadtpolizisten einen Gehilfen an die Seite, einen früheren Steinbrecher namens Wild, der sich schon lange um einen Gemeindeposten beworben hatte: seit ihm nämlich beim Schützenfest der rechte Arm zerschmettert worden war. Mithin stellt er zwar für Gewalttäter keinen Gegner dar, aber er kann Baxmann doch bei den nun notwendigen allnächtlichen Patrouillengängen unterstützen. Der Gutspächter Jaspers schafft sich gleich allen Wohlhabenden sogar sozusagen eine eigene Polizei an: sein erster Knecht Bruns muß fortan nachts bei seiner Frau und seiner Tochter wachen. Indessen ist auch Bruns nicht geeignet,

Raubmördern Furcht einzuflößen: er ist auffallend klein, fast unmännlich hellblond, maßlos eitel, wird seiner noblen Allüren wegen, die dem Tagelöhnersohn nicht anstehen, ironisch »der Graf« genannt und hat »im Profil eine unverkennbare Ähnlichkeit mit der Schillerbüste, also ganz und gar nichts Martialisches. Nun, die beiden brauchen ja auch nicht in Aktion zu treten, es passiert ja nichts weiter, obwohl doch Ziegenmeyer und Busse in Freiheit sind und allenthalben das große Wort führen, unnützer als je.

Aber in den unteren Volksschichten weiß man ganz genau, daß sie es doch gewesen sind. Die Witwe Haller hat es »punktiert«. Das Punktieren besteht darin, daß ein »Erbschlüssel« in die Bibel gelegt, beides an einen Strick gebunden und in schaukelnde Bewegung versetzt wird; dann nennt die Witwe Haller den Namen jedes Verdächtigen; und wenn die Bibel dann »nickt«: dann war er's. Und die Bibel nickt nur bei Ziegenmeyer und Busse. Als die Staatsanwaltschaft in Hannover dann eine Belohnung von hundert Talern für jeden aussetzt, der zur Ergreifung des Täters beiträgt, verdächtigt ein Bürger H. natürlich Busse: er sei »der Angst- und Schreckensbereiter der Stadt«, er sei einmal des Haferdiebstahls verdächtigt gewesen und habe sogar im Vorjahr Chausseebäume verunreinigt!

Aber die Klugen, die nicht aufs Punktieren schwören, wissen es besser und ganz anders. Warum mußte Frau Hartmann zwei Monate vor der Geburt des nicht mehr erwarteten Kindes sterben? Etwa, weil der Sohn Hartmanns aus erster Ehe sonst um ihr Vermächtnis gekommen wäre? Warum hat Hartmann gerade am Morgen des Mordtages den Hund aus dem Hause gegeben? Und munkelte man nicht, daß er mit der ermordeten Magd ein Liebesverhältnis unterhalten habe und daß sie von ihm schwanger gewesen sei? War nicht die Magd noch neben ihrem Spinnrad, die Frau neben dem Sofa aufgefunden worden, wo sie zuletzt gesessen hatte – mußten sie also nicht ahnungslos gewesen sein, als die Mordwaffe sie traf? Mußte die Tat nicht von einem vollbracht worden sein, den sie kannten und der das Haus genau kannte? Doppelmotiv, Ortskenntnis und Gelegenheit – alles war da!

Der tüchtige Herrmann aus Hannover ging natürlich auch dieser Spur nach. Aber da die Leichen schon erstarrt waren, als der Arzt sie untersuchte, mußten die Frauen mindestens zwei Stunden vorher erschlagen worden sein. Hartmann also konnte es nur getan haben, ehe er seine Wohnung um sieben Uhr verließ, denn bis nach halb zehn Uhr war er ja beim Kaufmann Meyer. Der Notar Haarstrich aber war noch zwischen sieben und halb acht Uhr bei den beiden Frauen gewesen, um Stempelpapier zu kaufen, und hatte sie beim friedlichen Nähen gefunden. Kurz nach halb acht Uhr hatte dann noch der Briefträger ihnen einen Brief übergeben. Und um drei Viertel acht Uhr hatte ein Knecht aus dem Hartmannschen Hause ein lautes und »gräßliches« Wimmern gehört – hineingewagt hatte er sich nicht. Mithin war dies die Tatzeit, der bei Meyer weilende Hartmann war entlastet. Und vor allem hatte er doch einen so guten Ruf! Oder aber, flüsterten die Klugen dennoch – oder aber hielten die »Notabeln« und ihre Kreaturen, hielten der Steuereinnehmer, der Notar, der Kaufmann und der Briefträger ganz einfach zusammen ...?

Indessen nach einem Monat wurden sie eines Besseren belehrt. Die Witwe Haller hatte richtig punktiert. Ziegenmeyer und Busse wurden abermals verhaftet, und diesmal endgültig. Sie waren überführt.

Der weise Entschluß des Bürgermeisters, seine Polizeikräfte zu verdoppeln, hatte Erfolg gehabt – wenn auch auf andere Weise als gedacht. Der neu eingestellte Hilfspolizist Wild nämlich erschien eines Tages beim Bürgermeister

und sagte: »Wenn nun jemand da wäre, der Busse und Ziegenmeyer an dem Abend gesehen hätte?«
»Na, ist denn jemand da?« fragte Herr Sudendorf.
»Ich will mich mal besinnen!« antwortete Wild. Und als ihm der Bürgermeister erklärte, er habe die Pflicht zu sagen, was er wisse, rückte er heraus: »Ich selbst habe sie gesehen!«
»Wann?«
»Zwischen halb acht und drei Viertel acht.« Das war die Tatzeit!
»Wo?«
»Vor Hartmanns Haus!« Also am Tatort.
»Warum haben Sie das nicht früher gesagt?«
»Ich habe mich vor den beiden gefürchtet. Aber nun, wo ich Beamter bin, darf ich nicht mehr schweigen.«
Daraufhin erfolgte die erneute Verhaftung, und daraufhin erschien der energische Hannoveraner erneut in Eldagsen. Und diesmal ging alles wie am Schnürchen. Jeder war ja von der Schuld der beiden überzeugt, keiner mehr brauchte nun Angst vor ihnen zu haben, und Zeugen, die sich bisher nicht gemeldet hatten, stellten sich freiwillig zur Verfügung.
Der Maurergeselle Busse hatte behauptet, mit Ziegenmeyer nur dadurch bekannt geworden zu sein, daß er ihm einen Ofen gesetzt habe. Jetzt erklärte ein Nachbar, daß zwischen beiden seit längerem ein ständiger und geradezu »aufgeregter« Verkehr stattgefunden habe. Schließlich ermittelte der Polizeikontrolleur, daß beide schon ein halbes Jahr zuvor einen gemeinsamen Einsteigediebstahl verübt und dabei Wäsche im Werte von fünfzehn bis zwanzig Talern erbeutet und geteilt hatten. Diesen Diebstahl mußten sie zugeben, ihre längere und kriminelle Bekanntschaft damit auch, und das belastete sie schwer.
Aber es blieb ihr Alibi. Bis etwa sieben Uhr war Busse er-

wiesenermaßen bei Ziegenmeyer gewesen, von sieben Uhr fünfzehn oder sieben Uhr dreißig an bis neun Uhr Ziegenmeyer bei Busse, und beim gemeinsamen Weg von Ziegenmeyer zu Busse wollten sie an Hartmanns Haus nicht vorübergekommen sein. Auch waren ihre Kleider ja sauber – konnten sie in wenigen Minuten den Mord begangen, ihre Kleider gesäubert, die Tatwaffe beseitigt haben? Kaum; aber ein Zeuge Eisinger erklärte nun, er habe gegen neun Uhr bei Busse drei Hemden abholen wollen, sie aber nicht mitgenommen, weil sich auf einem drei Blutflecken von Nadelstichgröße gefunden hätten. Und ein weiterer Zeuge wollte Busse gesehen haben, wie er am Tage vor der Tat vor Hartmanns Haus die Gelegenheit »ausspionierte«.

Vor allem aber blieb der Hilfspolizist Wild nicht nur bei seiner Aussage, sondern ergänzte sie nun dahin, er habe in der dem Morde folgenden Nacht unter Ziegenmeyers Schlafzimmerfenster gelauscht und dabei gehört, wie Ziegenmeyer seiner Frau erzählte. »Ich habe das Mädchen totgemacht und Busse die Frau, und die Frau hat mit den Füßen gestrampelt und einen erbärmlichen Tod gehabt.« Weil Ziegenmeyer und seine Frau das abstritten, tat man ein übriges und holte Leumundszeugnisse über den Hilfspolizisten ein. Sie lauteten ausgezeichnet. Nach des Bürgermeisters Bericht war er ein zwar geistig etwas schwerfälliger, aber »durchaus zuverlässiger, rechtlicher Mann«, zu dem es gut paßte, daß er bereits bei seiner ersten Vernehmung ausdrücklich erklärt hatte, auf die ausgesetzte Belohnung selbstverständlich zu verzichten. Und der Pastor gab ihm das Zeugnis, daß er als allgemein bekannter, geachteter und durchaus kirchlicher Mann an Gottesdienst und Abendmahl regelmäßig teilnehme, während die beiden Beschuldigten einen schlechten Ruf hätten und »die Kirche nur sehr selten besuchten«.

Amateurdetektive fanden sich nun auch. Kurz nach der neuerlichen Verhaftung der beiden ging ein Knecht zu Frau Ziegenmeyer und log ihr vor, er habe am Tatabend die Männer in Hartmanns Haus hineingehen und dann wieder herauskommen sehen; daraufhin, beschwor der Knecht, habe Frau Ziegenmeyer gesagt:
»Sag dem Gericht nichts! Busse hat es getan, und ob mein Mann dabeigewesen ist, weiß ich nicht; wenn er aber dabei war, ist es nur recht, daß er auch seine verdiente Strafe erleidet.«
Frau Ziegenmeyer erklärte zwar, der Knecht habe sie sich geschlechtlich gefügig machen wollen und damit gedroht, ihren Mann anzugeben, wenn sie ihm nicht nachgebe; sie aber habe ihn abgewiesen, und dies sei nun seine Rache. Überzeugend klang das natürlich nicht; und zwei Wochen nach Ziegenmeyers Festnahme stößt der Polizeikontrolleur dann auf den entscheidenden Beweis:
Ziegenmeyers vierjährige Tochter erzählt zuerst anderen Kindern und darauf deren Eltern, an jenem Abend seien ihr Vater und Busse nach Hause gekommen und hätten wohl an hundert Taler auf den Tisch geschüttet; hätten erzählt, wie Busse die Einnehmerin und ihr Vater die Magd umgebracht hätte, und »die hätte aber mal gezappelt!«; beide wären mit Blut befleckt gewesen, Vater am Stiefel, Busse am Ärmel, Mutter habe aber alles abgewischt. Weiter ermittelt Herrmann, daß das Kind, als seine Aussage im Ziegenmeyerschen Hause ruchbar wurde, von der Mutter blutig geschlagen worden ist mit der Drohung: »Du wirst nichts mehr sagen!« Und es hat dann auch nichts mehr gesagt . . .
Aber das Maß ist nun voll. Zwar beantragt der vorsichtige Oberstaatsanwalt zur siedenden Wut der Eldagsener überraschend die Einstellung des Verfahrens, weil der Hilfspolizist Wild mit seinen Angaben erst so spät und so stück-

weise hervorgetreten und die Aussage eines vierjährigen Kindes nicht von Gewicht, das Alibi der Beschuldigten hingegen so gut wie lückenlos sei – aber das Gericht beschließt anders, und am 7. Dezember stehen Busse und Ziegenmeyer vor den Geschworenen zu Hannover.

Unter den zwölf Geschworenen befinden sich drei Juristen, und ihr Sprecher ist ein ehemaliger Staatsanwalt. Es fällt ihnen deshalb, laut Protokoll, sehr wohl auf, daß der Zeuge Wild »augenscheinlich sehr befangen und nicht imstande ist, das von ihm Wahrgenommene zusammenhängend zu erzählen«. Er verwickelt sich auch in Widersprüche und erklärt schließlich, das belastende Gespräch zwischen den Eheleuten Ziegenmeyer nicht in den ersten, sondern erst in der zwölften Nacht nach der Tat erlauscht zu haben; und seine eigene Tochter sowie eine weitere Zeugin behaupten, er habe am Abend des Mordes von sieben bis zehn Uhr krank gelegen und das Haus »anscheinend« gar nicht verlassen; doch hat ihn andererseits eine unverdächtige Zeugin zwischen sieben und acht Uhr auf der Straße gesehen, und somit erscheint seine Glaubwürdigkeit nicht wesentlich erschüttert, zumal sein guter Leumund sich bestätigt.
Trotzdem untersucht man auch die Verdachtsgründe gegen den Steuereinnehmer Hartmann noch einmal gründlich. Nach der Aussage des Lehrers hat er drei Tage nach dem Morde geäußert: »Wenn mir das vor ein paar Jahren passiert wäre, hätte ich wieder heiraten können; aber jetzt, wo ich an der letzten Brotkruste zehre, habe ich nichts mehr davon.« Hartmann »entsinnt sich dieser Äußerung nicht«. Das Wegschicken des Hundes am Morgen des Mordtages sucht er dadurch zu erklären, daß seine Frau das Tier nicht habe leiden können. Busse selbst verdächtigt Hartmann, und ein Zeuge will sogar kurz vor oder nach

der Tat Busse, Ziegenmeyer und Hartmann zusammen vor Hartmanns Haus haben stehen sehen – demnach hätte also ein Komplott vorgelegen. Aber dem allen gegenüber bleibt Hartmanns Alibi durch den Kaufmann Meyer, und somit zweifelt innerhalb wie außerhalb des Schwurgerichtssaales niemand mehr an seiner Unschuld und an der Schuld der immer noch leugnenden Angeklagten, und beide werden nach längerer Beratung zum Tode verurteilt. Als sich dann, in der Nacht nach dem Urteilsspruch, Ziegenmeyer in der Zelle erhängt, erscheint das jedem als Eingeständnis seiner Schuld, und niemand begreift, daß die Gnadeninstanz den störrischen Busse zu lebenslänglicher Kettenstrafe begnadigt.

Nur einen beginnt der Zweifel zu plagen: eben jenen Polizeikontrolleur Herrmann, dessen Tüchtigkeit die Verurteilung überhaupt zu danken ist und der dieser Tüchtigkeit wegen vom Schwurgerichtspräsidenten höchstes Lob erhielt. Er erfährt, daß Ziegenmeyers Frau und seine drei unmündigen Kinder nun, nach dem Selbstmord ihres Ernährers, vollends verelenden, daß ihr Häuschen unter den Hammer kommt, daß sie in Eldagsen betteln gehen müssen, wo man ihnen, den Kindern des Raubmörders, nichts gibt – und Herrmann lassen diese Nachrichten nicht mehr schlafen. Seine bisher so robuste Gesundheit beginnt zu leiden, dennoch beobachtet er heimlich alles, was weiterhin in und um Eldagsen vor sich geht.
Indessen neun Monate lang ereignet sich nichts, und was sich am 1. September 1855 ereignet, geschieht nicht in Eldagsen, sondern im Dorfe Weetzen bei Hannover. Dort werden nächtlicherweile der betagte Rittmeister Götz und seine junge Frau durch Beilhiebe schwer verletzt; doch sind ihre Wunden nicht tödlich, der Täter muß fliehen. Der erste Verdacht richtet sich gegen den Hausmeister des

Ehepaares, der am 20. Juli im Streit aus dem Hause entlassen worden war; man vermutet einen Racheakt, zumal einige Fußspuren zum nahen Dorfe Gehrden zu führen scheinen, wo der Hausmeister eine Braut hat. Doch kann er sein Alibi einwandfrei nachweisen; er hat die fragliche Nacht bei seinen Eltern verbracht. Man läßt die Spur fallen.

Aber die Nachricht von diesem versuchten Doppelmord gelangt auch zu Herrmann nach Hannover, und ihm, der noch immer an den Fall Busse-Ziegenmeyer denkt, fällt auf, daß die Eltern des verdächtig Gewesenen – in Eldagsen wohnen. Sofort fährt er nach Eldagsen, sofort vernimmt er den ehemaligen Hausmeister und seine Eltern. Und er hat einen genialen Einfall: er hat die Tatwaffe mitgebracht, die unweit des in Weetzen überfallenen Rittmeisterpaares gefunden worden war, eine blutbefleckte Axt. Aber er verbirgt sie unter seinem Mantel und legt sie, als der Verdächtige und seine Eltern gerade nicht hinschauen, in eine Ecke des Zimmers. Dann findet er sie wie zufällig und fragt die Eltern: »Wem gehört denn diese Axt?« – »Uns natürlich!« sagen die Eltern ahnungslos. Und im gleichen Augenblick ist ihr Sohn vorerst verhaftet.

Binnen kurzem kann ihm Herrmann nachweisen, daß er sein Schlafzimmer in der Nacht vom 1. zum 2. September heimlich verlassen hat. Aber er behauptet, nur bei seiner Braut in Gehrden gewesen zu sein. Herrmann, dem die Ähnlichkeit der Weetzener Bluttat mit der von Eldagsen sofort auffällt, denn beide Male wurden die Schläge gegen die Köpfe zweier Menschen mit der stumpfen Seite einer Axt geführt, fährt unverzüglich nach Gehrden, um die Braut zu befragen. Sie ist nicht in Gehrden, sie ist zu Besuch in Hannover, sie ahnt also nicht, wessen man ihren Bräutigam verdächtigt. Herrmann ist wenige Stunden später in Hannover und trifft sie dort auf der Straße, zufällig. In den Ohren aber trägt sie – die Ohrringe, die der Einnehmerin Hartmann vor anderthalb Jahren in Eldagsen geraubt wurden! Und das ist einer jener Zufälle, die sich kein Kriminalroman, die sich nur das Leben leisten kann.

Das Weitere geht schnell. Mehr Schmuck von ihrem Bräutigam erhalten zu haben, leugnet die Braut; aber in ihrer Kammer findet Herrmann den gesamten in Eldagsen geraubten Schmuck, und im Ofenloch der Schlafkammer des Bräutigams findet er die Schachtel dazu. Trotzdem leugnet der Hausmeister, obwohl er den Überfall in Weetzen inzwischen zugegeben hat, die Bluttat im Hause Hartmann noch lange; gesteht dann aber; widerruft wiederum und gesteht dann endgültig, als er vom Schwurgericht Hannover zum Tode verurteilt worden ist – der gleichen Tat wegen, derentwegen Busse noch in Ketten liegt und Ziegenmeyer sich erhängte! Er habe damals das Geld gebraucht, sagt er aus, habe sich ins Hartmannsche Haus geschlichen und die beiden Frauen erschlagen aus Angst, daß sie ihn anzeigen könnten.

Dieser Raubmörder aber heißt Bruns. Es ist derselbe Bruns, dem der Gutspächter Jaspers in Eldagsen nach der Mordtat seine Frau und seine Kinder anvertraut hatte, damit er sie vor den Mördern schütze – derselbe auffallend kleine, unmännlich hellblonde, maßlose eitle »Graf« mit dem Schillerprofil, auf den im Gegensatz zu dem rabenschwarzen Busse mit den stechenden Augen und den buschigen Brauen nicht die Spur eines Verdachts fiel.

Herrmann selbst kann der Verhandlung gegen Bruns nicht beiwohnen. Als er das erste Geständnis des Mörders in der Tasche hatte, als er die Gewißheit hatte, daß eben seine Tüchtigkeit, die Bruns überführte, die Verurteilung zweier Unschuldiger und den Tod des einem zum Gefolge hatte, traf ihn ein Schlaganfall. Er war und blieb gelähmt.

Zu den weiteren Verhandlungen indessen konnte er wieder erscheinen, wenn auch wohl im Rollstuhl; und es gab noch zwei Verhandlungen.
Zunächst, am 15. September 1856, erfolgt die Wiederaufnahme des Verfahrens gegen Busse, der noch immer im Gefängnis liegt, wenn auch nicht mehr in Ketten. Und plötzlich sind alle Zeugen, die damals gegen ihn standen, für ihn. Er wird jetzt nicht als faul, sondern als arbeitsam geschildert; nur der winterlichen Arbeitsruhe im Baugewerbe wegen sei er in den Monaten vor dem Geschehnis auf Gelegenheitsarbeit angewiesen gewesen. Es taucht eine Zeugin auf, deren Aussage man im ersten Verfahren einfach nicht protokolliert hatte; sie hatte Busse und Ziegenmeyer genau um halb acht Uhr in Busses Haus gehen sehen – also war deren Alibi so lückenlos wie das Hartmanns. Nun wird Busse mit Glanz und Glorie von der Mordanklage freigesprochen, wegen des vorangegangenen kleinen Einsteigediebstahls aber zu zwei Jahren Zuchthaus verurteilt und sofort begnadigt – nur weil man so verfuhr, war ihm der Staat keine Haftentschädigung schuldig. Und es gibt drei Wochen später die Verhandlung gegen den Polizeidiener Wild wegen Meineids. Hier fallen die Zeugen im genau umgekehrten Sinne um. Bürgermeister und Pfarrer wollen das gute Leumundszeugnis für ihn, ebenso wie das schlechte gegen Busse und Ziegenmeyer, jetzt nur »vom Hörensagen her« abgegeben haben. Der Polizeibeamte Baxmann sagt aus, er habe Wild seine Zweifel an dessen Aussage mitgeteilt, Wild aber habe ihm angeboten, ihn an der Belohnung zu beteiligen. Und um diese hundert Taler, auf die Wild anfangs verzichtet hatte, hat er sich später wiederholt beworben. Die Belohnung also war der Grund für seine Erfindung gewesen – wenn er das in der Verhandlung auch nicht ganz wahrhaben wollte. Er wurde zu acht Jahren Zuchthaus verurteilt.

Der Doppelmörder Bruns hat lange auf seinen Tod warten müssen – er war in beiden letzten Verhandlungen als Zeuge benötigt worden, und er hatte seine Tat beide Male gestanden und in allen Einzelheiten geschildert. Am 28. November 1856 erst, fünf Vierteljahre nach seiner Verhaftung, wurde er auf einem Hügel bei Hildesheim enthauptet. Diese Enthauptung artete »in eine Fleischhackerei« aus, wie die Akten sagen; vier Male mußte der ungeschickte oder betrunkene Scharfrichter zuschlagen, ehe er den Kopf vollends vom Rumpfe trennen konnte.

Irgendeine Entschädigung erhielten auch Weib und Kinder des unglücklichen Ziegenmeyer nie.

1883

Der Fall Ziethen

oder

Volkes Stimme ist nicht Gottes Stimme

Natürlich rief der Justizmord von Eldagsen wiederum alle Gegner der Laienrechtsprechung auf den Plan; diese Einrichtung jedoch entsprach voll und ganz dem fortschrittsgläubigsten Jahrhundert der deutschen Geschichte, und somit wurde die Schwurgerichtsbarkeit in das Strafrecht der neu geeinten deutschen Nation übernommen, das 1871 in Kraft trat und in seinen wesentlichen Bestimmungen bis heute gilt. Zwölf Laien hatten also auch über Schuld oder Unschuld und drei Fachrichter über die Bestrafung des Gastwirtes Albert Ziethen zu bestimmen, der 1884 zum Tode verurteilt wurde. Später sollte man seinen Fall den »deutschen Fall Dreyfus« nennen.

Dieser Albert Ziethen betrieb in einer Vorstadtstraße von Elberfeld eine kleine, nicht allzu gut beleumundete Kneipe, die mit einem Friseursalon verbunden war und ihm ein gutes Einkommen sicherte. In ihr war, unterstützt nur vom siebzehnjährigen Dienstmädchen Johanna, vorwiegend Ziethens Frau Marie tätig, mit der er seit zwölf Jahren verheiratet war; er selbst widmete sich mehr dem Friseurladen, in dem er auch zwei Lehrlinge beschäftigte, den siebzehnjährigen August Wilhelm und den fünfzehnjährigen August Vollberg. Kneipe und Barbierstube lagen zu ebener Erde, das Mädchen und die Lehrlinge schliefen in den oberen Stockwerken des Hauses, die auch noch einige

Mietparteien beherbergte. Zur Wirtsstube und zum Salon gelangte man durch die zur Straße führende Haustür und einen Flur, während man durch eine Hintertür in den Hof gehen konnte, wo eine Pumpe stand.

Am Donnerstag, dem 25. Oktober 1883, hatte Ziethen sein Haus gegen drei Uhr nachmittags verlassen und war nach Köln gefahren. Das tat er jeden Donnerstag, und es war ein öffentliches Geheimnis, daß er in Köln eine Freundin hatte; ursprünglich war sie sein Dienstmädchen gewesen, jetzt zahlte er ihr die Miete und eine kleine Unterstützung; er liebte sie und hatte ihr mündlich wie schriftlich versprochen, sie zu heiraten, falls seine Frau sterben sollte; mit deren baldigem Tode war zu rechnen, denn sie war schwächlich und sehr krank. Die Ehe mit ihr war nie glücklich gewesen; es war schon zu heftigen und sogar tätlichen Auseinandersetzungen gekommen, zu Auseinandersetzungen vor allem, von denen die Nachbarschaft wußte, denn Ziethen war ein lauter, großer, cholerischer Mann, der seine Stimme nicht zu dämpfen pflegte. Immerhin kaufte er in Köln als Mitbringsel für seine Frau Äpfel, Nüsse und Schokolade – das pflegte er andererseits auch wieder zu tun. Nachts um elf Uhr fünf Minuten traf er mit dem Zug wieder in Elberfeld ein; um elf Uhr acht Minuten verließ er den Bahnhof, und zwar so rasch, daß er einen Bekannten fast umgerannt hätte und ohne Entschuldigung davonlief. Dennoch hielten ihn unterwegs Gespräche mit einigen Bekannten auf, auch fand er seine Haustür verschlossen und mußte durch den Hinterhof in sein Haus gehen; es war deshalb elf Uhr vierzehn oder fünfzehn Minuten, als er die Wirtsstube betrat. Es kam und kommt sehr darauf an, diesen Zeitpunkt festzuhalten.

In seinem Hause hatten sich inzwischen, wie gewöhnlich, das Dienstmädchen und der fünfzehnjährige Lehrbub

etwa um zehn Uhr schlafen gelegt, während Frau Ziethen in der Wirtsstube blieb. Der siebzehnjährige Lehrling August Wilhelm hingegen hatte sich nicht ins Bett begeben; er hatte Liebeskummer. Seine erste Liebe, ein Fabrikmädchen, hatte er in ihrer Wohnung nicht angetroffen und sich kurz nach halb elf Uhr in einer nahen Wirtschaft mit einem Kognak getröstet; dabei waren dem Gastwirt seine »Verlegenheit« und seine »große Aufregung« aufgefallen. Er ging aber bald und stellte sich in Ziethens Haustür, um auf seinen Meister zu warten; hier sah und sprach ihn der patrouillierende Wachmann Feiber. Bei seinen nächsten beiden Rundgängen fand Feiber ihn nicht mehr vor und konnte später aussagen, daß das Licht in Flur und Wirtsstube bis elf Uhr gebrannt hatte und daß danach die Rolläden herabgelassen worden waren. Auch ein anderer Passant hatte Wilhelm, als das Licht in der Kneipe noch nicht verlöscht war, in der Tür stehen sehen, barhaupt, in gebückter Haltung nach beiden Straßenseiten blickend und wiederum sehr aufgeregt.
Tatsächlich gab später auch Wilhelm an, daß er nach seinem Meister ausgeschaut, sich dann die Stiefel ausgezogen, das Gaslicht im Vorflur gelöscht und die Treppe zu seinem und des anderen Lehrlings Zimmer auf Strümpfen erklommen habe. Die Mietparteien haben die Treppe knarren und Wilhelm die Zimmertür öffnen hören, und der Lehrbub hat Wilhelm gefragt, ob der Meister schon zurück sei. Wilhelm hat verneint, und der andere ist sofort eingeschlafen.
Vorher aber, und auch das ist wohl zu merken, haben zwei Bewohnerinnen des Nebenhauses zweimal die Hoftür öffnen und die Pumpe gehen hören, einmal ganz kurz vor und einmal etwa fünf Minuten nach elf Uhr – zu einer Zeit also, als Ziethen eben aus dem Zuge gestiegen war und den Bahnhof noch nicht verlassen hatte.

Plötzlich, zwischen elf Uhr fünfzehn und elf Uhr siebzehn, hört man im ganzen Hause Ziethen ein gellendes Schreien – drei Minuten nachdem man die Treppe unter Wilhelms Schritten hatte knarren hören. Ziethen ist es, der unartikuliert schreit, unten im Flur. Dann läuft er hinauf zum Zimmer der Dienstmagd, und man versteht nun seine Worte: »Komm rasch! Sie haben meiner Frau den Schädel eingeschlagen! Sie ist ganz voll Blut!«
Ein Mieter und seine Tochter springen sofort aus den Betten und laufen im Nachtgewand hinunter – bald darauf kommt auch das Dienstmädchen Johanna, das sich in weniger als fünf Minuten vollständig angezogen hat. Marie Ziethen liegt mit dem Rücken auf dem Boden, ihre Zöpfe schwimmen in der Blutlache, die ihren Körper umgibt, ihr Schädeldach ist buchstäblich und sichtbar zertrümmert, ihr Rock in die Höhe gezogen, sie jammert leise. Ziethen ruft ein ums andere Mal: »Mariechen, wer hat dir das getan?« Den Ratschlag des Mieters, schnell zum Arzt zu laufen, scheint er gar nicht zu hören; er entzündet das Gaslicht, er greift nach der Geldkassette und findet sie unversehrt: sie enthielt dreitausend Mark. Er schickt das Mädchen hinauf, um die Lehrlinge zu holen.
Das Mädchen klopft oben an. Keine Antwort. Erst nach wiederholtem Klopfen meldet sich Wilhelm, und zwar so, »als wie wenn er aus tiefem Schlaf aufgewacht wäre«. Nun aber zieht er sich rasch die Hose an, nicht den Rock, und eilt hinunter. Der Fünzehnjährige hingegen kleidet sich vollständig an und bemerkt dabei auf dem Koffer Wilhelms dessen Messer – geöffnet! Er klappt es zu, steckt es in seine Tasche und läuft auch nach unten.
Wilhelm ist »ganz verlegen« und »traut sich erst gar nicht in die Wirtsstube rein«. »Wann bist du schlafen gegangen?« fragt Ziethen.
»Dreiviertel elf Uhr!« sagt Wilhelm.

»Wer war zuletzt hier bei meiner Frau?«
»Ein Herr in einem hellgrauen Überzieher. Da steht noch sein Glas!«
»Lauf und hole einen Arzt!«
»Kann ich ja nicht, Meister. Ich habe ja nur meine Hosen an.«
Der Mieter wiederholt seine Aufforderung an Ziethen: »Gehn Sie doch besser selbst!«
»Dann paß du auf die Kasse auf!« ruft Ziethen Wilhelm zu und eilt nun wirklich davon.
Vor der Haustür trifft er zwei Nachbarn, die ihn aufhalten wollen. »Sie haben meine Frau erschlagen! Ich muß zum Arzt!« schreit er und läuft weiter. Das ist genau elf Uhr vierundzwanzig Minuten; also sind neun Minuten vergangen, seit er sein Haus betreten hat.
Die beiden Nachbarn hören ihn unablässig nach der Polizei rufen. Nach wenigen hundert Metern trifft er wirklich den Nachtpolizisten Weinrich auf der Straße, erzählt ihm, was geschah, gibt ihm seine Adresse an, fordert ihn auf, den Tatbestand aufzunehmen, und läuft weiter: er müsse ja zum Arzt. Seinen Hausarzt trifft er nicht an, er sucht nach einem anderen und begegnet dabei einem zweiten Wachmann. Das ist genau elf Uhr dreißig Minuten.
Der nächste Arzt ist zu Hause und eilt nun zum Hause Ziethen; Ziethen selbst aber benachrichtigt noch rasch seinen nahe wohnenden Schwager, trifft danach, ganz nahe seiner Wohnung, den Wachmann Feiber, denselben, der vor elf Uhr Wilhelm vor der Haustür stehen und nach elf Uhr das Licht verlöscht sah, und betritt mit ihm die Wirtsstube, etwa zehn Minuten vor Mitternacht.

Was ist inzwischen in dieser Wirtsstube geschehen?
Jene beiden Nachbarn, die Ziethen vor der Haustür hatten aufhalten wollen, sind hineingegangen. Sie haben dort, bei

der röchelnden Frau, die beiden Mieter getroffen, das Dienstmädchen und den fünfzehnjährigen Lehrbuben – nicht aber den Lehrling Wilhelm. Der kommt erst nach drei Minuten: er sei inzwischen in der Küche gewesen. Nun fragt er, der doch schon vorher alles gesehen hatte, plötzlich: »Was ist denn hier los?«
Man weist auf die Frau Ziethen – und da »schlug Wilhelm die Hände zusammen, setzte sich an den Tisch und starrte die Frau an«. An den Bemühungen des Mieters um Frau Ziethen beteiligt er sich nicht. Mit Hilfe eines weiteren, inzwischen hinzugekommenen Nachbarn wird Frau Ziethens Kopf vom Boden gehoben und gestützt; da tritt der Wachtmeister Weinrich ein, den Ziethen ja geschickt hatte, und versucht sofort ein Verhör der Schwerverletzten:
»Wer hat Sie geschlagen?«
»Der Anstreicher«, lallt Frau Ziethen.
»Welcher Anstreicher?«
»Roßbach.« Dieser Roßbach war ein gelegentlicher Kneipengast. Der Wachtmeister muß zwei Minuten vergehen lassen und die nächste Frage zweimal wiederholen:
»Frau Ziethen, wer hat Sie also mißhandelt? Roßbach – *oder Ihr Mann?*«
Und erst auf diese Suggestivfrage hin gibt die Röchelnde zweimal, in sehr merkwürdiger Formulierung, an: »Der Ziethen, mein Herr Gemahl.«
Und als nun Ziethen mit dem Wachmann Feiber eintritt, fragt Heinrich: »Sie sind der Ziethen? Gut. Dann sind Sie der Mörder. Sie sind verhaftet.«
Ziethen beginnt zu zittern. Er vermag nur zu stammeln: »Warum denn?«
Da tritt der Lehrling August Wilhelm vor und sagt fest: »Nein. Mein Meister ist nicht der Möder!« Und wiederholt es.

Da verhaftet man ihn auch, und Meister und Lehrling werden abgeführt.
Kurz darauf treffen zwei Ärzte am Tatort ein: der von Ziethen geholte und der Kreiswundarzt. Auch sie vernehmen die Frau.
»Hat Ihr Mann Sie geschlagen?«
»Ja.«
»Womit denn?«
»Mit der Faust.«
»Oder hat ein anderer Mann Sie geschlagen?«
»Ja.«
»Wer denn?«
Zweimal bleibt Frau Ziethens Antwort unverständlich, erst bei der dritten Frage sagt sie: »Der Wachtmeister.«
Angesichts dieser Widersprüche kommen beide Ärzte zu dem Schluß, daß Frau Ziethen ihrer schweren Kopfverletzung wegen nicht voll zurechnungsfähig ist, und lassen sie ins Krankenhaus bringen. Der Kreiswundarzt begibt sich dann ins Haftlokal, um sich an Ziethens Durchsuchung zu beteiligen. Nur Ziethens; Wilhelm nämlich wird auf Blutflecke und andere Spuren hin nicht untersucht: »Wir haben ihn sowieso für unschuldig gehalten«, sagen die Polizeibeamten später. Dagegen führt man ihn, den man ja ohne Rock inhaftiert hat, am nächsten Tag in sein Zimmer, damit er sich einen Rock holen könne. In diesem Rock verbringt er dann die Untersuchungshaft und erscheint er vor Gericht. Jener Zeuge, der ihn in der Tatnacht vor Ziethens Haustür stehen sah, stellt fest, daß er damals einen anderen Rock trug. Der aber bleibt verschwunden, ebenso das Taschenmesser, das der Lehrbub eingesteckt und nachher wieder auf Wilhelms Koffer gelegt hatte. Ob also dieser Rock und dies Messer Blutspuren trugen, kann nie mehr festgestellt werden.
Ziethen aber wird genau untersucht, allerdings erst nach-

dem man es geduldet hatte, daß er sich die Hände wusch. An Händen und Gesicht werden keine Blutspuren gefunden, an seinem Taschenmesser, das er mit anderen Sachen abgeben mußte, auch nicht. Hingegen finden sich an seiner Manschette einige nadelstichgroße Pünktchen, die Blut sein können, und an seinem einen Stiefel ein unzweifelhaftes Stück Gehirnmasse. Doch weist der Kreisarzt darauf hin, daß der Boden rings um die Überfallene mit Blut- und Hirnpartikelchen geradezu übersät war und daß also das Schuhwerk jedes der vielen Menschen, die nach der Tat in der Wirtsstube weilten, Spuren davon aufweisen könnte. Aber beim Lokalaugenschein am nächsten Morgen findet man auf dem Stubenboden auch blutbesudelte Holzspäne – und gleich darauf einen Hammer, dessen Stiel mit dem Messer abgeschabt und dann abgewaschen worden ist. Aber da, wo das Holz des Stiels an das Eisen des Hammerkopfes stößt, ist das Blut nicht zu beseitigen gewesen, und somit hat man die Tatwaffe. Sie muß vom Täter am Tatort abgeschabt und an der Pumpe gewaschen worden sein. Es kommt nun darauf an, von Frau Ziethen zu erfahren, daß sie mit einem Hammer geschlagen worden ist, und wer sie mit diesem Hammer schlug.

Polizeikommissar Gottschalk begibt sich also ins Krankenhaus. Frau Ziethen, die hoffnungslos darniederliegt, nennt einmal einen früheren Lehrling, einmal einen Nachbarn, sechsmal ihren Mann – und einmal sagt sie: »Nicht mein Mann.« Als Tatwaffe nennt sie einmal einen Schlüssel, einmal ein Stöckchen, einmal einen Ochsenziemer – und einmal einen Hammer!

Um die Mittagsstunden kommt ein zweiter Kommissar, und nun entspinnt sich folgendes Verhör:

»Wollen Sie mir antworten?«

»Ja.«
»Hören Sie mich sprechen?«
»Ja.«
»Wer hat sie geschlagen?«
»Mein Herr Gemahl.«
»Womit?«
»Ich glaube mit einem Ochsenziemer.«
»Wo nahm er ihn her?«
»Von unter der Treppe.«
»Hatten Sie denn Streit mit Ihrem Mann?«
»Aber woher denn!«
»Wo waren Sie, als Sie geschlagen wurden?«
»Vorn im Zimmer.«
»Und woher kam Ihr Mann?«
»Ich glaube von hinten.«
»Und womit hat er Sie dann geschlagen?«
»Mit einem Schlüssel«.
»Hat er etwas gesagt?«
»Nein.«
»War Wilhelm auch im Zimmer?«
»Ja, hinten.«
»Was hat er denn dort gemacht?«
»Er hat aufgeräumt.«
»Also womit hat Ihr Mann geschlagen?«
»Mit einem Ochsenziemer.«

Der Hammer wird also nicht erwähnt, und der Kommissar gibt auf; wie er das Zimmer verläßt, beginnt Frau Ziethen leise zu singen, aber so deutlich, daß der Kommissar genau den damals populären Gassenhauer erkennt:

»Was soll das alles nützen?
Was purzeln soll, das purzelt doch ...«

Den hartgesottenen Kommissar packt das Grauen; aber zwei Tage später, am Sonntag, dem 28. Oktober, findet der Kreisarzt sie vernehmungsfähig und holt den Untersuchungsrichter herbei. Sie verwechselt zunächst ihren Mädchennamen, sie hat auch schon eben die letzte Ölung empfangen – aber der Richter wagt doch den Kampf um den Hammer.

»Wer hat Sie geschlagen?«

»Mein Herr Gemahl.«

»Womit?«

»Mit einem Stock.«

»Wohin?«

»Auf den Rücken.«

»Hat er Sie nicht mit einem Hammer geschlagen?«

»Nein, mit einem Stock.«

»Mehrere Schläge?«

»Ich glaube nur einen.«

»War sonst noch jemand dabei?«

»Nein.«

»Haben Sie vorher Streit mit ihm gehabt?«

»Nein.«

»Also schlug er Sie ganz unerwartet?«

»Ja. Ganz unerwartet. Ohne Ursache. Ins Gesicht. Es ging ganz still ab.«

Und auf diese Aussage wurde Frau Ziethen vereidigt! Sie starb am 30. Oktober, und den Ärzten schien es unfaßlich, daß sie mit solchen Verletzungen noch so lange hatte leben können. Aus dem grauenhaften Obduktionsbefund sei nur erwähnt, daß sich im völlig vereiterten Gehirn nicht weniger als zehn Knochensplitter fanden. Trotzdem wurde ihre Aussage als eines der Hauptindizien gegen Ziethen gewertet.

Den nahm man scharf und immer wieder ins Verhör. Denn nachdem man den Hammer und die Späne gefunden hatte – und erst dann –, hatte man auch an seinem Taschenmesser ein winziges gerötetes Holzpartikelchen ent-

deckt, während ein linsengroßes feuchtes Körperchen an der Schneide sich nicht als Blut identifizieren ließ.
Ziethen aber leugnete, auch als zwei übelbeleumdete Männer, die er verdächtigt hatte, ihr Alibi nachgewiesen hatten. Und Wilhelm, der Mitwisserschaft immerhin verdächtig, leugnete auch. Bis der Untersuchungsrichter zu der alten und immer wieder »bewährten« List griff, dem Wilhelm zu sagen, daß ihn der Ziethen beschuldigt habe, und dem Ziethen, der Wilhelm habe ihn beschuldigt. Ziethen widerstand zunächst; aber der Siebzehnjährige »packte aus«.
»Ich gebe nun zu, daß ich noch nicht im Bett gewesen bin, wie der Meister gekommen ist. Schon im Flur hat es Streit zwischen dem Meister und der Meisterin gegeben. Der Streit ist immer heftiger geworden und in der Wirtsstube weitergegangen. Sie haben sich furchtbar beschimpft, und dann hat der Meister seine Frau mit der Hand ins Gesicht gehauen und gedroht, sie noch mehr zu hauen. Da hat sie geschrien: ›Das tu mal, wenn du Courage hast, du Hurenbommel!‹ Da ist der Meister zu dem Tisch im Flur gegangen und hat was aus der Schublade genommen und dabei gesagt: ›Jetzt ist es mir aber doch genug.‹ Dann habe ich aus der Stube einen Schlag gehört und einen ganz kurzen Schrei von der Frau und gleich hinterher einen dumpfen Fall. Und wie ich in die Stube gelaufen bin, ist die Frau schon am Boden gelegen, und der Meister hat ihr noch fünf Schläge mit dem Hammer auf den Kopf versetzt.«
Dabei blieb Wilhelm, auch als er Ziethen gegenübergestellt wurde; und nun beschuldigte auch Ziethen Wilhelm, der Mörder zu sein.

Die Anklage wurde gegen beide erhoben und lautete auf Mord. Das Schwurgericht trat am 28. Januar 1884 zusammen und tagte bis zum 2. Februar. Ziethen leugnete weiter, Wilhelm blieb bei seinen Angaben.

Zum ersten Beweispunkt, der Bezichtigung Ziethens durch seine eigene Frau, wurden sechs Ärzte als Zeugen oder Sachverständige gehört. Einer erklärte Frau Ziethen für total, einer für »im großen und ganzen« unzurechnungsfähig; die übrigen vier jedoch hielten es für möglich, daß die Sterbende in klaren Momenten auch richtige Antworten gegeben hätte.

Was den zweiten Beweispunkt anging, die Bezichtigung Ziethens durch den Lehrling, so wurde Wilhelm geglaubt. Es sei bei diesem noch unreifen und unverdorbenen Jungen kein Motiv zu erkennen, aus dem heraus er seine Meisterin hätte umbringen sollen.

Den dritten Beweispunkt bildeten die fünf Punkte an Ziethens Manschette. Er mußte fallengelassen werden; man konnte nicht genau sagen, ob es Blut war, und wenn es Blut war, konnte es bei einem Friseur, der zum Beispiel auch Zähne zog, von manch anderer Gelegenheit herrühren.

Hingegen wurde das vierte Indiz, das Holzteilchen an Ziethens Taschenmesser, für schlüssig gehalten. »Mit diesem Holzteilchen«, plädierte der Staatsanwalt, »ist die Brücke geschlagen vom Angeklagten zum Hammer, vom Hammer zur Tat.«

Vergeblich wies die Verteidigung darauf hin, wie brüchig diese Brücke war. Wie wenig auf die Aussagen einer schwer hirnverletzten Sterbenden zu geben sei. Wie verdächtig sich Wilhelm gemacht habe, der zunächst, ganz spontan, die Unschuld seines Meisters und erst später, vom Untersuchungsrichter gegen Ziethen durch Lügen aufgehetzt, dessen Schuld beteuert habe; der allein die Pumpe im Hof zum Abwaschen des Hammerstiels betätigt haben könne, da Ziethen in dieser Zeit ja noch gar

nicht im Hause war; dessen Messer und Rock auf mysteriöse Weise verschwunden seien. Wie wenig überführt hingegen Ziethen dastehe: er habe das baldige Ableben seiner schwächlichen Frau erwartet und erwarten können und also keinen Grund gehabt, sie zu erschlagen; er sei nur neun Minuten in seinem Hause und nur drei Minuten mit seiner Frau allein gewesen, habe also in diesen drei Minuten in den Wortwechsel geraten, den Hammer holen, die Frau erschlagen, den Hammer mit dem Messer abschaben und am Brunnen waschen müssen, was schlechterdings unmöglich sei in so kurzer Zeit; er habe schließlich selbst nicht nur den Arzt, sondern auch die Polizei benachrichtigt, habe zudem zuerst nach der Kasse gesehen und mithin einen Raubüberfall vermutet. All das sehe nicht nach einem Schuldigen und einem Gattenmörder aus.
Aber die ganze Gasse, in der er wohnte und die von seiner schlechten Ehe und seinem gewalttätigen Wesen wußte, hielt ihn von vornherein für schuldig, und mit ihr die ganze Stadt, und aus dieser Stadt stammten die Geschworenen. Der Vorsitzende selbst hatte die zwölf dahin belehrt, daß Wilhelm nach dem Ergebnis der Beweisaufnahme für unschuldig und Ziethen für schuldig zu gelten habe; so sprachen sie denn auch, die Richter verurteilten Ziethen zum Tode, und der überfüllte Zuschauerraum brach in frenetischen Beifall aus.
Trotzdem legte die Verteidigung Revision ein; aber die Revision durfte und darf sich noch heute nicht etwa auf eine falsche Beweiswürdigung, sondern nur auf Denkfehler oder rein formale Verfahrensfehler stützen; hätte der Verteidiger zum Beispiel bemerkt, daß Frau Ziethen vor ihrer Verteidigung im Krankenhaus nicht auf ihr Recht aufmerksam gemacht worden war, als Frau des Beschuldigten ihre Aussage zu verweigern – der Revision hätte dieses Formfehlers wegen stattgegeben werden müssen.

Aber er hatte es nicht bemerkt, und so wurde sie verworfen.

Nur der Gnadeninstanz kam die Sache wohl nicht ganz geheuer vor, und sie wandelte, unter Wutausbrüchen der Bevölkerung und auch der Presse von Elberfeld, die Todesstrafe in lebenslängliche Zuchthausstrafe um.

Nach wenigen Jahren stellt die Verteidigung den ersten Wiederaufnahmeantrag. Sie bringt Zeugnisse der besten Hirnspezialisten des In- und Auslandes bei, wonach die Aussagen der Frau Ziethen »reine Echosprache« gewesen seien und wonach überhaupt den Aussagen einer so schwer Hirnverletzten nicht der geringste Beweiswert zukomme. Außerdem erklären Holzspezialisten, es sei keinesfalls nachzuweisen, daß das winzige Holzteilchen am Taschenmesser vom gleichen Holz stamme wie der Hammerstiel. Umsonst: der Wiederaufnahmeantrag wird abgelehnt.

Ziethen aber beteuert aus seiner Zuchthauszelle heraus immer wieder seine Unschuld, besonders seinem Bruder und seinem Vater gegenüber. Er schreibt, als die Begnadigung noch nicht ausgesprochen ist: »Lieber Vater, wärest Du hier und ich dürfte mit Dir überlegen, ich glaube es käme ans Tageslicht, aber es wird nicht erlaubt. Die einzige Entdeckung besteht jetzt darin, ob der August, mein ehemaliger Lehrling, sich nicht würde bekehren lassen und die Wahrheit zu sagen, ich sollte meinen, sein Gewissen ließe ihm Tag und Nacht keine Ruhe. Da er weiß, daß ich unschuldig bin. Hatte zu diesem Zwecke mir einen Caplan erbeten, selbiger sollte mir helfen und mit dem August sprechen, da er katholisch ist, selbiger hat seinen Besuch verweigert, weil ich evangelisch wäre, ich sollte meinen, er könnte mich nicht hinrichten lassen, ohne vorher die Wahrheit zu sagen ...«

Nun, was jener Kaplan nicht einmal versuchte, das unter-

nahm Ziethens greiser Vater: Er spürte Wilhelm nach und spürte ihn auf, das dauerte drei lange Jahre – aber dann, vor dem traurigen alten Mann, brach Wilhelm zusammen. Unter Tränen ließ er sich zum Polizeipräsidium in Berlin bringen und legte dort, und am Tage darauf auch vor dem Richter, ein umfassendes Geständnis ab. Er habe am Abend des 25. Oktober, noch vor der Heimkehr seines Meisters, in einer Anwandlung von Blutdurst die Frau Ziethen mit dem Hammer erschlagen.
Sofort setzen in Elberfeld umfassende und gründliche Erhebungen ein; Wilhelm wird nach Elberfeld gebracht und Ziethen gegenübergestellt. Ziethen schreibt damals an seine Eltern und Geschwister: »Zuerst muß ich Gott meinem allmächtigen Schöpfer danken, da er meine Gebete erhört hat, das Ihr alle namentlich mein lieber guter Vater und Mutter es erleben werdet, das ich den Schandflecken, den ich auf unseren Namen geladen habe, gereinigt wird, und ich dann noch einmal wieder in der menschlichen Gesellschaft wieder komme, und zwar nicht als ein Mörder ... Teile Euch allen folgendes mit, Freitag wurde ich geholt und als ich vor den Herrn Platz genommen hatte wurde mir der Wilhelm vorgestellt, er trat vor mir, reichte mir die Hand und sagte etwa folgendes: Verzeihen Sie mir Herr Ziethen, daß ich Ihnen damals Unrecht getan habe! Und bin ich nun dermaßen aufgeregt, daß ich wenig Essen und schlafen kann, und hoffe, das der hohe Gerichtshof die Sache jetzt schnell untersuchen wird und mich von meinem schrecklichen Leiden befreien wird ...«

Das war am 3. Juli 1887. Wilhelm gestand damals im einzelnen, wie die anderen Lehrlinge ihn durch Gespräche über Frauen verleitet hätten, wie er an jenem Abend viel Branntwein getrunken und dann seine Freundin nicht getroffen habe, wie Frau Ziethen ihn im Vorübergehen mit ihren Kleidern berührt und er sie in höchster Erregung mit dem Hammer niedergeschlagen habe, um sie sich willfährig zu machen – und auch am 6. Juli bleibt er vor seiner Tante, noch am 16. Juli vor dem Untersuchungsrichter bei seinem Geständnis, obwohl ihm vorgehalten wird, daß er auf fünfzehn Jahre Gefängnis gefaßt sein müsse: »Ich kann meine Aussage nicht ändern und sehe auch einer so hohen Strafe mit Ruhe und Gleichmut entgegen.«

Aber am 19. Juli – widerruft er. Zwar wisse er nicht, ob Ziethen der Täter war, er habe nie etwas gesehen; er selbst aber sei es auch nicht gewesen. Indessen am 11. August tritt er schluchzend ins Verhörzimmer: »Ich fürchte mich vor mir selber. Ich kann es nicht bei mir halten. Ich habe es getan, aber nicht so gewollt.« Er gibt eine nur wenig veränderte Schilderung seiner Tat, wird wiederum Ziethen gegenübergestellt und sagt laut weinend: »Verzeihen Sie mir, ich bin es gewesen, Sie aber sind unschuldig. Verzeihen Sie mir, daß ich Sie ins Unglück gestürzt habe.«

Vier Tage später: »Ich komme schon wieder in Versuchung, zu widerrufen. Ich habe so große Sehnsucht nach der Freiheit, und mein Haß auf Ziethen ist wieder da. Ich muß mich mit Gewalt überwinden, daß ich bei der Wahrheit bleibe und bekenne, daß ich die Frau erschlagen habe.«

Und wieder vier Tage später: er habe nur zweimal zugeschlagen, die andern Schläge müsse ihr Ziethen versetzt haben, und den Hammer habe nicht er abgespänt.

Dennoch gibt das Landgericht Elberfeld dem Wiederaufnahmeantrag statt, denn die gewiegtesten Berliner Kriminalkommissare zeigen sich von Wilhelms Schuld überzeugt. Nicht so die Staatsanwaltschaft; sie legt Beschwerde ein, und das Oberlandesgericht stimmt zu: Wilhelms Selbstbeschuldigung sei nicht glaubhaft.

Wilhelm wird aus der Haft entlassen und bleibt seitdem verschollen.

Ziethen bricht unter der Enttäuschung zusammen: »Oh, wie ist es möglich? Was ich dazu sagen möchte, ich darf es nicht.«
Er wird sehr krank und erholt sich nur mühsam. Aber Elberfeld jubelt. Es ist noch immer von Ziethens Schuld überzeugt.
Daran ändert auch eine Tatsache nichts, von der die Verteidigung geradezu durch eine Gnade des Schicksals erfährt: am Abend der Tat ging die Bahnhofsuhr nachweislich um volle fünf Minuten nach – demnach hatte Ziethen überhaupt keine Minute Zeit mehr, den Mord zu begehen! Also Wiederaufnahmeanträge 1895, 1897 und 1900 – aber alle werden abgewiesen, bereits in der ersten Instanz. Doch nun flüchtet die Verteidigung in die Öffentlichkeit.

Sie findet Gehör. Denn während Ziethen in seiner Zelle dahinsiecht, hallt auch die deutsche Welt wider von Justizirrtümern, die anderswo begangen wurden und ganz oder teilweise revidiert werden mußten, in England der Fall Brannagan und Murphy, in Frankreich der Fall Morand, in Österreich der Fall Bratuscha – und schließlich, sie alle zuerst überschattend und dann überleuchtend, die Affäre Dreyfus, über die nicht mehr berichtet zu werden braucht. Alle diese und die Vielzahl weiterer Fehlurteile wecken die Weltforderung nach einer Justizreform. Wo aber in deutschen Parlamenten die gleiche Forderung vorgetragen wird, da antworten deutsche Justizminister stolz: »In unserer Rechtsprechung ist dergleichen unmöglich, in Deutschland existiert kein Justizirrtum!« Als jedoch einer von ihnen im Reichstag die gleiche Behauptung aufstellt, da unterbricht ihn der Ruf: »Und wie steht die Affäre Ziethen? Sie ist die deutsche Affäre Dreyfus, Ziethen aber ist noch immer nicht frei!«
Und es ist nicht etwa nur die Linke, die um Ziethens Re-

habilitierung kämpft. Mit ihrem Sprecher Liebknecht vereint sich die Stimme seines Antipoden des leidenschaftlichen Ultrakonservativen und Bismarckanhängers Maximilian Harden. Sie ist keine politische Angelegenheit, die Affäre Ziethen; die Schriften des Journalisten Paul Lindau und der Juristen Lohsing und Fränkl machen sie zur Volkssache.

Ziethen, immer mehr verfallen, hört in seiner Zelle von dem allem, erfährt, muß erfahren, wie Brannagan, Murphy, Dreyfus, einst geschmäht und gehaßt wie er, nun befreit und entschädigt und umjubelt werden. Aber er erfährt auch, daß man im ganzen Volke einen »Albert-Ziethen-Fonds« sammelt, und schreibt an den Bruder: »Leider kann ich diesen edlen Leuten jetzt nicht danken für diese edle gute Tat. Aber sage allen, daß so wahr ich Albert Ziethen heiße und dein Bruder bin, ich bin unschuldig verurteilt.«

Der damals berühmte, lautere Schriftsteller Paul Oskar Höcker richtet schließlich ein Gnadengesuch für Ziethen an Wilhelm II.; aber Ziethen – protestiert: »So hoch ich es anerkenne, daß dieser Herr da er ebenfalls von meiner Unschuld überzeugt ist, dieses für mich unglücklichen Menschen gethan hatt, so will ich doch keine Gnade, sondern nur mein Recht, welches im Wiederaufnahme Verfahren besteht, um meine wahre Unschuld zu beweisen.« So viel Haltung des Hinsiechenden festigt nun auch beim zweifelsüchtigsten und autoritätsgläubigsten Deutschen die Überzeugung, daß hier die Justiz mordete und nicht Ziethen – nur nicht beim Kaiser, der das Gnadengesuch ablehnt, und nicht beim Landgericht Elberfeld. Die Justiz bleibt fest.

Nur einmal ist sie milde: seiner Tochter Paula, zur Zeit der Tat sechs Jahre und nun sechsundzwanzig Jahre alt, gestattet sie, den Vater im Zuchthaus zu besuchen. Er schreibt: »Es war für mich Freude und Schmerz zugleich, ich will weiter nichts darüber schreiben, ich habe mich darüber satt geweint. Aber möge der liebe Gott geben, daß ich das nächste Weihnachsfest mit Euch feiern kann, denn ich habe die feste Hoffnung, daß mit einem Male Licht in diese Sache kommt, sonst wäre ich längst tot.«

Er ist längst tot. Er starb im Jahre 1903, nach zwanzigjähriger Haft, im Zuchthaus. Aber der liebe Gott hatte ja längst Licht in seine Sache gebracht. Nur die Justiz wollte es nicht sehen. Sie hat ihn bis heute nicht rehabilitiert – obwohl es keinen Juristen mehr gibt, der von seiner Unschuld nicht überzeugt wäre.

1902

Der Fall Bonmartini

oder

Fromme wider Freidenker

Die Gräfin Linda Bonmartini, so ist uns überliefert, war eine der schönsten Frauen unseres Jahrhunderts, obwohl sie schon die Dreißig erreicht hatte, als unser Jahrhundert anbrach; ihr Prozeß stürzte ihr an sich leicht erregbares Volk in eine Leidenschaft des Für und Wider wie noch kein moderner Prozeß; ihre adligen Standesgenossen, ihre geistlichen Berater im Kardinalsrang, ihre Untergebenen, die sie kannten, sahen in ihr einen wahren Engel der Güte, der Reinheit, der Frömmigkeit und der Mutterliebe, die Massen hingegen, der niedrige Klerus und die Zeitungen, die sie nicht kannten, einen wahren Teufel der Sinnlichkeit, der Verstellung, der Mordgier und des Unglaubens, eine zweite Lucrezia Borgia; spät erst siegte jenes Engelsbild über dies Teufelsbild, lernten auch die Hasser sie lieben, weil erst später die Wahrheit durchbrach und weil die Wahrheit immer lieben lehrt und nicht hassen – aber bis dahin hatte sie so gelitten, wie weder ein Engel noch ein Teufel, wie nur ein Mensch zu leiden vermag. Und doch schildern Freunde wie Feinde, die sie als sittliche oder als sinnliche Schönheit sahen, noch die Vierzigjährige als »ein blasses, erschrockenes Kind«.

Sie war bürgerlicher Abkunft; ihr Vater, der große Kliniker und Gelehrte Augusto Murri in Bologna, galt in den letzten Dezennien des 19. Jahrhunderts als kirchenfeindlicher Freidenker. Ihre Mutter Giannina hingegen entstammte einer sehr kirchlichen, einer fast bigotten Familie, und der Vater duldete es, daß Linda sowohl wie ihr um drei Jahre jüngerer Bruder Tullio im Sinne seiner nevösen und heftigen Gattin erzogen wurden, mit einer Strenge, die bereits Härte war. Jenen immer überbeschäftigten Vater, der seine immense Arbeitskraft auf seine Kranken und seine Studenten verteilen mußte, und dem der internationale Ruhm die Ehrenbürgerschaft seiner Vaterstadt und die ständige Teilnahme an den wissenschaftlichen Tagungen des Auslandes eingebracht und aufgezwungen hatte, sahen die Kinder selten; so suchten sie die Wärme, deren ihre vernachlässigten Herzen bedurften, in anderen Menschen und Ideen; Tullio wurde heimlich Sozialist, und Linda, als halbes Kind noch – verliebte sich in einen armen Mann.

Dieser Mann, der Arzt Doktor Carlo Secchi, war Schüler und Assistent ihres Vaters; sein begabtester Schüler, sein tüchtigster Assistent. Aber er war kleiner Leute Kind, er hatte mit den materiellen Sorgen und den gesellschaftlichen Formen zu ringen, und er war zwanzig Jahre älter als Linda. Deshalb wünschten ihre Eltern diese Verbindung nicht; der Vater gab es ihm zu verstehen, und er zog sich aus der Nähe seines Meisters zurück und machte sich selbständig; er wurde bald reich. Das Kind indessen schien ihn nicht vergessen zu können, und so griff die Mutter zu einer Lüge; sie baute auf den Stolz ihrer Tochter und betrog diesen Stolz; Carlo, so sagte sie, habe sich über ihre Liebe nur lustig gemacht, habe sie ein dummes Gänschen genannt, das ihm nachlaufe. Und die Mutter hatte richtig gerechnet; Linda verzichtete; drei Jahre später heiratete sie, dem Wunsche der Eltern entsprechend, den altadeligen und millionenreichen Grafen Francesco Bonmartini, nicht ohne ihm, offen wie sie war, zuvor ihre frühere Liebe zu

Carlo Secchi gestanden zu haben; der Graf jedoch fürchtete diese »Kinderneigung« nicht.

Linda gebar ihm zwei Kinder, die Tochter Maria und den Sohn Ninetto, und die Ehe schien glücklich; aber sie war es nicht. Francesco war riesenhaft groß und breit, ein »Mordskerl« von hundertfünfundzwanzig Kilo Gewicht, ohne fett zu sein, strotzend von Lebenskraft und Lebensfreude, viel oberflächlicher und weit weniger gebildet als die kränkliche, sensible, kühle Frau. Bald schon beschwerte er sich bei seinen Freunden: »Sie mag die körperliche Liebe nicht, sie ist bei der Umarmung wie eine Tote.« So sucht er denn sein Vergnügen bei zugänglicheren Damen und vor allem Nichtdamen, aber er beschränkt sich nicht darauf; einesteils ist er sehr geizig und wirft Linda vor, daß ihr Versagen ihm Kosten macht, anderenteils kennt seine plumpe Offenheit keinen Takt, und es macht ihm Freude, ihr zu erzählen, was er mit anderen erlebte. Schließlich sucht er sich sogar im Hause selbst amouröse Gelegenheiten zu verschaffen; er wendet sich an einen dunklen Ehrenmann mit der Bitte, ihm eine »Erzieherin« oder »Hausdame« zu verschaffen, und der Ehrenmann empfiehlt ihm eine solche mit den Worten: »Sie kann Französisch, Englisch und Deutsch, kann Klavier spielen und singen, hat also alle Qualitäten für den Unterricht Ihrer Kinder; aber sie hat auch einen vollkommenen Körper und ein schönes Gesicht, sie hat sich bisher nur sehr wenigen Männern hingegeben, und somit ist sie völlig geeignet, den Posten auszufüllen, den Euer Hochgeboren ihr zudenken.«

Linda schweigt. Vor niemandem, außer vor ihren Eltern, hat sie sich je über ihren Mann beklagt; sie geht ganz auf in der Liebe zu ihren Kindern, die sie vergöttert und die sie vergöttern; trotz der schweren Geburt des Sohnes Ninetto und ihrer Schwäche besteht sie darauf, ihn selbst zu stillen;

aber sie leidet, leidet furchtbar, verliert die Achtung vor ihrem Mann, wird krank; einem Typhus folgt eine Lungenentzündung, der Lungenentzündung eine chronische Nierenkolik. Ihre Ärzte erblicken in ihren seelischen Qualen den Grund für die körperlichen und raten zur Trennung von Francesco. Mit Billigung selbst ihres geistlichen Beraters erbittet sie diese Trennung; die Scheidung erreicht sie nicht, denn Francesco verlangt für diesen Fall die Kinder, und die kann sie nicht aufgeben. Als der Sohn Ninetto einmal krank darniederliegt und sie selbst am Ende ihrer Kräfte ist, erzwingt ihr Mann durch die Drohung, den Buben in ein Heim und die Tochter in ein Kloster zu strekken, eine wenigstens äußerliche Einigung; man wohnt beisammen, man ißt gemeinsam, aber ihr Schlafzimmer bleibt ihm versperrt – übrigens war schon seit Juli 1898 jedes intime Beisammensein der Ehegatten unterblieben. Innerlich jedoch ist der Graf nichts weniger als einverstanden; er schikaniert seine Frau, wo er kann, er entläßt das Personal, das sie liebt, er bedroht sie einmal sogar mit einem Stuhl.

Sie will fliehen, mit den Kindern – aber ihr Bruder Tullio hindert sie daran. Denn mit Tullio versteht der Graf sich glänzend; auch Tullio ist ein Kraftmensch, einmal ringt er mit Francesco am Lido zur Freude der Kinder, auch Tullio hat seine Amouren, wenn er sie auch besser behandelt als Francesco, auch Tullio ist dem Leben zugewandt und der friedlichen Regelung von Konflikten. So ist er es, der die Ehegatten miteinander versöhnt und der von nun ab für die weitere Entwicklung sich verantwortlich fühlt. Denn er ist es gewohnt, für sein Tun einzutreten; er, der Sohn des reichen und vornehmen Bürgers, setzt sich so für die Arbeiterschaft ein, daß er nach dem Zusammenbruch des Aufstandes von 1898 sich monatelang vor der Polizei verstecken muß. Ihn verbirgt seine Freundin, eine kleine, primitive, fast geistesschwache Schneiderin namens Rosina Bonetti – die ihn aber bis zur Selbstaufgabe liebt, alles für ihn tut, sich keinen Pfennig Geld geben läßt. Diese kleine Rosina und große Liebende, denkt Tullio, kann der gute Geist für seine Schwester sein, an der er abgöttisch hängt; so kommt denn Rosina ins Haus Bonmartini, als Stütze und Schneiderin. Und sie bewährt sich, sie verwöhnt Linda und wird von Linda verwöhnt, die sonst niemanden hat, dem sie vertrauen kann, als dies Arbeitermädchen.

Kurz nach der inneren Trennung von ihrem Mann trifft Linda durch einen Zufall den Dr. Carlo Secchi wieder, den so sehr Geliebten und doch nicht einmal Geküßten ihrer Kindheit.
Der ist nun ein bekannter Arzt geworden, und weil er ein Frauentyp ist, reißt man sich um ihn; dennoch hat er nicht geheiratet. Weil er sie nicht vergessen könne, sagt er ihr; und nun erfährt sie, daß ihre Mutter sie damals belogen, daß er sie nie verraten hat. Es ist nicht so, daß sie sich ihm nun an den Hals würfe, daß sie ihm auch nur an den Hals flöge; zwei Jahre dauert es noch, bis 1900, ehe es zu den ersten intimen Beziehungen kommt, und auch dann noch vertraut Carlo seinen Freunden an, daß er mehr Krankenpfleger sei als Liebhaber. Vielleicht liegt es daran, daß ihre Krankheiten anhalten, daß zudem ein Kohlenstäubchen, das ihr ins Auge flog, zu einer schmerzhaften Entzündung führt, die zuerst mehrere qualvolle Operationen erfordert und später zum Verlust des Auges führt; vielleicht auch kennt sie überhaupt nur seelisches Lieben. Darum wohl auch bemerkt sie gar nicht, daß Carlo mit seiner Arzthilfe Tisa Borghi andere Beziehungen verbinden oder doch verbunden haben als nur dienstliche, darum wohl duldet sie es, daß Tisa gegen gute Worte und noch mehr gutes Geld die Briefe und Geschenke zwischen den Liebenden

hin- und herträgt. Und als sie in ihrem Leiden und ihrer Vereinsamung den Geliebten gar nicht mehr zu entbehren vermag, da ist es Tisa, die den Ausweg weiß; sie mietet für Carlo eine kleine Wohnung, die im selben Stockwerk desselben Hauses liegt wie die Wohnung der Bonmartinis, und die Carlo nur dann betritt, wenn er mit Linda zusammen sein kann.

Denn ja: Linda betrügt ihren Mann. Nicht körperlich; sie hat ja längst keine körperliche Gemeinschaft mehr mit ihm, und auch er geht hierin seiner Wege und sucht sie noch immer zu quälen, indem er ihr von seinen Abenteuern erzählt und ihr sogar oft von den Stätten solcher Abenteuer obszöne Postkarten schickt. Aber sie, die sonst so offene, verschweigt ihm doch ihre Beziehungen zu Carlo. Nicht aus Angst um sich selbst – aus Angst um ihre Kinder. Denn die wird der Graf ihr nehmen, sofort, wenn sie ihm die Wahrheit sagt. Und so erleidet sie, trotz und wegen ihrer Liebe, die Hölle; leidet unter dem Spiel zwischen dem geliebten und dem ungeliebten Mann, einem tragischen Spiel, das zwei Mitspielerinnen und Mitwisserinnen hat: die schwachsinnige Schneiderin Rosina, die einstige Geliebte ihres Bruders, und die intelligente Pflegerin Tisa, die einstige Geliebte Carlos.

Für den Sommer 1902 hat sich Graf Francesco eine neue Teufelei gegen seine Frau ausgedacht; er will mit ihr, die eben eine weitere schwere Augenoperation in der Schweiz hinter sich hat, zuerst nach Venedig und dann nach Padua übersiedeln, gerade weil er weiß, daß das Klima beider Städte für Linda schädlich ist – seine beiden Hausärzte haben es ihm gesagt, haben ihn gewarnt, aber eben darum besteht er darauf und gibt ihr diesen Grund sogar an, nur wenn sie ganz zu ihm zurückkehre oder ihm die Kinder lasse, dürfe sie in Bologna bleiben. Vielleicht erwuchs

diese Erpressung wirklich aus ringender Liebe, vielleicht nur aus gekränktem Stolz, jedenfalls muß Linda das für ihre Liebe kleinere, für ihre Gesundheit weit größere Übel wählen; sie kann sich und dem Geliebten eine neue Gemeinschaft mit ihrem Manne nicht antun, sie geht nach Venedig und ist, nach einer Rekonvaleszenzkur in der Schweiz bereit, nach Padua zu gehen. Aber sie bricht unter der erneuten Schikane abermals zusammen.
Ihr Bruder Tullio sieht es, und er sieht darin seine Schuld: er hat ja die Schwester an den Grafen gekettet. Er schreibt an eine Freundin: »Meine arme Schwester, die unglücklicher ist als irgendeine andere Frau, liegt seit fünfundzwanzig Tagen im Bett mit schrecklichen Augenschmerzen und wird das linke vielleicht verlieren müssen. Ich fühle unendliches Mitleid für dies arme, blutlose, fleischlose, freudlose Wesen, das nur auf die Welt gekommen zu sein scheint, um zu leiden. Wenn ich irgendeinen Menschen für schuldig hielte an ihren Leiden, ich würde noch heute zum Verbrecher werden!«
In der leidenschaftlichen Natur Tullios ist kein breiter Raum zwischen Erkenntnis und Entschluß, Entschluß und Tat. Er ist ein Mann, der es fertigbringt, politische Gegner auf der Straße zu verprügeln, und der es ebenso fertigbringt, unter Einsatz seines Lebens Ertrinkende zu retten. Er ist edel und hemmungslos, ethisch und amoralisch zugleich. Und sobald er erkennt, welcher Mann schuldig ist am Leiden der Schwester und daß die Schwester an diesem Mann sterben wird, sterben muß – ist auch die Erkenntnis da, daß, um dies zu verhindern, eben der Mann sterben muß. Und zwar durch seine, durch Tullios Hand – denn er hat sie ihm ja geopfert. Er muß wiedergutmachen und muß wiedergutmachen nicht nur durch ein schweres, sondern durch ein überlegtes, raffiniertes Verbrechen. Ein Verbrechen, mit dem Linda nichts zu tun

haben darf, dessen Urheber sie nicht ahnen darf – denn sie muß die Kinder behalten, darauf kommt alles an, und die kann sie nur behalten, wenn niemals herauskommt, daß ein Mitglied ihrer Familie der Mörder ist. Und da sie jetzt, im August, in Venedig weilt und bald nach der Schweiz reisen wird, ist die Gelegenheit günstig, man kann ohne ihr Wissen handeln, und sie wird ihr Alibi haben; andererseits weiß Tullio, daß ihr Mann am 28. August für einen Tag nach Bologna zurückkehren wird; der Tag der Tat liegt also fest, man muß nur vorbereiten.

Tullio, der Mann der spontanen Aktion, der Tat aus Leidenschaft, liegt solche Vorbereitung nicht; gegen seine Natur muß er sie treffen; und so wirkt er in diesen Wochen auf alle seine Freunde seltsam zerquält, unsicher und zerrissen. Er leidet, aber er versucht zu handeln; und da er das Verbrechen nur aus Kriminalromanen kennt, handelt er nach dem Vorbild der Kriminalromane. Er vertraut sich Carlo Secchi an und bittet ihn, ihm Curare zu verschaffen; denn er hat gelesen, daß Curare ein augenblicklich wirkendes und nachher nie mehr feststellbares Gift sei.

Carlo erschrickt zuerst, nimmt aber dann den heftigen Tullio nicht so ganz ernst; als der kühle Spötter und gute Psychologe, der er ist, sucht er den Einsichtslosen weniger vom Unsinnigen der geplanten Tat als von der Ungeeignetheit des dazu erdachten Mittels zu überzeugen. Curare, so erklärt er ihm, ist außerhalb der Kriminalromane ein zum Verbrechen ungeeignetes und in der Kriminalgeschichte tatsächlich noch nie verwendetes Gift. Denn man muß es in mehreren Dosen in ganz bestimmte Venen spritzen, die der Laie nicht findet, und fände er sie selbst, könnte er die Spritze nur einführen, wenn sein Opfer stillhält – dazu aber könnte Tullio den Kraftmenschen Francesco weder allein noch mit Hilfe eines zweiten zwingen. Als Tullio ihm nicht glaubt, treibt er es so weit, ein Experiment an einem Lamm zu machen, dem er Curare einflößt, damit jener die Schwierigkeit der Operation erkenne, und ihm am nächsten Tage sogar eine Spritze mit Curare zuzuschicken – »weil ich wußte, daß sie unverwendbar war und weil ich meine Ruhe haben wollte«, sagte er später. Die Überbringerin des Giftes aber ist die Pflegerin Tisa – und wie sie Rat für Linda wußte, weiß sie ihn auch für Tullio. Sie sagt: »Kaufen Sie sich doch einen Sack mit Bleikugeln, schlagen Sie den Mann nieder, und dann machen Sie mit ihm, was Sie wollen!« Und sie sagt es lachend. Secchi erfährt von diesem Ratschlag nichts, aber er sieht doch, wie Qual, Zorn und Leidenschaft Tullio immer mehr beherrschen; nun beginnt er dessen Heftigkeit zu fürchten, und er warnt Linda, aber, um sich nicht zu beunruhigen, nur in unbestimmten Worten: »Sieh zu, daß Tullio keine Dummheiten macht!« Nur er weiß, daß ernste Gefahr droht, Linda und ihre Eltern nehmen lediglich an, Tullio könne den Schwager verprügeln; darum sucht Linda, als Tullio sie in Venedig besucht, ein Zusammentreffen der beiden Männer zu verhindern und trifft den Bruder im Stadtpark. Dort sagt sie ihm, daß sie mit ihren Kräften am Ende ist und daß sie mit den Kindern fliehen will. Tullios Wut aber steigert sich durch ihr elendes Aussehen zur Raserei; er fährt nach Bologna zurück und sucht sich, da Secchi sich ja versagt hat, einen Komplicen. Er findet ihn in dem Arzt Naldi, mit dem er einst studierte. Dieser Naldi ist durch Trunk und Spiel heruntergekommen und verarmt – so verarmt, daß er sein Instrumentarium hat verkaufen müssen. Für dreitausend Lire ist er bereit, mitzutun. Die geistesschwache Rosina, Tullio hörig und hündisch ergeben wie eh und je, muß Linda den Schlüssel zu der Wohnung in Bologna entwenden, und in der Nacht zum 28. August schließen sich Tullio und Naldi in dieser Wohnung ein; das Opfer wird ja für den nächsten

Morgen erwartet. Der Sack mit den Bleikugeln, den Tisa angeraten hat, und die Spritze mit Curare, die sie überbracht hat, liegen bereit.
Aber der Graf kommt nicht – und nach vierzehnstündigem Warten ist Tullio mit seinen Nerven am Ende. Er gibt auf. Er verläßt mit Naldi die Wohnung, und um sieben Uhr abends besteigt Naldi den Zug nach Florenz, froh, kein Mörder geworden zu sein. Von Florenz fährt er nach Livorno und irrt am Hafen umher, um eine Stellung als Schiffsarzt zu finden – vergeblich.
Der Graf aber kommt doch noch nach Bologna – nur trifft er erst abends sechs Uhr und sieben Minuten auf dem Bahnhof ein und fährt von dort in seine Wohnung. Hier hält er sich jedoch nur kurze Zeit auf und begibt sich dann ins Theater, zur »Cavalleria rusticana«, danach noch in einige Kaffeehäuser. Und Tullio erfährt von seiner Anwesenheit.
Tullio muß nun seinen Plan ändern: Naldi ist ja nicht mehr hier. Er beschließt, den Schwager zu stellen und von ihm die Freigabe der Schwester zu verlagen; nur wenn er sich weigern sollte, wird er ihn töten, später. Er lauert ihm auf der Straße vor der Wohnung auf; der Graf kommt um halb zwölf. Beide gehen miteinander hinauf.
»Ich bitte dich, übersiedle nicht nach Padua«, sagt Tullio. »Du tötest damit meine Schwester.«
»Ich bin mein eigener Herr und kann tun, was ich will!« gibt der Graf zurück.
Darauf schreit Tullio auf: »Wenn Linda stirbt, dann töte ich dich!«
Ein erregter Wortwechsel entsteht, und Tullio schlägt dem Schwager die Faust ins Gesicht, daß er taumelt. Der Graf zieht ein Messer. Tullio sucht ihn bei den Handgelenken festzuhalten. Doch durchsticht ihm Francesco zweimal den Arm. Dann aber wirft sich Tullio mit voller Wucht auf

ihn, und der schwere Mann fällt zu Boden. Dabei entgleitet ihm das Messer, und nun sticht Tullio zu, in besinnungsloser Wut. Schon der erste Stich ist tödlich, aber die Leiche weist wohl an zwanzig Stiche auf. In der Wohnung unter dem Tatort sind andere Mieter durch den dumpfen Fall des mächtigen Körpers geweckt worden, aber sie kommen nicht herauf, und Tullio kann sich besinnen.
Er denkt wieder daran, daß Linda nur geholfen ist, wenn niemand von seiner Täterschaft erfährt. Also muß er einen Raubmord vortäuschen. Er nimmt dem Toten Geld aus den Taschen. Dabei fällt ihm eine Postkarte in die Hand, auf der eine galante Dame, wenn auch ohne Unterschrift, Francesco verspricht, zu einem Schäferstündchen in seine Wohnung zu kommen. Das ist wie ein Wink des Himmels für Tullio – aber es ist ein Wink der Hölle. Er läßt die Karte liegen, so daß man sie finden muß, er zerwühlt das Bett, so daß man glauben muß, eine Dirne und ihr Zuhälter hätten den Grafen umgebracht. Dann eilt er zu Rosina, die ihm mit ihrer sklavischen Ergebenheit und ohne Vorwurf hilft, seine blutigen Kleider zu verbrennen. Schließlich, um zwei Uhr nachts, fährt sie mit ihm ans Meer, wo sie das Unverbrennbare versenken, und dann zu Linda nach Venedig.
Die Gräfin beunruhigt es zunächst nicht sehr, daß ihr Mann am nächsten Tag nicht zurückkommt. Dergleichen kam öfter vor. Am Tag darauf läßt sie sich von einer Freundin beruhigen: Francesco werde eben wieder einmal ein galantes Abenteuer haben. Aber als am dritten Tag keine Nachricht von ihm kommt, telegraphiert sie in alle Welt, wo er sich wohl aufhalten könne. Und am vierten Tag wird die Leiche gefunden.
Die Aufregung in ganz Italien ist ungeheuer. Weil man tatsächlich zunächst an einen Raubmord durch einen Zuhälter glaubt, kehrt sich alle Verachtung gegen den Toten,

dessen amouröses Vorleben nun bekannt wird und den man sogar der Sodomie bezichtigt. Und alles Mitleid gilt der schönen, blassen, keuschen Frau mit ihren Kindern. Sie bricht bei der Nachricht von der Tat vollends zusammen und muß in die Schweiz gebracht werden. Tullio begleitet sie.

Da, nach abermals vier Tagen, kommt das Geheimnis der kleinen Wohnung ans Licht, die ein noch unbekannter Liebhaber der Gräfin direkt neben der ehelichen Wohnung eingerichtet hat. Also die »keusche« Gräfin Bonmartini hatte einen Liebhaber! Traf sich mit ihm direkt neben dem Zimmer ihrer unschuldigen Kinder. Betrog ihren Mann! Hatte sie nicht das größte Interesse am Tode dieses Mannes ...?

Der »Avvenire d'Italia«, ein sehr klerikal sich gebärdendes Skandalblatt, das gleichwohl nicht gut ging, bemächtigte sich des Falles und macht ihn groß auf, denn es kannte die Lösung: war Augusto Murri, der Vater der Gräfin, nicht ein bekannter Freidenker, war ihr Bruder Tullio nicht sogar ein Sozialist – war nicht hingegen der Ermordete von frommer und konservativer Gesinnung gewesen? Kein Zweifel: die Gräfin hatte die Tat angestiftet, ihr Liebhaber hatte sie getan, ihre Familie hatte ihr geholfen, Tullio, der seiner Schwester nur glaubte helfen zu können, indem er seine Täterschaft verschleierte, mußte nun erkennen, daß er sie nur retten konnte, indem er gestand. Und er gestand sofort. Am 11. September teilte Augusto Murri mit, daß sein Sohn Tullio den Schwager in einem Wortwechsel erschlagen hatte. Am selben Tag wurde Rosina verhaftet, und wenige Tage später stellten sich Linda, Tullio und der Arzt Pio Naldi freiwillig der Polizei.

Tullio schilderte die Tat im wesentlichen so, wie sie hier dargestellt wurde; aber in zwei Punkten glaubte er wiederum lügen zu müssen: um der Schwester, um Rosinas und um Carlos willen. Rosina war die Bedienstete und nahezu einzige Vertraute Lindas gewesen; kam es heraus, daß sie in die Tat verwickelt war, so mußte auch Linda überführt erscheinen. Daß er nach der Tat bei Rosina gewesen war, stand fest, und er konnte es nicht ableugnen; aber er durfte nicht zugeben, daß er blutbefleckt zu ihr gekommen war. Darum datierte er den Zeitpunkt der Tat vor und behauptete, den Grafen schon um halb sieben Uhr erstochen zu haben, gleich, nachdem er vom Bahnhof gekommen war; nach der Tat habe er dann allein die Spuren beseitigt und sich umgezogen und erst dann Rosina aufgesucht. Carlo aber war sogar der Liebhaber seiner Schwester; er durfte erst recht nichts mit dem Verbrechen zu tun haben, wenn Linda nicht gefährdet werden sollte; darum verschwieg Tullio die Curare-Episode.

Aber ein Unstern stand über seinen Lügen: weil man ihm glaubte, daß er die Tat schon um halb sieben Uhr begangen habe, war Naldi belastet, der ja Bologna erst um sieben Uhr verlassen hatte. Es erschien unglaubhaft, daß ein einziger Mensch den baumstarken Francesco im offenen Kampf zur Strecke gebracht habe; nur zwei Männer, so argumentierte man, konnten das geschafft haben, und auch nur dadurch, daß sie das wehrlose und unbewaffnete Opfer hinterrücks überfielen. Und der zweite Mann konnte nur Naldi gewesen sein.

Naldi zwar blieb dabei, daß er beim Mord nicht zugegen gewesen sei, er hat nie etwas anderes zugegeben; aber er ließ sich doch überzeugen, daß zwei Männer am Werke gewesen sein müßten; und nach einem der vielen zermürbenden Verhöre gestand er, daß Tullio eine Curare-Spritze besessen habe und daß diese Spritze von Carlo geliefert worden sei. Aus Verzweiflung über seinen Verrat schnitt er sich gleich nach dem Verhör die Pulsadern auf; aber er wurde gefunden und gerettet, und dieser Selbst-

mordversuch belastete ihn schwer; er schien den Richtern nur erklärlich als der Versuch eines Mörders, der lebenslänglichen Kerkerstrafe zu entfliehen.
Carlo Secchi aber wurde nun sofort verhaftet. Und mit seiner Verhaftung holte das Schicksal zum entscheidenden Schlag gegen Gräfin Linda aus.

Denn wenn Carlo auch nichts Belastendes gegen sie aussagt oder auch nur zu sagen weiß: da ist Tisa Borghi, seine Hilfskraft, seine frühere Geliebte und seine Botin zur neuen Geliebten. Sie ist schon früher vernommen worden und hat geschwiegen.
Nun aber ist der Mann verhaftet worden, den sie immer noch liebt, und steht unter schwerer Anklage. Sie muß ihn retten. Und in die furchtbare Verstrickung ist er geraten durch diese Gräfin, die ihr den Geliebten nahm, deren Liebe sie noch dienen mußte und die sie immer gehaßt hat. Nun wird sie diese Frau vernichten; das wird den Geliebten befreien und, wer weiß – und vielleicht wieder zu ihr zurückführen.
Und nun »enthüllt« Tisa. Schon lange, sagt sie aus, hätten die Murris, also der Professor Murri, Tullio Murri und die Gräfin, im Komplott mit Rosina versucht, den Grafen zu vergiften. Ein ganzes Arsenal von Giften habe Linda heimlich in das kleine Liebesnest neben ihrer Wohnung gebracht; Secchi aber habe sich immer geweigert, an dergleichen teilzunehmen. Jener Ringkampf zwischen Tullio und dem Grafen in Venedig sei inszeniert gewesen, nur zum Schein ein Scherz; in Wirklichkeit hätten Linda und Rosina mit dem Curare bereitgestanden. Bei einer Reise an den Rhein sei es Linda gewesen, die Secchi unter einem Vorwand veranlaßt habe, von der Firma Merck Curare zu beziehen. Dann erst habe sie Carlo zum Mord aufgefordert. Carlo aber habe erwidert: »Auch für Bonmartini ist

Platz auf der Welt!« Im Mai habe Professor Murri im Hause der Gräfin Todesdrohungen ausgestoßen, und im Juni habe dann die Gräfin ihren Mann mit Arsenik zu vergiften gesucht.

Viel später, in der Verhandlung, wird dann nachgewiesen, daß an alldem kein wahres Wort ist; alles, aber auch alles wird schlüssig widerlegt, und Tisa wird doppelten Meineids beschuldigt. Zunächst jedoch, in der Voruntersuchung, glaubt man ihr alles. Sie wird Linda gegenübergestellt, und Linda, die glauben muß, daß sie dem Geliebten schadet, wenn sie Tisa der Lüge zeiht, wagt nur zu sagen: »Nie sind solche schauerlichen Dinge mir auch nur in den Sinn gekommen, aber es kann sein, daß Tisa irgendwelchen Äußerungen einen falschen Sinn unterlegt.« Das wird als halbes Geständnis aufgefaßt. Sie jedoch baut fest auf Carlo. Carlo indessen ist schwach geworden, so schwach, daß er nach dem Seil greift, das Tisa ihm hinhält, und die Geliebte in den Abgrund stößt. »Im wesentlichen«, sagt er unklar, »hat Tisa die Wahrheit gesprochen.« In der Verhandlung wird er sich besonnen haben und widerrufen. Jetzt aber erkennt Linda in der Einsamkeit ihrer Zelle, daß Carlo sie verrät und daß Tisa seine Geliebte war oder noch ist. Nun hat sie alles verloren. Denn ihre Kinder läßt man nicht zu ihr, und die rührenden Briefe dieser Kinder händigt man ihr nicht aus. Man behandelt sie nun wie ein Stück Vieh, schlimmer als ein Stück Vieh. Die Speisen erhält die Kranke nur zerfetzt und zerrissen, weil selbst Eier und Fleisch nach etwa eingeschmuggelten Briefen durchsucht werden: einer so raffinierten Mörderin ist ja alles zuzutrauen. Acht Monate lang darf keiner ihrer Verwandten sie besuchen. Fragen, ob ihre Kinder gesund seien, dürfen auf Weisung des Untersuchungsrichters nicht beantwortet werden, denn er hält ihre Mutterliebe für Heuchelei. Sieben Monate lang darf sie nicht an die

Luft, selbst während die Zelle gesäubert wird, muß sie darin bleiben, und als ihr doch gestattet wird, das Fenster zu öffnen, muß sie kriechen, wenn sie bei ihrem Gang durch die Zelle am Fenster vorüberkommt, damit sie nicht hinaussehen kann. Vier Monate hindurch wird ihr weder ein Feuer im Ofen noch eine Jacke noch eine Bettdecke gestattet – diese letzte Wohltat gewährt man ihr erst im April, als der Gefängnisarzt erklärt, durch die Kälte habe ihr schmerzhaftes Nierenleiden sich so verschlimmert, daß sie in Todesgefahr sei. Heimlich bringen die Nonnen, die sie und Tullio ihres sanften Wesens wegen lieben, ihr manchmal einen heißen Ziegelstein.
Durch das italienische Volk aber geht nach Tisas Enthüllungen ein einziger Wutschrei. Lüge auf Lüge taucht auf und wird geglaubt. Die führende Zeitung »Stampa« schreibt: »Diese Gräfin treibt mit dem ersten besten Unzucht, sobald ihr Geschlechtstrieb erwacht. Wäre sie Secchi nicht begegnet, so hätte sie sich in den ersten besten Kutscher verliebt. Noch am Tage ihrer Hochzeit wird Secchi ihr glücklicher Liebhaber in jedem Sinn des Wortes. Sie ist die ungeheuerlichste Gestalt, die seit Jahrhunderten in den Annalen der Justiz vorgekommen ist. Sie hat den Geist einer Lucrezia Borgia, der der Meuchelmord ein Ideal und ein Bedürfnis war. Sie tötet, um zu töten.«
Die Journalist Ceccaroni behauptet im »Avvenire d'Italia«, daß sie mit ihrem Vater, der Journalist Maj im selben Blatt, daß sie mit ihrem Bruder in Blutschande gelebt habe. Die Zeugin, auf die Ceccaroni sich beruft, fällt später in der Verhandlung um und weiß von nichts. Maj gibt, ebenfalls in der Verhandlung, zu, daß er damals Geld gebraucht und sich die ganze Geschichte einfach aus den Fingern gesogen habe. Aber bis zur Verhandlung dauert es noch lange, und der Untersuchungsrichter Stanzani, felsenfest von Lindas Schuld überzeugt, glaubt und proto-

kolliert alles, was sie belastet, bezweifelt und übergeht alles, was sie entlastet. Er verfaßt, als Fleißarbeit, ein Resümee seiner Ermittlungen und – stellt es der Presse zur Verfügung, lange vor der Verhandlung. Und er erklärt in diesem Resümee Linda für überführt.

So stehen die Dinge, als, nach zweieinhalb Jahren, in Turin die Geschworenen zusammentreten. Der Prozeß beginnt am 21. Februar 1905 und endet erst am 11 August; über vierhundert Zeugen werden vernommen. Das Gericht hat zwei Anwälte bestimmt, um als Nebenkläger die Interessen der Kinder gegen die Mutter zu vertreten – derselben Kinder, die an dieselbe Mutter zärtlich verliebte Briefe schreiben. Und gerade diese Anwälte sind es, die gegen Linda auch noch die Anklage wegen versuchter Vergiftung ihres Mannes erhoben wissen wollen.

Tullios Art, sich zu verteidigen, versetzt die Richter in kalte, die Menge in siedende Wut: »Wenn jemand auf der Straße meine Schwester angreift und töten will, dann ist es meine Pflicht, sie zu verteidigen und ihn niederzuschlagen; wenn jemand durch bornierte Grausamkeit sie langsam umbringt, ist das dann weniger meine Pflicht und mein Recht? Kein Tag war zu verlieren, denn jeder Tag konnte den Tod meiner Schwester bedeuten!« Die ärztlichen Sachverständigen erklären ihn als nicht voll zurechnungsfähig zur Zeit der Tat, einer sagt: »Nie hat ein so sympathischer Mensch ein so schweres Verbrechen begangen.« Aber der Staatsanwalt meint, wenn man sich auf die Sachverständigen verlasse, dann könne man sich ja auch gleich auf die Astrologen verlassen, und er verlasse sich auf den gesunden Menschenverstand. Daß Tullio erst so spät angibt, die Tat erst um Mitternacht begangen zu haben, schadet ihm sehr und glaubt ihm niemand; er lügt, nimmt man an, um Naldi zu entlasten und sich selbst nicht eines Mordes, sondern nur eines Totschlags bezichtigen zu können. Daß eine ganze Reihe von Zeugen den Grafen in der Oper gesehen und gesprochen hat, hilft Tullio auch nichts: diese Zeugen, erklärt man, müßten sich eben geirrt haben, entweder in der Person oder im Datum! Und daß Naldi gar keine Zeit gehabt haben kann, den blutbefleckten Anzug zu wechseln, da der Graf ja erst um halb sieben in seiner Wohnung eintraf und Naldi nach einem zwanzigminütigen Fußmarsch schon um sechs Uhr fünfzig am Bahnhof war – auch das überzeugt nicht; er kann ja blutbefleckt in den Zug gestiegen und nach Florenz gefahren sein!

Was Linda angeht, so ist da nicht einer unter allen ihren Verwandten, Bekannten und Bediensteten, der nicht ihre Güte, Vornehmheit und Mutterliebe beschwört und sich bemüht, der schönen blassen Frau hinter dem Gitter zuzunicken; der Vetter ihres Mannes und Vormund ihrer Kinder, Graf Mainardi, will ihr sogar durch dies Gitter die Hand reichen – die Anwälte ihrer Kinder verhindern es! Alle halten sie für unschuldig, in dramatischen Szenen brechen die Lügengebäude der Zeugen Maj und Ceccaroni, bricht vor allem der gigantische Lügenturm Tisas zusammen; gegen Schluß der Verhandlung ergibt sich sogar, daß der Untersuchungsrichter Stanzani die entlastenden Dokumente, fast viertausend Stück, dem Gericht nicht vorgelegt, sondern in einer Kiste vernagelt hat! Zwei Kardinäle schildern, welch religiöse Erziehung Linda ihren Kindern angedeihen ließ, und beschwören ihre Überzeugung von ihrer Unschuld.

Aber zur gleichen Zeit predigt der niedere Klerus gegen Linda von den Kanzeln, bringt die katholische Laienpresse Hetzartikel, die etwa so schließen: »Wird der verlogene Reiz dieser Frau ihr auch vor den Geschworenen treu bleiben, oder wird die Blindheit enden und die Stunde der Gerechtigkeit schlagen?« – und diese mit einem Pseu-

donym gezeichneten Artikel haben einen der Anwälte ihrer Kinder zum Verfasser! Einer der Geschworenen bat um Enthebung von seinem Amt, weil er als gläubiger Christ einer solchen Rotte von Religionslosen gegenüber nicht objektiv urteilen könne; der Staatsanwalt gab ohne weiteres zu, daß er nur eben Indizien oder sogar nur Indizien für Indizien habe, hielt sich aber auch nicht an diese Indizien, sondern an die Persönlichkeit der Angeklagten und besonders Lindas, die »falsch, böse, verlogen, sinnlich und früh verdorben« und also der Tat fähig sei, und er schloß nicht etwa mit der Mahnung an die Geschworenen: Richtet gerecht!, sondern (wörtlich!): »Und nun schlagt zu!« Und der Vorsitzende hielt ein dreitägiges Resümee, in welchem er die Argumente der Anklage noch erweiterte und die Argumente der Verteidigung bagatellisierte oder überging – so daß nach dem Urteil der Obmann der Geschworenen erklärte: »Ich leugne es nicht, die Worte des Herrn Präsidenten sind für uns Autorität gewesen, seine Überzeugung von der Schuld auch durch die ethischen Ansichten im Hause Murri und durch das irreligiöse Erziehungssystem, das dort herrschte, bestimmt worden. Linda und Secchi waren in der Liebe vereint, mögen sie es nun auch in der Buße sein!« Und der »Avvenite d'Italia« schrieb am Tag nach dem Urteil: »Ein Kreuzzug ist siegreich zu Ende geführt worden«, während das »Giornale di Roma« konstatierte: »Nicht einzelne Menschen, sondern ein System, eine ganze Moral ist gerichtet worden.«
Dies Urteil lautete:
Dreißig Jahre Kerker für Tullio Murri wegen Mordes;
Dreißig Jahre Kerker für Pio Naldi wegen Mordes;
Zehn Jahre Kerker für Professor Carlo Secchi wegen Beihilfe zum Mord;
Sieben Jahre Kerker für Rosina Bonetti wegen Beihilfe zum Mord;

Vier Jahre Kerker für Linda Bonmartini wegen Beihilfe zum Mord, begangen ohne Überlegung.
Da sprang Lindas Verteidiger auf und rief mit dröhnender Stimme: »Dies Urteil hat unsere sichere Hoffnung zerstört, aber nicht unsere unerschütterliche Überzeugung von Lindas Unschuld. Es ist ein unerklärliches und widersinniges Urteil, denn wenn Linda schuldig war, so kann sie unmöglich ohne Überlegung gehandelt haben. Angesichts dieses absurden Verdikts appellieren wir an Euer Gewissen und Euern Verstand!«
Nur wildes Heulen und Pfiffe waren die Antwort. Und der Verteidiger brach in Tränen aus.
Für Tullio mußte ein Arzt geholt werden. Linda stürzte mit dem Ausruf: »Aber das ist ja unmöglich!« zusammen. Rosina schrie schrecklich auf und bekam einen Tobsuchtsanfall, vier Gendarmen mußten sie bändigen, ihr Schreien tönte bis auf die Straße, wo eine ungeheure Menschenmenge stand und jubelte.
Als Linda aus der Ohnmacht erwachte, verfiel sie in einen Weinkrampf. Rosina schrie und tobte noch immer. Schließlich schläferte man beide durch narkotische Mittel ein und trug sie schlafend in den Polizeiwagen. Rosina mußte man wenige Wochen später ins Irrenhaus bringen. Sie starb dort bald. Carlo Secchi starb im Kerker.

Die Verteidigung legte Revision ein. Der Generalstaatsanwalt, zu seiner Ehre sei es gesagt, erklärte sie für berechtigt. Aber der Oberste Gerichtshof verwarf sie.
Ein Gnadengesuch für Linda, eingereicht vom Vetter des Ermordeten, unterstützten acht von den zwölf Geschworenen – aber mit der ängstlichen Bitte, daß ihre Unterschrift geheim bleibe!
Doch noch ehe das Gesuch abging, griff der König ein. Er verbannte Linda zwar aus Rom, aber er begnadigte sie –

vier Wochen nach der Sitzung des Obersten Gerichts! Und damit versetzte ein König seiner Justiz eine schallende Ohrfeige.

Als Graf Mainardi von der Ablehnung der Revision erfuhr, hatte er ausgerufen: »Um Gottes willen, Ninetto stirbt mir!« Nun, im Mai 1906, als Linda nach Porto San Giorgio an der Adriaküste kam, wohin sie verbannt worden war – übergab er ihr die beiden Kinder sofort. Sie war schwer krank, sie hatte während der zwei letzten Monate im Gefängnis nur mehr künstlich ernährt werden können, durch Injektionen – aber sie fand in ihrem kleinen Haus Blumen über Blumen vor und Telegramme über Telegramme von fast allen großen Geistern des italienischen Volkes, das ergreifendste von der größten Schauspielerin der Welt, von Eleonora Duse.

Jedoch während Dreyfus seinen Zola in den Reihen seiner eigenen Nation gefunden hatte, fand die Gräfin Bonmartini den ihren in einem Deutschen: Ende 1906 veröffentlichte der Schriftsteller Karl Federn bei Georg Müller in München sein aufsehenerregendes Buch »Der Prozeß Murri-Bonmartini«. Es wurde ins Französische und ins Italienische übersetzt. Federn war es gelungen, auf Grund genauester Kenntnis der ungeheuren Aktenmengen auch den letzten Verdacht gegen Linda zu beseitigen; er hatte bewiesen, daß man einen Schuldigen, Tullio, und einen Verdächtigen, Carlo, sehr hart, eine Geisteskranke aber, Rosina, und zwei erwiesenermaßen Unschuldige, Pio Naldi und Linda, zu Unrecht bestraft hatte, und es schauderte ihn bei der Vorstellung, daß Naldi schon tot gewesen wäre, wenn Italien damals nicht die Todesstrafe abgeschafft hätte – erst der Faschismus führte sie wieder ein. Und wären die Geschworenen dem Antrag des Staatsanwalts und der Auffassung des Vorsitzenden gefolgt, dann hätte man, in Deutschland etwa, auch Linda hingerichtet.

Nun tat Federn ein übriges: er beschloß, die Wiederaufnahme des Verfahrens durchzusetzen und Linda vollends zu rehabilitieren. Zu diesem Zweck ließ er sich ein Jahr lang in Rom nieder. Er fand keinen angesehenen Juristen, keine angesehene Zeitung mehr vor, die nunmehr, nach Erscheinen seines Buches, von Lindas Unschuld nicht überzeugt gewesen wären. Selbst der Ministerpräsident erklärte, das Verfahren gegen sie sei »überhaupt kein Verfahren« gewesen. Aber die Wiederaufnahme durchzuführen – das getraute er sich nicht, und das brachte die Justiz nicht übers Herz. Derselbe Staatsanwalt, der gegen Linda aufgetreten war, war inzwischen – Generalstaatsanwalt geworden, auch die Richter waren avanciert, und man wagte es nicht, »die Beförderungen rückgängig zu machen« – der Prestigeverlust der Justiz würde zu groß sein. Federn versuchte nun, ein Verfahren gegen sich in Gang zu bringen, indem er den Generalstaatsanwalt und den Präsidenten öffentlich, in fast jeder italienischen Zeitschrift, der Lüge, des Amtsmißbrauchs, der Verleitung zum Meineid beschuldigte. Umsonst: die Herren steckten die Beleidigungen ein und schwiegen. Nur eines konnte Federn erreichen: die Aufhebung der Verbannung für Linda und die Begnadigung Pio Naldis, nach zwölf Jahren auch die Begnadigung Tullios. Man sollte ihm, der 1942, von Hitler vertrieben, in London starb, dies nie vergessen. Solange er noch an seinem Buch schrieb und um Wiederaufnahme kämpfte, hatte er es vermieden, Linda zu sehen oder ihr zu schreiben, um sich nicht dem Vorwurf auszusetzen, beeinflußt zu werden. Nun erst, Ende Mai 1908, fuhr er mit dem Rad zu ihr.

Porto San Giorgio war ein trübseliges, düsteres Fischernest in karger Steinlandschaft, die Villa, die Linda bewohnen mußte, nur für den Sommer gebaut und im Winter nicht heizbar; Linda selbst war noch so erschöpft, daß sie täglich nur eine Viertelstunde ins Freie und ins Licht gehen und den Tag im Halbdunkel verbringen mußte, ihrer Augen wegen; aber er fand eine glückliche Mutter, die ihren Gegnern verziehen hatte, und zwei maßlos glückliche Kinder. Sie hatten ihre Mutter ja nie verlassen – und diese Mutter war heiter: sie hatte es sich zur Aufgabe gesetzt, ihren Kindern nicht die Jugendjahre durch Weinerlichkeit und Freudlosigkeit zu verdüstern.

Und sie wurde nicht nur von ihnen, sie wurde von den Bauern des Landes, von den Fischern des Städtchens vergöttert. Es war keinem zu raten, in Porto San Giorgio ein böses Wort über sie zu sagen; Federn erlebte dies:

An einer Hilfsaktion für hungernde Arbeiterkinder hatte sich auch Porto San Giorgo beteiligt und elf von ihnen aufgenommen; vier davon beköstigte und bekleidete Linda. Die Reisekosten hatte die Regierung übernommen, und als die elf im Hafen eintrafen, war die ganze Bevölkerung mit Fahnen, Musik und Blumen am Strand – nur Linda hatte nicht kommen dürfen, an ihrer Stelle waren ihre beiden Kinder Ninetto und Maria da. Der Bürgermeister hielt eine Rede; als er sie aber beendet hatte, erhob sich spontan der Ruf: »Evviva la Murri«, es lebe unsere Linda! Und alle weinten.

Später kehrte Linda nach Rom zurück und fand dort noch einen guten Gatten und eine glückliche Ehe, in und an der sie vollends gesundete. Damals aber wurde ihr eine in deutscher und französischer Sprache geschriebene Adresse überreicht, die sich auf Federns Buch stützte und in der es hieß:

»Wir, Frauen und Männer der verschiedensten Länder, fühlen uns gedrängt, Ihnen zu sagen, wie tief wir mit Ihnen fühlen, wie sehr wir gegen das Unrecht, das jeder Frau und Mutter in Ihnen angetan wurde, protestieren und Ihnen unsere Bewunderung ausdrücken für die Kraft und die

Liebe, mit der Sie den furchtbaren Kampf bestanden haben, ohne jede Hilfe, allein gegen Verleumdung, Haß, Dummheit und Blindheit. Wir senden Ihnen die Grüße vieler unbekannter Freunde und sind der gewissen Hoffnung, daß die öffentliche Meinung Ihres eigenen Vaterlandes über diesen furchtbaren Justizirrtum hinwegkommen wird und Wahrheit und Gerechtigkeit siegen werden.«
Unter den vielen Hunderten von Unterzeichnern, Dichtern, Wissenschaftlern und Juristen aller Länder befanden sich die Namen Björnstjerne Björnson, Richard Dehmel, Gerhart Hauptmann, Ricarda Huch, Ellen Key, Maurice Maeterlinck, Victor Margueritte, Heinrich Mann, Thomas Mann, Mme. Emile Zola.
Diese Namen klingen heute noch; man sollte auch den Namen der schönen, unglücklichen Frau nicht vergessen, für die sie sich einsetzten.

1903

Der Fall Bratuscha

oder

Gnade rettet das Recht

Natürlich wurde während des Prozesses gegen Linda Bonmartini in ganz Italien der Ruf nach Wiedereinführung der Todesstrafe erneut laut; sie erschien als einzig mögliche Sühne für dies »reißende Tier in Menschengestalt«; von manchem Universitätskatheder, mancher Kanzel, manchem Abgeordnetensessel, von fast allen Redaktionsstuben aus wurde sie gefordert. Und der Ruf fand ein leidenschaftliches Echo im benachbarten Österreich; dort wurden zwar Todesurteile noch ausgesprochen, aber Kaiser Franz Josef pflegte sie so selten zu bestätigen, daß sie praktisch kaum noch vollzogen wurden. Noch weiter nördlich, im Deutschen Reich, pflegte man deshalb von der »typisch österreichischen Schlappheit und Humanitätsduselei« zu sprechen; im Habsburgerstaat selbst aber hatte man sich schon energisch gegen die »übermäßige Milde« des Monarchen gewandt, als er sogar einen des Kannibalismus Überführten zu lebenslänglicher Kerkerstrafe begnadigt hatte.

Dieser Fall versetzte die Menschen einer aufgeklärten Zeit, die von einem Haarmann und einem Denke noch nichts ahnten, in ein so tiefes und schauderndes Erschrecken, daß die ganze zivilisierte Welt von ihm sprach und schrieb. Er hatte schon im Jahre 1900 begonnen: damals war in einer unbewohnten Hütte bei Spielfeld in Kärnten die Leiche eines etwa zwölfjährigen Mädchens aufgefunden worden, das nach dem Obduktionsbefund zweifellos verhungert war. Vergebens forschte man nach seiner Herkunft; einige Wochen später jedoch meldete sich beim Pfarrer von Spielfeld ein Winzer aus Praßdorf bei Pettau namens Franz Bratuscha; er habe in einer Zeitung von dem Fund gelesen und vermute, daß es sich um seine Tochter Johanna handele. Das Kind habe nämlich am Ostermontag, als es, sich selbst überlassen, spielen wollte, in einem hohen Kastanienbaum ein Feuer entzündet; das Feuer aber habe auf die Hütte der Eltern und das Haus der Nachbarin übergegriffen; die Nachbarin habe Johanna deshalb mit Schlägen bedroht, und aus Furcht vor Strafe sei die Zwölfjährige entflohen; am 26. April habe ihr Vater dann die Vermißtenanzeige erstattet. Alle diese Angaben bestätigten sich, auch fand es sich, daß die Gendarmerie bisher vergebens nach der Verschollenen gesucht und ihre Personalbeschreibung ins Fahndungsblatt gesetzt hatte; und als Johann Bratuscha die Tote als sein Kind und ihre Kleider als seines Kindes Kleider erkannte, händigte man ihm die Sachen aus. Die Angelegenheit schien erledigt, wenn man davon absah, daß der Vater die Nachbarin wegen gefährlicher Drohung anzeigte, weil sie ja durch die Androhung von Mißhandlungen die Flucht Johannas verursacht habe. Dieser Prozeß kam jedoch nicht mehr zum Austrag. Denn im Dorf Tschaga bei Marburg fiel es dem Gendarmen auf, daß das außereheliche Kind Aloisia der Winzerin Theresia Holz seit dem Juni 1900 nicht mehr gesehen worden war. Zwar gab die Mutter an, es sei in fremde Dienste gegangen, wohin, das wisse sie nicht; da sich jedoch herausstellte, daß es den Eltern im Wege gewesen und oft unmenschlich mißhandelt worden war, ließ der Gendarm nicht locker, und im Frühjahr 1901 gestand Theresia Holz, es im Wald ausgesetzt zu haben. Sie beschrieb die Stelle ganz genau, und nicht weit davon lag die Hütte, wo man dreiviertel Jahre zuvor die kleine Leiche gefunden hatte; nach der Beschreibung erkannte auch sie ihr Kind; ihr wurde der Prozeß gemacht, und vor dem Schwurgericht gab sie schließlich zu, es erwürgt zu haben. Sie nahm ihre Strafe an.

Klar war es aber nun, daß Franz Bratuscha ein fremdes Kind als das seine agnosziert hatte; man forderte ihn auf, die Kleider zurückzuschicken; er schickte sie nicht, und als der Gendarm sie holen wollte, fand er Bratuscha merkwürdig erregt, aber auch erstaunlich kriecherisch und freundlich. Und als er noch sagte: »Gott sei Dank, daß mir in der Sache nichts geschehen kann!« – da schöpfte der Gendarm Verdacht.

Franz Bratuscha lebte mit seiner Frau Maria in fast unvorstellbarer Armut, obwohl er schwer arbeitete und auch nicht etwa trank. Er war »intelligent, geistig regsam und findig«, aber auch »sehr reizbar und jähzornig«, und er hatte Johanna und seine anderen beiden Kinder wiederholt hart gestraft. War es nicht möglich, daß er sein angeblich verschollenes Kind ermordet und die falsche Leiche nur deshalb agnosziert hatte, um jedem Verdacht zuvorzukommen? »Hätte er es«, so schrieb der Staatsanwalt Dr. Nemanitsch, der die Anklage vertrat, mit der Weisheit des geschulten Kriminalisten, »hätte er es bei seiner Tat bewenden lassen, so wäre es ohne sein Geständnis ganz unmöglich gewesen, sie zu entdecken, geschweige denn sie ihm nachzuweisen. Durch sein Bestreben, schon a priori für sich Entlastungsmomente zu schaffen, wies er selbst den Weg zu seiner Entlarvung. Er handelte eben gleich anderen Verbrechern *zu* schlau!«

Ja, Franz Bratuscha gestand, nachdem der Gendarm bei einer Haussuchung Kleider des abgängigen Mädchens mit augenscheinlichen Blutspuren daran gefunden hatte, und er gestand Furchtbares. Als Johanna damals entwichen war, habe er nach ihr gesucht, und »hier stieß ich auf einmal auf sie. Sie war ganz abgemagert und ausgehungert und lag vor Schwäche auf dem Boden, ohne einen Laut von sich zu geben. Trotzdem merkte ich sofort, daß sie noch lebte. Ich stellte sie auf die Beine und sprach sie an. Sie flüsterte aber nur ganz leise vor sich hin, und ich konnte sie nicht verstehen. Ihre Füße konnten sie auch nicht tragen, und sie fiel wieder in sich zusammen auf den Boden. Darauf habe ich sie erwürgt, es ging ganz leicht. Sie wehrte sich nicht, und als ich die Hände wegnahm, atmete sie nicht mehr. Ich war schon lange auf mein Kind böse, weil es nicht gehorsam war, und ich dachte überhaupt, es wäre doch zu nichts auf der Welt, ich könnte es doch zu Hause nicht brauchen, und ich würde noch Spitalkosten zahlen müssen. Ich dachte nach, wie ich sie am besten spurlos aus der Welt schaffen könnte. Endlich kam ich zu dem Entschluß, sie nach Hause zu tragen und im Ofen zu verbrennen ...« Er schildert dann bis in alle grausigen Einzelheiten hinein, wie er mit Hilfe seiner Frau, »der es auch lieb war, daß das Mädchen tot war«, den Leichnam zerstückelte und verbrannte.

Man vernimmt seine Kinder; sein zehnjähriger Sohn sagt aus, daß einmal mitten im Frühling der Ofen überheizt wurde. Man forscht und gräbt in der Hütte und ringsherum nach und findet keine Spur der Leiche: also war sie wirklich verbrannt worden; die Knochen, die Bratuscha weggeworfen haben wollte, konnten ja von Tieren verschleppt worden sein. Aber man findet etwas anderes: ein Buch mit dem Titel »Australien und seine Inseln«. In diesem Buch ist einmal die Rede davon, daß gewisse arme Stämme ihre Kinder töten, verbrennen und verzehren – und das bringt den Untersuchungsrichter auf einen neuen, noch entsetzlicheren Verdacht.

Und da gibt Bratuscha »unter sichtlicher Zerknirschung«

zu Protokoll: »Ich will jetzt noch etwas gestehen, dessen ich mich bisher geschämt habe. Als wir den Körper meines Kindes verbrannten, hatten wir für den nächsten Tag nur sehr wenig zu essen. Ich nahm mir einen irdenen Teller . . .« Und er berichtet, was und wie er vielleicht mit Wissen, aber gewiß ohne Teilnahme seiner Frau gegessen habe, und wie und wonach es geschmeckt habe, »obwohl ich meiner großen Armut wegen weder Brot noch Fett dazu hatte . . .« Man fragt immer wieder in ihn hinein, ob ihn irgendein Aberglaube getrieben habe. Aber er verneint; es war wirklich nur der Hunger.
Man dringt in seine Frau: sie gibt zunächst zu, wenigstens bei der Verbrennung zugegen gewesen zu sein; dann widerruft sie ihr Geständnis. Aber nach der Beichte vor dem Pfarrer gesteht sie von neuem. Denn sie ist wirklich fromm, und auch ihr Mann »ist, wie seine Aufzeichnungen ergaben, von großer Frömmigkeit«, schreibt Staatsanwalt Nemanitsch, und mit gewohnter Kennerschaft fügt er hinzu: »Mit seiner Äußerung, er habe an sonst nichts gedacht, als seinen großen Hunger zu stillen, gibt Bratuscha der Auffassung Andrees recht, der das Standardwerk über Anthropophagie geschrieben hat: daß nämlich die Menschenfresserei eine allgemein auf Hunger zurückzuführende Kinderkrankheit der Menschheit ist.« Nemanitsch veröffentlicht seine Darstellung und seine Deutung in der damals führenden Kriminalzeitschrift und erregt ungeheures Aufsehen bei den Wissenschaftlern aller Disziplinen.
Bratuscha selbst wiederholt sein Geständnis immer wieder, »baut es immer weiter aus« und legt vor dem Marburger Schwurgericht »in reuiger und ruhevoller Weise eine in alle Details ausgearbeitete, widerspruchslos in sich geordnete Darstellung vor«; als er, während seine Frau mit drei Jahren schwerem Kerker davonkommt, zum Tode verur-

teilt wird, winselt er zwar in seiner Zelle aus Angst vor dem Henker – aber von seinem Geständnis nimmt er kein Wort zurück:
»Alles, was ich einmal gesagt habe, ist die volle und reine Wahrheit.«
Und da die Gerichtsärzte ihn als voll zurechnungsfähig befunden haben, will niemand auf der Welt um dieses entmenschten Vaters willen, der sein Kind mordete und aß, dem Nachrichter in den Arm fallen.
Nur der unbegreifliche Kaiser Franz Josef tut es doch. Er begnadigt schließlich den Kannibalen zu lebenslänglichem Kerker.
Die Kritiker sind empört, und selbst die Wohlmeinenden schütteln die Köpfe; im Ausland schreibt man, der Kaiser habe »der Gerechtigkeit ins Gesicht geschlagen«.
Drei Jahre später, im August 1903, wird bei Gurkfeld in Krain eine halb verhungerte Landstreicherin aufgegriffen, die einen kleinen Diebstahl begangen hat, ihren ersten. Hätte sie ihn nicht begangen, wäre einer der seltsamsten Justizirrtümer für immer unentdeckt geblieben. So aber gibt sie einen Namen an, der nicht stimmen kann, und gibt schließlich zu, die »von ihrem Vater ermordete und aufgegessene« Johanna Bratuscha zu sein!
Kein Mensch glaubte ihr natürlich. Aber die Erhebungen bestätigten zweifellos, daß sie die Wahrheit sagt. Ja, sie ist damals aus Angst vor der Nachbarin weggelaufen, ja, sie hat sich dieser Angst wegen nicht mehr nach Hause gewagt, nein, sie hat seither nichts gehört von der Verurteilung ihres Vaters, sie kann ja kaum lesen und schreiben.
Franz Bratuscha benimmt sich seltsam – nämlich so ruhig, so gleichgültig, daß es erschreckend ist.
Der Staatsanwalt erscheint in seiner Zelle und spricht vorsichtig, mit staatsanwältlicher List, zunächst nur von einem Gerücht.

»Wenn es wahr ist«, sagt Bratuscha, »täte ich um Wiederaufnahme des Verfahrens bitten.«
»Und wenn es sich nicht bestätigt?«
»Dann soll alles beim alten bleiben.«
»Ja, warum haben Sie dann die Tat gestanden?«
»Der Gendarm hat mir das erste Geständnis abgepreßt, und nachher habe ich nichts zurücknehmen wollen. Ich habe mir gedacht: Ein Mann, ein Wort.«
Kopfschüttelnd geht der Staatsanwalt. Und nun wird Bratuscha von seinen Mithäftlingen gefragt: »Weder zeigst du Freude, noch bist du überhaupt aufgeregt. Ja, was willst du denn nun tun?«
Bratuscha zuckt die Achseln und sagt ruhig: »Die Gendarmen haben mich hier reingebracht. Sie sollen mich auch wieder wegbringen.«
Das Wiederaufnahmeverfahren ist im »schlappen« Österreich leichter als anderswo: der Kassationsgerichtshof kann jedes Fehlurteil aufheben. Franz und Maria Bratuscha werden freigesprochen. Aber Franz wird nun wegen Verleumdung seines Weibes angeklagt. Indessen auch hier wird er freigesprochen: Psychiater bestätigen ihm diesmal, daß keine Böswilligkeit vorgelegen habe, sondern »Erinnerungsfälschungen«, hervorgerufen durch »schwere Arbeit, drückende Armut und Sorgen«; denn sonst lasse sich nur Reizbarkeit und Jähzorn, aber nichts von »Schwindel, Krämpfen, Epilepsie, Angstzuständen, Trinken, Syphilis, übersteigerter Religiosität oder erblicher Belastung« nachweisen. Der Laie darf heute wohl sagen: es handelte sich um Hungerphantasie bei ihm – und um allzu phantasievolle Untersuchungsmethoden bei den Behörden. Nicht der »Verbrecher« war »zu schlau«, wie Staatsanwalt Nemanitsch glaubte, sondern – Staatsanwalt Nemanitsch. Das Gericht freilich trifft keine Schuld. Nach solchem Geständnis, verstärkt durch das Geständnis der Frau und

durch mancherlei Indizien, konnte es nur verurteilen, denn »das Gedächtnis ist die Krone der Beweise«, wie nun einmal in jedem juristischen Lehrbuch zu lesen steht. Kaiser Franz Josef allerdings soll seit diesem Fall noch schwerer zu bewegen gewesen sein, ein Todesurteil zu bestätigen.

1918

Der Fall Bernwieser

oder

Die wacklige Krone

Elf Jahre später brach der erste Weltkrieg aus, ihm folgten die Wirren der Revolution, und als das vorbei war, waren in Deutschland wie im Rumpf-Österreich die Monarchien beseitigt, und beide Staaten bemühten sich, demokratische Republiken zu werden, mit einer demokratischen Justiz, die sich gleichwohl weiterhin auf die alten, liberalen Strafgesetze stützte und im wesentlichen auch getrost stützen durfte; und damit blieb auch der Leitsatz von der »Krone der Beweise« in Geltung. Ihm und dem Umstand, daß der Fall Bratuscha über Krieg und Revolution in Vergessenheit geraten war, war es wohl zuzuschreiben, daß die österreichische Justiz so bald auf ein zweites »Geständnis« hereinfiel.

Am Mittwoch, dem 16. Januar 1918, lief die folgende Gendarmerieanzeige aus einem kleinen Dörfchen bei der Staatsanwaltschaft des österreichischen Städtchens D. ein: »Am Montag, gegen 5 Uhr 30 nachmittags, entfernte sich der Bauer Julius Sailer aus dem Hause seines Bruders und ging in sein benachbartes Häuschen. Seither wurde er von niemandem mehr gesehen, bis er am nächsten Vormittag, beiläufig 10 Uhr 45, von seinem Bruder Karl Sailer auf dem Fußboden des Zimmers ermordet aufgefunden wurde. Die Leiche lag in halb liegender Stellung, mit zwei zerrissenen

Hemden bekleidet, zwischen den Bettwänden der im Zimmer nebeneinander stehenden zwei Betten und der Wand des Zimmers in einer großen Blutlache. Der Kopf war durch Hiebe mit einer Holzhacke in bestialischer Weise zertrümmert. Diese Hacke, die Eigentum des Ermordeten war, lehnte blutbefleckt an der Wand. Sailer dürfte im Schlafe erschlagen worden sein, da sich im einen Bett eine starke Blutspur fand. Im Zimmer herrschte größte Unordnung, der Kasten war aufgesprengt, die Schubladen durchwühlt, alles von oberst zuunterst gekehrt. Es wurden mehrere Anzüge, einige silberne Uhren, 1600 bis 2000 Kronen Bargeld, davon 160 Goldstücke, und eine größere Menge Papiergeld geraubt. Auf dem Tisch lag eine schmutzige Soldatenkappe mit einem blechernen Edelweißabzeichen und auf diesem ein Miniaturbild unseres Kaisers. Diese Kappe gehörte zweifellos dem Täter, der im übrigen nicht gewaltsam eingedrungen ist und sich nach der Tat durch die Haustür entfernt hat ...«
Der Verdacht fiel auf einen Soldaten, den mehrere Zeugen gesehen hatten. Seine genaue Personalbeschreibung lag vor. Trotzdem fand man ihn nicht. Die Kriegszeiten waren ja so wirr, wie leicht konnte ein Mann in Uniform untertauchen! Man gab es auf und legte die Sache zu den unerledigten Fällen.

Dreieinhalb Jahre später, am 1. August 1921, meldete sich in der Strafanstalt A. der Sträfling Bernwieser zum Rapport. Er habe die Diebstähle, um derentwillen er eine zweijährige Kerkerstrafe absaß, nicht begangen. Er habe sie damals, vor dem Garnisonsgericht, nur angegeben, um sich ein Alibi zu verschaffen. Denn in Wirklichkeit habe er zur gleichen Zeit, nämlich am Montag, dem 14. Januar 1918, ein weit schlimmeres Verbrechen begangen: den Mord an dem Ritter Julius von Sailer in dem Dörfchen bei

D. Nun aber plage ihn sein Gewissen; er bitte, verurteilt zu werden.

Die Verhandlung vor dem Kreisgericht von D. fand sehr bald statt. Der erst zweiundzwanzigjährige Angeklagte machte, obwohl armer Bauern Kind und nur Volksschulabsolvent, einen ausgesprochen gebildeten Eindruck. Fließend erzählte er, wie er am 10. Januar 1918 zum zweiten Male von seiner Truppe desertiert und zu Fuß in jenes Dörfchen gekommen sei. Er habe so verhungert ausgesehen, daß ihn die Frau des dortigen Bezirksrichters aus Mitleid zu einer Bäuerin geführt habe, die ihm Butter und Brot gab. Und diese Bäuerin, die er, ebenso wie die Richtersfrau, genau beschrieb, habe ihm erzählt, daß ihr Nachbar Herr von Sailer besonders reich sei. So sei er denn in der Dunkelheit in dessen Haus geschlichen und habe viele Dinge geraubt, die er exakt aufzählte: es waren eben die Anzüge, Uhren und Goldstücke, von denen der damalige Polizeibericht gesprochen hatte. Während er alles zusammengepackt habe, habe ihn Sailer überrascht. Sie seien in ein Handgemenge geraten, und schließlich habe er zu der Hacke gegriffen und Sailer erschlagen, der am Fenster zusammengebrochen sei. Dann sei er mit der Beute nach Wien gefahren und habe das Geld dort in Kaffeehäusern durchgebracht. Uhren und Anzüge habe er später in Salzburg verkauft; den Namen der Trödlerin gab er an. Ende März sei er dann von einer Militärpatrouille verhaftet, aber erst nach Kriegsende vom Garnisongericht zu der Kerkerstrafe verurteilt worden.

Man hielt ihm vor, daß der Tote ja nicht am Fenster, sondern neben dem blutbefleckten Bett gefunden worden sei; daß er ihn also nicht in Notwehr erschlagen, sondern im Schlafe ermordet haben müsse. Er stritt das ab, aber nicht eben leidenschaftlich: er habe getötet und büße gern. Er fertigte eine Skizze des Tatorts an: sie stimmte nicht ganz;

aber das, meinte er, liege wohl daran, daß das Ganze eben schon vier Jahre her sei. Man stellte ihm die Richtersfrau und die Bäuerin gegenüber: sie erkannten ihn nicht. Aber schließlich war der Schleichhandel mit Butter strafbar, darum schwiegen wohl die beiden – und seine Schilderungen ihres Aussehens erwiesen sich als exakt. Man ließ ihn seine damalige Kopfbedeckung beschreiben, ehe man ihm die am Tatort gefundene Mütze zeigte – und diese seine Beschreibung war völlig falsch. Das sei eben seine Mütze nicht gewesen, erklärte er, und wie sie dahin gekommen sei, wisse er nicht; man ließ es dabei bewenden.

Die Geschworenen erklärten ihn einstimmig des Mordes schuldig. Verurteilt aber wurde er, weil sich die viel angegriffene und belächelte Milde des toten Franz Josef in der österreichischen Justiz noch immer forterbte, nur zu zwölf Jahren Kerker. Er nahm die Strafe sofort an.

Vier Jahre später erhielt der Vorsitzende einen Brief Bernwiesers, der ihn hätte stutzig machen sollen. Bernwieser bat nämlich, ihm ein Zeugnis auszustellen, daß er bei seinem Mord keine Mittäter gehabt habe. Indessen erklärte ein Beischreiben des Gefängnisleiters diese merkwürdige Bitte: Bernwieser falle in der Haft durch eine gewisse nervöse Unruhe, besonders aber dadurch auf, daß er mit seiner Mordtat prahlte. Die übrigen Sträflinge verspottete er, weil sie nur Diebstähle und dergleichen Kleinigkeiten zusammengebracht hätten. Aus Rache hätten ihn seine Kollegen nun an seinem wundesten Punkt treffen wollen und behauptet, daß er ohne Mittäter die Tat ja gar nicht zustande gebracht hätte. Daher seine Bitte um ein Zeugnis!

Das schickte ihm der Vorsitzende natürlich nicht – und dies wiederum hatte zur Folge, daß er zwei Wochen später, am 10. Mai 1925, sein ganzes Geständnis widerrief. Er

habe die Diebstähle begangen und nicht den Mord, und er bitte um Wiederaufnahme. Er wurde abgewiesen und dahin belehrt, daß er einen wohlbegründeten Antrag stellen müsse. Dieser Antrag wuchs sich zu einer achtzehnseitigen Rechtfertigungsschrift aus und klang so abenteuerlich und abwegig, daß sich das Gericht auch bei viel gutem Willen nicht entschließen konnte, ihm zu glauben.
Er war in einwandfreiem Deutsch verfaßt und besagte im wesentlichen:

»Schon mein Vater war ein Sonderling, und schon in meiner Kindheit habe ich stets bedauert, als Sohn armer Leute geboren zu sein, denn dadurch konnte ich nicht studieren. Doch las ich viele Romane und habe auch eine große Verehrung für die Klassiker sowie für Nikolaus Lenau.
Ich wollte immer gern in einer Kanzlei beschäftigt werden und empfand Abneigung gegen landwirtschaftliche Arbeiten; auch schämte ich mich meiner Herkunft und ging stets elegant gekleidet umher. Ich hatte nur kurze Zeit eine gute Stellung, und als mir das Geld ausging, beging ich eine Reihe von Hochstapeleien, die ich, wie ich zugeben muß, sehr raffiniert durchführte. Deshalb wurde ich zweimal mit Gefängnis bestraft. Nach der Verbüßung meiner zweiten Strafe, im Jahre 1917, kam ich eines Nachts zu meiner Mutter und erzählte ihr, daß ich soeben unseren Nachbarn erschlagen und beraubt hätte. Weil sich diese Angabe jedoch als falsch herausstellte, wurde ich ärztlich untersucht, und die Ärzte stellten eine pseudologia phantastica fest. Im Herbst wurde ich dann eingezogen und zunächst in der Schreibstube verwendet. Das gefiel mir, ich ließ mir auf eigene Kosten Uniformen aus besonders feinen Stoffen anfertigen, und das war damals überhaupt die glücklichste Zeit meines Lebens. Später sollte ich aber exerzieren, und weil ich so ungeschickt dabei gewesen bin,

haben mich alle verspottet. Deshalb bin ich eines Tages desertiert. Weil ich mich wieder durch Hochstapeleien fortbrachte, wurde ich in Garnisonsarrest gebracht, wo ich an einer Haftpsychose erkrankte. Beim Transport zur Front bin ich dann wieder entwichen und bekam bald die dritte Strafe.

Während dieser Zeit nun wurde ich im Strafdepositenamt beschäftigt. Wie glücklich war ich, als ich dort so viele Mord- und Einbruchswerkzeuge sehen konnte, jeden Tag! Seitdem hatte ich ein großes Interesse für Morde, und als ich wieder in Freiheit war, hob ich mir die Zeitungsberichte über jeden größeren Mordfall auf. Auch besichtigte ich in der Folge die meisten Tatorte, und weil mir ein Zellengenosse einmal von dem Mord an Herrn Sailer erzählt hatte, fuhr ich auch dorthin und ließ mir alles berichten, was über den Mord bekannt war. Schließlich gelang es mir auch, einen Blick in das Zimmer zu werfen, worin sich die Mordtat abgespielt hatte.

Nun komme ich aber auf den Grund dafür, warum ich mich gerade dieser Mordtat bezichtigt habe, obwohl ich weiß, daß man mir kaum glauben wird; man kann aber alles nachprüfen.

Ich hatte eine Braut namens Anna Hertel, und weil ich doch an pseudologia phantastica leide, habe ich ihr oft Sachen erzählt, die ich gar nicht gemacht habe, um ihr zu imponieren. Dann wurde ich verhaftet und bekam meine zweijährige Kerkerstrafe, und als ich weg von ihr war, wurde meine Braut die Geliebte eines gewissen Huber, und dem hat sie wieder alles von mir erzählt. Dieser Huber geriet in Voruntersuchung wegen eines Gendarmenmordes und wurde in dieselbe Strafanstalt eingeliefert wie ich. Von da an hatte ich im Gefängnis keinen guten Tag mehr, denn Huber brachte alle Häftlinge auf seine Seite und hetzte sie gegen mich auf. Er verlangte nämlich, ich sollte

seinen Mord auf mich nehmen, sonst würde er mich wegen aller der Morde anzeigen, die ich Anna eingestanden hätte. Dazu sagte er noch, nach fünf Jahren könnte man sowieso jedes Geständnis widerrufen, und ich habe ihm das geglaubt. Aber ich wollte das doch nicht auf mich nehmen; da habe ich schon damals um ein Zeugnis gebeten, damit sie Angst vor mir bekämen. Das Zeugnis ist aber nicht gekommen, sie haben mich ausgelacht, und dann haben sie mich jede Nacht geschlagen, blutig geschlagen haben sie mich. Da habe ich gedacht: Du mußt hier raus, sonst hauen sie dich noch tot! Aber den Mord von dem Huber wollte ich nicht angeben, den Gefallen wollte ich ihm und meiner Braut nicht tun – und da fiel mir der Mord an Sailer wieder ein. Darüber gab ich nun alles an, was ich wußte, und ich wurde nach D. verlegt zur Voruntersuchung und hatte nun meine Ruhe. Und ich dachte: bei Verhandlungsbeginn widerrufst du einfach das Ganze!
Aber als ich in den Gerichtssaal geführt wurde und das viele Publikum sah, da habe ich den Widerruf nicht übers Herz gebracht, denn ich wollte als Held dastehen, der für seine Tat eintritt, und nicht als Feigling, der aus Angst lügt. Und so bin ich denn bei meiner falschen Aussage geblieben, und es gab Momente während der Verhandlung, da gelang es mir, mir einzubilden, daß ich die Tat wirklich begangen hätte. Nur als ich erfuhr, daß Herr Sailer kein Ritter von Sailer gewesen war, sondern nur ein ganz gewöhnlicher Bauer, da war ich tief enttäuscht.
In Wirklichkeit aber bin ich am 14. Januar gar nicht in D. und in dem Dörfchen gewesen, sondern im Hotel P. in Wien. Ich bitte das Hohe Gericht, das nachzuprüfen und auch den Huber und die Anna Hertel zu vernehmen, ob meine Angaben wahr sind. Dann bitte die Ärzte von damals wegen der pseudologia phantastica und der Haftpsychose.

Hohes Gericht! Ich habe die falsche Selbstbezichtigung begangen aus Angst vor dem Huber und den anderen Häftlingen, die mich immer geschlagen haben, und auch, weil ich eitel war und als Kapitalverbrecher gelten wollte, und vor allem, weil ich doch an der krankhaften Lügensucht leide und so gern in meinen Phantasien lebe und so gern an sie glaube. Aber ich bin unschuldig, und ich bitte um Wiederaufnahme meines Verfahrens.«
Und diesem seltsamen document humain fügt der merkwürdige Herr Bernwieser ein Gedicht bei, das sein ganzes skurriles Wesen vielleicht noch genauer und tiefer bezeichnet:

Meines Lebens schönste Stunden
Hab' ich in Phantasie empfunden,
Wenn ich im stillen ganz allein
Geschwelgt in Glück und Sonnenschein;
Doch auch in Stunden tiefster Nacht
Hat mich die Phantasie gebracht.
So ist für meine Seel' und Herz
Die Phantasie bald Lust, bald Schmerz.

Sie sollte noch lange Schmerz für ihn sein, seine Phantasie. Es erwies sich als bitter schwer, von ihr loszukommen. Denn – die Richter glaubten ihm nicht. In allen Instanzen wurde sein Gesuch abgewiesen, und bei der letzten, dem Obergericht, wurde gerade dies Gesuch selbst zum Grund für seine Ablehnung: »Es ist«, dekretierte dieser Senat, »kein Grund vorhanden, an der Zurechnungsfähigkeit des Angeklagten zu zweifeln, da dieser eine achtzehn Seiten umfassende Rechtfertigungsschrift einbringen konnte.«
Und er hätte seine zwölf Jahre Kerker zweifellos absitzen müssen, wenn es im österreichischen Recht nicht eine Einrichtung gäbe, die das deutsche nicht kennt; der General-

prokurator kann zugunsten des Angeklagten eingreifen, der Oberste Gerichtshof kann die »außerordentliche Wiederaufnahme« auch dann bewilligen, wenn keine neuen Tatsachen beigebracht werden und alle Instanzen gesprochen haben – einfach darum, weil das Urteil anfechtbar erscheint. Diese höchsten Stellen, von einem guten Verteidiger benachrichtigt, griffen hier ein; und – alle Angaben Bernwiesers stellten sich als hundertprozentig richtig heraus! Zudem bestätigten die Psychiater nicht nur, daß er wirklich an einer pseudologia phantastica litt, sondern daß diese pseudologia im endgültigen Abklingen sei, so daß weitere Straftaten kaum zu erwarten seien.

Daraufhin sah die Staatsanwaltschaft von seiner weiteren Verfolgung ab und enthaftete ihn, und soviel bekannt wurde, tauchte sein Name in den Justizakten tatsächlich nicht mehr auf.

Und damit befindet sich der Phantast Bernwieser, der sich seine Morde nur einbildete, in seltsamer Übereinstimmung mit den Häftlingen, die ihre Morde tatsächlich begangen haben: fast keiner von den vielen, die im Laufe der Zeiten dieser oder jener Gründe wegen aus der Strafhaft entlassen wurden, wurde rückfällig! Mancher hat wieder gestohlen oder betrogen; gemordet hat er nicht wieder. »Der Mord«, so drückt es die Wissenschaft vom Strafvollzug aus, »ist kein Rückfallsdelikt.«

1923

Der Fall de Jong

oder

Der ehrgeizige Kriminalist

Dicht bei der holländischen Bahnstation Gießen-Nieuwkerk wurde in der Frühe des 4. August 1923 der Bahnwärter Jacob tot aufgefunden. Sein Schädel war zerschmettert; neben ihm lag ein schwerer Hammer, der Blutspuren aufwies; in seiner Kasse fehlten etwa fünfeinhalb Gulden, also annähernd zehn Mark. Mithin lag Raubmord vor, der nach dem Befund des Arztes zwischen elf und ein Uhr nachts begangen worden sein mußte.

Schon in den Mittagsstunden meldete sich bei der Polizei ein Mann namens Mijnster und erklärte, er habe am Abend zuvor in der Nähe des Tatorts einen verdächtigen Landstreicher gesehen, den er genau beschrieb. Der Vagabund wurde ausgeforscht, und Mijnster behauptete, ihn auch zu erkennen, als er ihm gegenübergestellt wurde; nur konnte der Verdächtige sein Alibi nachweisen. Aber bei dieser Gelegenheit fiel Mijnsters Blick auf den Hammer, mit dem die Tat begangen worden war; und plötzlich sagte er: »Ich kenne diesen Hammer. Er gehört dem Ehepaar Kroon, das im Nachbardorf wohnt. Ich habe ihn dort öfters gesehen.«

Das Ehepaar Kroon genoß keinen guten Ruf, obwohl es bisher mit dem Gesetz nie in Konflikt gekommen war. Weil es weder Kinder hatte noch wollte, sondern ein möglichst verantwortungsfreies, lastenloses und vergnügtes

Leben vorzog, munkelte man von öfteren Abtreibungen; im übrigen verdiente es wenig und verlebte viel. Auch in der Nacht des 3. August war es hoch hergegangen bei Kroons; drei Bekannte waren zu Gast gewesen, die Zimmerleute Teunissen, Klunder und Vermeer, und man hatte gespielt und getrunken. Man nahm alle fünf fest. Kroons aber erklärten, den Hammer nie gesehen zu haben, und alle bestätigten, daß niemand das Haus verlassen habe; so mußte man sie wieder gehen lassen.
Indessen forschte man weiter; und als anderthalb Jahre lang, bis Ende 1924, alle Recherchen erfolglos blieben, holte man Herrn J. F. de Jong. Herr de Jong war der tüchtigste Kriminalbeamte der Niederlande. Er hatte noch nie versagt. Er würde es auch diesmal schaffen.
Und er schaffte es. Am 25. Februar 1925 ließ er die fünf erneut verhaften, und bereits am 2. Oktober desselben Jahres konnten die beiden eigentlichen Täter vor das Dordrechter Landgericht gestellt werden: es waren Teunissen und Klunder. Zwar leugneten sie erregt: sie hätten den ganzen Abend bei Kroons verbracht; sie hätten das Haus nur einmal und nur für knapp zehn Minuten verlassen, während sie für den Weg nach Nieuwkerk und zurück mindestens anderthalb Stunden gebraucht haben würden, sie befänden sich in guter Stellung und hätten viel Geld bei sich getragen, Teunissen sogar etwa 500 Gulden, also 840 Mark; mithin hätten sie kein Interesse gehabt, fünf Gulden zu rauben. Außerdem hätten beide an diesem Abend ihr Handwerkszeug mitgehabt, einen Geißfuß und ein Beil, und hätten sich also bei Kroons keinen Hammer zu leihen brauchen. Ihre Angaben wirkten recht überzeugend.
Aber nun marschierten Herrn de Jongs Zeugen auf. Vermeer zwar, der dritte Gast jenes Abends, blieb lange dabei, daß die beiden kaum zehn Minuten fort gewesen seien; schließlich aber mußte er doch zugeben, daß es sich um

eine »geraume Zeit« gehandelt haben könne; sonst jedoch sagte er nichts Belastendes aus. Anders die Kroons! Der Hammer, sagten sie jetzt, habe doch ihnen gehört, und Klunder und Teunissen hätten ihn mitgenommen, als sie sich ungefähr um elf Uhr verabschiedet hätten. Und erst gegen ein Uhr seien sie zurückgekommen und hätten, nicht ganz nüchtern, erzählt, wie sie in Nieuwkerk jemanden erschlagen und dabei den Hammer vergessen hätten, und auf Klunders Hose hätte man einen großen roten Fleck gesehen!

Natürlich versuchte die Verteidigung, diese Aussagen unter Hinweis auf den schlechten Ruf der Kroons zu bezweifeln; aber nun zeigte sich Herrn de Jongs minuziöse Arbeit. Der Zeuge Mijnster blieb dabei, daß der Hammer am Tatort der Kroons gewesen sei. Der Polizeiwachtmeister Meintjes, der die ersten Erhebungen angestellt hatte, sagte jetzt aus, daß er an jenem 3. August 1923, etwa elf Uhr abends, Teunissen und Klunder gesehen habe, wie sie neben ihren Fahrrädern die Landstraße entlang gingen, und zwar in der Richtung Nieuwkerk, also in der Richtung zum Tatort; das sei ihm erst bei der gründlichen Befragung durch Herrn de Jong wieder eingefallen. Und Klunders Wirtin schilderte, wie sie am Tage nach der Tat auf dessen Bitte den roten Fleck aus seiner Hose ausgewaschen hatte!

Das genügte dem Staatsanwalt, der allerdings, weil in Holland die Todesstrafe längst abgeschafft war, nur lebenslängliches Gefängnis beantragen konnte. Das Gericht jedoch glaubte nur wegen Raubes und Körperverletzung mit Todesfolge verurteilen zu können, da den alles ableugnenden Angeklagten ja nicht nachzuweisen war, daß sie den Tod ihres Opfers gewollt hatten. So blieb es denn bei fünfzehn Jahren Gefängnis, aber dabei blieb es in allen Instanzen: das Oberlandesgericht im Haag und das Kassationsgericht lehnten die Revisionen ab und bestätigten das

Urteil. Der tüchtige de Jong hatte sich wiederum bewährt. Aber die Angeklagten blieben ebenfalls hartnäckig. Sie zeigten die Kroons wegen Meineids an – vergeblich. Sie suchten die Wiederaufnahme durchzusetzen – vergeblich. Schließlich wandten sie sich an die Presse – und wirklich, eine Zeitung wenigstens griff den aussichtslosen Fall auf: der Schriftleiter von »Het Volk«, Geudeker, glaubte, allgemein belächelt und befehdet, an die Unschuld der beiden. Er mußte lange schreiben und immer wieder Unruhe um die Kroons schaffen – dann aber, nach dreieinhalb Jahren, am 8. April 1929, war es soweit. Die Kroons waren mürbe geworden und bezichtigten sich selbst des Meineids. Aber sie bezichtigten nicht nur sich . . .

Die Revision wurde angeordnet und die Durchführung des neuen Verfahrens klugerweise einem mit der Sache bisher noch nicht beschäftigt gewesenen, also neutralen Gericht anvertraut, dem Oberlandesgericht in Amsterdam. Schon am 12. September 1929 begann die neue Verhandlung – und nun klärte sich alles.

Der Zeuge Mjinster zwar wich auch jetzt nicht von seiner Aussage ab, wonach der Tathammer der Hammer der Kroons gewesen sei; aber er wurde durch eine Vielzahl anderer Zeugen widerlegt; und weil er es ja auch gewesen war, der den Vagabunden am Tatort gesehen haben wollte, wurde er schließlich als der leider so häufige Typ des Zeugen entlarvt, der sich um jeden Preis wichtig machen will. Der Polizeiwachtmeister, der sich erst einundzwanzig Monate nach der Tat entsonnen haben wollte, Teunissen und Klunder auf der Landstraße gesehen zu haben, erklärte nunmehr, daß ihm die ganze Aussage »suggeriert« worden sei. Klunders Wirtin versicherte, was sie aus seiner Hose herausgewaschen habe, sei keinesfalls Blut gewesen, und Vermeer kehrte zu seiner ersten Angabe zurück, wonach die beiden sich nicht etwa für »geraume Zeit«, sondern für höchstens zehn Minuten entfernt hatten. Und die Kroons – die Kroons deckten den ganzen Skandal vollends auf. Es war der Skandal einer Voruntersuchung. Es war der Skandal um den übereifrigen, übertüchtigen, überehrgeizigen Kriminalbeamten de Jong, das beste Pferd im Stall der holländischen Kriminalpolizei!

Verfolgen wir seine Tätigkeit von Anfang an:

Er kam, sah und wollte siegen, wollte verhaften: er war das seinem Ruf schuldig. Die Kroons konnte er verhaften, des Hammers wegen; gegen Klunder und Teunissen aber reichte das Belastungsmaterial einstweilen keinesfalls aus. Also mußte er welches schaffen, und wahrhaftig, er machte das klug, äußerst klug und gewitzt! Er ließ im Lokalblatt eine Annonce erscheinen, durch die Zimmerleute für Kuba unter sehr günstigen Bedingungen gesucht wurden. Klunder und Teunissen waren Zimmerleute, und Berufskollegen der beiden, die er gegen Geld in seinen heimlichen Dinest nahm, mußten ihnen das Blatt in die Hände spielen. Als das noch nichts half, mußten sie die beiden betrunken machen, bis sie einen Brief schrieben, in dem sie sich um die Stellung in Kuba bewarben. Und nun lag Fluchtverdacht vor, und Herr de Jong konnte verhaften! Jetzt widmete er seine Tatkraft den Kroons. Die saßen zwar in Haft, aber sie blieben dabei, daß der Hammer nie ihnen gehört habe und daß Klunder und Teunissen ihr Haus nur für zehn Minuten verlassen hätten. De Jong ließ sie vierzig Tage lang sitzen. Während dieser Zeit behauptete er immer wieder, daß die Täter durch Aussagen anderer Zeugen längst überführt seien. Als das nichts fruchtete, entsann er sich der Munkelei über die Abtreibungen. Eine hatte tatsächlich stattgefunden, und de Jong drohte mit einer Anzeige deswegen – es sei denn, die Kroons gäben nach. Auch Verfolgung wegen Beihilfe zum Mord drohte er ihnen an – und nun wurden sie Wachs in seiner Hand.

Er schrieb ihnen auf Zettel, was sie auszusagen hatten, und die Geängstigten unterschrieben. Ähnlich trieb er es mit Vermeer, mit dem Polizeiwachtmeister, mit Klunders Wirtin. Dennoch wäre er einmal beinahe gescheitert. Den Kroons schlug das Gewissen. Sie gingen nach ihrer Entlassung sofort zum Staatsanwalt und gestanden ihm, daß alle ihre Aussagen erlogen und ihre beiden Gäste von damals unschuldig seien. Der Staatsanwalt glaubte ihnen aufs Wort und ließ sie für den nächsten Tag zum Untersuchungsrichter bestellen. Inzwischen aber griff de Jong ein. Er drohte mit neuer Verhaftung, er begleitete sie am nächsten Tag zum Untersuchungsrichter, er war von da ab bei allen Verhören zugegen, was dieser Richter, erst seit drei Monaten im Amt, unbegreiflicherweise duldete – und die Kroons nahmen ihren Widerruf zurück.

De Jongs Ruf war gerettet.

Das alles flog in der erneuten Verhandlung auf, und die beiden Angeklagten wurden selbstverständlich wegen erwiesener Unschuld freigesprochen. Aber de Jong wurde während des ganzen Prozesses nicht einmal vernommen, und von Maßnahmen gegen ihn hörte man nichts.

Daraufhin erhob sich in den Niederlanden ein Sturm der Empörung. Alle politischen Parteien ohne Unterschied der Richtung zogen im Parlament den Justizminister zur Verantwortung. Wie konnte ein subalterner Kriminalbeamter mit Wissen seiner Vorgesetzten in dieser Weise vorgehen? Wie konnte es ein Staatsanwalt unter diesen Umständen wagen, die Verurteilung zu lebenslänglichem Gefängnis, also zur Höchststrafe, zu beantragen? Wie konnte ein Untersuchungsrichter Verhöre in Gegenwart de Jongs vornehmen und im übrigen so passiv bleiben, daß die Angeklagten während der ganzen Untersuchung völlig rechtlos waren? Wie konnte de Jong, der beschworen hatte, niemals Zwangsmittel angewendet zu haben, sich eines

Meineids schuldig machen, ohne verfolgt zu werden? Man forderte eine Reorganisation der gesamten Kriminalpolizei. Aber der Justizminister begnügte sich damit, Herrn de Jong vom Dienst zu suspendieren.
In der Justiz der anderen Länder, auch und besonders in der deutschen, lächelte man überlegen nach dem üblichen Motto: Bei uns kann so etwas nicht vorkommen!
Nun, in einem Fall, im Fall Lang, habe ich »so etwas« und fast noch Schlimmeres selbst erlebt. Und wie oft habe ich erlebt, daß der an sich notwendige Ehrgeiz des Kriminalbeamten über das Ziel hinausschoß und nicht mehr die Wahrheit um jeden Preis suchte, sondern die Überführung um jeden Preis – was ein Unterschied ist. Erpressen kann man nicht nur mit Foltern und Dauerverhören, erpressen kann man auch mit Versprechungen (»Sagen Sie die Wahrheit, und in einer Stunde sind Sie frei!«) und mit Zigaretten. Den Kummer hat dann regelmäßig nicht nur der Angeklagte oder der Zeuge, sondern auch der Richter und die Justiz, die den Fehler ausradieren müssen, wenn sie ihn bemerken, und die das Vertrauen der Öffentlichkeit verlieren, wenn sie ihn nicht bemerken. Er war gewiß ein Ausnahmefall, der Herr de Jong. Aber er möge doch ein warnendes Menetekel bleiben für alle übereifrigen Kriminalbeamten.

1923

Der Fall Plank

oder

Der ehrgeizige Staatsanwalt

»Anscheinend von Gott und den Menschen verlassen, unschuldig wegen Totschlags verurteilt, kam ich ins Zuchthaus, aus dem ich nun nach zweieinhalbjähriger Verbüßung der mir zuerkannten Strafe von acht Jahren durch Gottes gütige Vorsehung erlöst wurde.« So beginnt ein schmales, längst verschollenes und kaum noch aufzutreibendes Büchlein, von seinem Verfasser ungeschickt genug geschrieben, denn er hat schwer mit der deutschen Sprache zu ringen, ungeschickt genug im Selbstverlag herausgebracht und mit dem ungeschickten Titel versehen »Unschuldig (als Mörder verurteilt) im Zuchthaus, Erlebnisse des deutschen Zollbeamten Hans Plank in Niederstaufen« – und dennoch ein erschütterndes und wohl einzigartiges Dokument, weil es die Erfahrungen und Empfindungen eines nachweislich Unschuldigen nicht nur vor und während der Verhandlung, sondern auch während der Strafzeit lebendig schildert.

Am 17. Februar 1923, abends acht Uhr dreißig, tritt der Zollassistent Hans Plank gemeinsam mit seinem Kollegen Franz Sax die vorgeschriebene Runde an der bayerisch-österreichischen Grenze bei Lindau an. Er »war damals achtundzwanzig Jahre alt, jung und glücklich verheiratet, bewohnte ein trautes Häuschen mit anschließendem Garten, hatte keine wirtschaftlichen und seelischen Sorgen« und kannte keine Furcht, auch heute nicht, obwohl »die Nacht stockfinster war, der Mond von schweren Wolken verdeckt, kalt und naß, ein Wetter, geschaffen für Schmuggler«: aber schon seit längerer Zeit hatten sich Pascher an dieser Stelle der Grenze nicht mehr gezeigt. So gingen denn die beiden Beamten von ihrem Dienstsitz Niederstaufen aus zur Grenze, ohne Besorgnis, aber ohne ein Wort miteinander zu wechseln: sie waren verfeindet, es hatte schon des öfteren heftige Auseinandersetzungen zwischen ihnen gegeben. Heute jedoch kam es nicht zum Streit, zumal man sich bald trennte: von Kühnbach aus ging Sax die Straße abwärts, Plank aufwärts; beide wollten später umkehren und sich wieder treffen. Plank blieb also ganz allein, während Sax den scharfen, ausgezeichnet dressierten Diensthund bei sich hatte.

»Plötzlich fallen Schüsse: eins, zwei, drei! nicht weit von mir weg. Ich gehe sofort dem Schall nach; sehe und höre jedoch nichts mehr, alles ruhig, Grabesruhe weit und breit. Ich beeile mich, an den Platz zu kommen, an dem ich mit Sax wieder zusammentreffen wollte, aber mein Kollege war nicht da. Es wird mir warm und kalt, ich bin aufs äußerste erregt, rufe, keine Antwort, gehe wieder zurück, rufe und rufe ihn beim Namen, aber überall Schweigen, ich stolpere, falle, auf, wieder rufen und wieder angestrengtest hören. So geht eine Viertelstunde hin. Endlich vernehme ich ein leises Stöhnen und Röcheln und finde Sax, an dem ich schon einigemal vorbeigerannt sein muß, bewußtlos in seinem Blute, das aus seiner Brust strömend herausquillt. Am Himmel teilen sich die Wolken, es wird heller. Ich rüttle und befrage den Schwerverwundeten, aber ich bekomme keine Antwort. Rascheste Hilfe muß sein. Ich gehe ins nächste Bauernhaus, rufe die Leute heraus und erzähle den Vorfall. Man überließ mir einen

Schubkarren, auf dem ich meinen Kollegen auflud und mit ihm in das Haus zurückfuhr. Kaum dort angekommen, verschied Sax, ohne das Bewußtsein wiedererlangt zu haben, so daß er den Vorgang nicht mehr schildern konnte. Ich war ganz betäubt vor Aufregung und betete nur noch mechanisch für seine Seele ein Vaterunser.«

Plank eilt nun nach Niederstaufen und will die Gendarmerie verständigen, trifft jedoch niemanden an. Da geht er nach Hause und erzählt alles seiner Frau. Gegen drei Uhr nachts klopft es; es ist die ahnungslose Frau Sax, die sich Sorgen macht, weil ihr Mann noch nicht daheim ist. Plank berichtet ihr »so schonend wie möglich« die Wahrheit – aber da schreit sie gellend auf: »Sie sind der Mörder!«
»Ich weiß nicht mehr, wie ich da so ruhig bleiben konnte, war es mein ruhiges Gewissen? Oder war es das Überwältigende des ungeheuren Vorwurfs?« Jedenfalls kann er der Frau kein Wort entgegnen. Aber er geht sofort zum Ortsvorsteher von Niederstaufen, meldet den Vorfall und übergibt ihm seinen Dienstrevolver. Morgens acht Uhr wird er vom Gendarmeriewachtmeister verhaftet. Mit dem ist er befreundet, den redet er also mit dem gewohnten Du an. Aber der Wachtmeister sagt: »Das Du hat aufgehört. Mit Leuten Ihres Schlages gibt es keine persönlichen Beziehungen mehr.«
Der Untersuchungsrichter sagt ihm die Tat auf den Kopf zu. Als er vier Tage später der Obduktion seines vermeintlichen Opfers beiwohnen muß, zeigen ihm alle Anwesenden »ihre unverhüllte Verachtung«. Er wird nach Kempten überführt, seine Frau, die noch ein Vierteljahr in der Wohnung bleiben darf oder muß, ist geächtet. Besuchen darf sie ihn trotz fußfälligen Bittens nicht. Nur einmal, als sie wieder von einem Bittgang zum Staatsanwalt zurückkehrt und er wieder zu einem Verhör geführt wird, kön-

nen sie sich im Gang des Gebäudes einen Blick zuwerfen – einen einzigen Blick, »und doch war dieses Wiedersehen ein Fingerzeig Gottes, daß wir weiter hoffen und glauben sollten«.
Plank wird nun halb wahnsinnig, ist bald tief niedergeschlagen, bald hysterisch erregt, betet laut zu Gott, weint, donnert dann wieder an die Tür – er wird einige Wochen lang in München auf seinen Geisteszustand hin untersucht und dann zurückgebracht. Seine Frau hat inzwischen einen einheimischen Verteidiger besorgt. Aber zehn Tage vor der Verhandlung erscheint dieser Anwalt in Planks Zelle und erklärt: »Ich habe mit dem Bürgermeister von Niederstaufen gesprochen. Er traut Ihnen die Tat zu. Der ganze Ort ist überzeugt, daß Sie Sax ermordet haben. Unter diesen Umständen kann ich Ihre Verteidigung nicht übernehmen, es sei denn, daß Sie der Wahrheit die Ehre geben und gestehen. Sonst aber würde ich meine ganze Klientel verlieren, ich kann mir das nicht leisten. Wenn Sie weiter leugnen wollen, kann ich Ihnen einen Kollegen in Augsburg empfehlen, dort schadet es ihm nichts, wenn er Sie hier verteidigt. Aber den müssen Sie natürlich gut bezahlen!«
So verteidigt ihn denn ein kaum vorbereiteter Anwalt in der Hauptverhandlung, die bei größtem Publikumsandrang genau drei Monate nach dem Vorfall vor den beiden Berufsrichtern und den drei Laienrichtern des damals in Bayern bestehenden »Volksgerichts« beginnt – und am gleichen Tage endet. Denn obwohl man vierzig Zeugen vernimmt, wird man bis zum späten Abend fertig. Kein einziger der vierzig spricht für ihn, alle sind von seiner Schuld überzeugt. Im ganzen Saal ist nur ein einziger, der weiß, daß er unschuldig ist: der Angeklagte selbst, und ein einziger Mensch, der an seine Unschuld glaubt: seine Frau. Die beiden ärztlichen Sachverständigen erklären, er

habe versucht, sie zu täuschen, und ihnen geistige Störungen vorgespielt; sie hätten ihn natürlich sofort durchschaut, und er sei voll verantwortlich. Plank schreit auf: »Wenn ihr mich verurteilt, begeht ihr einen Mord!« Er ruft weinend Christus an, der möge seine Unschuld bezeugen – aber »die Menge im Saal erstarrte vor Kälte und verachtete mich als Komödianten erst recht«. Und dann erhält der Staatsanwalt das Wort. Er spricht mehrere Stunden lang, und er spricht wirkungsvoll.

Jetzt, sagt er, benimmt sich der Angeklagte wie ein Schmierenschauspieler. Aber als die Frau seines Opfers ihm die Tat auf den Kopf zusagte, da fand er kein Wort. Warum nicht? Wehrt man sich nicht gegen einen so ungeheuerlichen Vorwurf, wenn man unschuldig ist? Aber Plank ist eben nicht unschuldig, er kann es gar nicht sein. Er sucht die Schuld auf einen unbekannten Schmuggler zu schieben. Aber abgesehen davon, daß an dieser Stelle der Grenze seit langem nicht mehr geschmuggelt wurde: welcher Grund bestand in dieser stockfinsteren Nacht für einen Schmuggler, von sich aus anzugreifen, da doch das Dunkel selbst sein bester Schutz war? Bleibt die Möglichkeit, daß Sax sich selbst erschossen hat. Aber das scheidet darum aus, weil er von zwei verschiedenen Schüssen durchbohrt wurde – Nahschüssen zwar, die aber doch aus mehr als Armesweite abgefeuert wurden. Und dann will Plank mehrmals an seinem Kollegen vorbeigelaufen sein, ehe er ihn stöhnen hörte. Das ist einfach unmöglich, denn der Verletzte muß ja, solange er noch bei größeren Kräften war, vernehmlicher gestöhnt haben als später. Aber es bedarf all dieser Überlegungen nicht, denn einmal hatte der Tote keinen einzigen persönlichen Feind außer eben dem Angeklagten, und dann und vor allem haben wir einen allerdings stummen Kronzeugen: den scharfen und glänzend dressierten Diensthund des Toten. Hätte er einen

Fremden gesehen, er hätte Laut gegeben und angegriffen. Aber er blieb stumm. Warum? Weil er den Täter kannte! Und dieser Täter muß also Plank gewesen sein. Er leugnet, gut. Aber er ist ja der geborene Heuchler und Betrüger, der die Ärzte zu täuschen versuchte.
Und nun »wandte sich der Staatsanwalt mit gehobener Stimme an mich und schleuderte mir die furchtbaren Bibelworte ins Gesicht: ›Kain, wo ist dein Bruder Abel? Der liegt auf dem Niederstaufener Kirchhof! Das Kainsmal aber steht auf Ihrer Stirn, Plank!‹«
Dann beantragt der Staatsanwalt, der hier der wahre Schmierenkomödiant ist, die Todesstrafe wegen Mordes, denn »die Grabesruhe des Toten, die unglückliche Witwe mit ihrem Kind, die ganze Gemeinde Niederstaufen und die Dienstkollegen des Ermordeten bitten um Sühne – der Staat aber fordert Gerechtigkeit!«
Nach diesem billigen und kitschigen Anklägerpathos, das in Frankreich an der Tagesordnung, aber auch bei uns durchaus noch nicht ganz ausgestorben ist, sagt der Verteidiger sein kurzes und bescheidenes Sprüchlein auf: es könne eben doch ein Schmuggler gewesen sein, eine Feindschaft müsse noch nicht zum Mord führen, der Angeklagte sei nicht vorbestraft, Augenzeugen gäbe es nicht, und also in dubio pro reo und Freispruch.
Plank erhält das letzte Wort. »Was sollte ich nun noch sagen? Ein großer Redner war ich sowieso noch nie. Ich konnte in meiner seelischen Verfassung Zusammenhängendes nicht mehr sagen. Der Anblick meiner im Saal anwesenden und vor Schmerz und Weh in sich zusammensinkenden geliebten Frau gab mir den Rest. Mit äußerster Anstrengung und mit Zuhilfenahme meiner ganzen Willenskraft habe ich nochmals meine Unschuld beteuert und gesagt, wenn ich sterben müßte, dann ginge ich mit reinem Gewissen in die Ewigkeit.«

Das Gericht zog sich zur Beratung zurück. Es beriet mehrere Stunden lang. »Ich war nun wieder allein mit meinem Jammer. Der Gedanke, daß hinter der Wand über mein Leben oder Tod entschieden und ich ohnmächtig wie ein Lamm alles über mich ergehen lassen muß, daß Menschen wie ich mich als unschuldigen Mann verderben oder leben lassen können, war entmenschend. Meine Unschuld hinausschreien, rasen, toben, selbst entleiben, alles ging mir durchs Gehirn, und alles verwarf ich wieder als zwecklos. Ich glaubte, irrsinnig zu werden. Die Sekunden wurden mir zu Minuten, die Minuten zu Stunden. Endlich . . . Bebend hingen meine Blicke und Sinne am Mund des Vorsitzenden, als er mein Urteil verlas.«
Da das Gericht mit Rücksicht auf den Nervenzustand Planks angenommen hatte, daß die an sich beabsichtigte Tötung dennoch ohne Überlegung ausgeführt wurde, sprach es ihn nur des Totschlags schuldig, versagte ihm aber »angesichts der Niederträchtigkeit seiner Gesinnung« mildernde Umstände und verurteilte ihn mit vier Stimmen gegen eine zu acht Jahren Zuchthaus.

»Die erste Nacht im Zuchthaus wurde mir zum Entsetzen. Der Gedanke, so acht Jahre zubringen zu müssen, ließ mich nicht los und machte mich bald wahnsinnig. So kam der graue Morgen herauf. Durchs Schiebtürlein wurde mir Suppe gereicht. Bald darauf trat der zweite Hausvorstand in meine Zelle. Unter Tränen beteuerte ich auch diesem meine Unschuld. Als Erwiderung maß er mich mit dem verachtungsvollsten Blick von unten bis oben und schleuderte mir dann die Worte ins Gesicht: ›Was, Sie sind unschuldig? Meuchelmörderisch, hinterlistig, falsch haben Sie Ihren Kollegen erschossen, pfui Teufel! Treten Sie zurück, oder ich sperre Sie ein!‹ Dann schlug er die Zellentür zu.«

Am nächsten Sonntag ist Kirchgang – soweit hier von einem »Gehen« gesprochen werden kann, denn die Kirche ist natürlich im Zuchthaus. Da Plank das erste Jahr in Einzelhaft verbringen muß, sieht er zum erstenmal wieder Menschen, die keine Wärter sind. Wie er es gewohnt ist, wünscht er dem ersten Häftling, den er sieht, »Guten Morgen«. Der Wachtmeister hört es und brüllt ihn an: »Sie haben gesprochen. Sprechen ist verboten!« Die Strafe ist acht Tage strenger Arrest in verdunkelter Zelle und mit hartem Lager bei Wasser und Brot.

Nach acht Monaten, die er hemdenflickend verbringt, ist Weihnachten. Als Bescherung bekommt er ein kleines Stückchen Blutwurst und ein Tellerchen rote Rüben. »Ja, Stille Nacht! Bei mir war's still. Elend, verzweifelnd saß ich auf meinem Schemel. Ich fühlte mit allen meinen Mithäftlingen, und doch war ich vielleicht am elendesten daran von allen, war ich doch unschuldig hier. Ich sah meine Frau im Geiste hinweggetrieben von unserer früheren trauten Wohnung, bei fremden Leuten ihr Brot verdienend, in ihrem Jammer und Gram allein trostlos den Heiligen Abend verbringend. Meinen alten Vater, an dessen Herz der Kummer fraß, vor sich hinstarrend und an mich denkend und vielleicht, was das schlimmste gewesen wäre, an meiner Unschuld zweifelnd. Vater, Vater, verzage nicht, ich bin dein Sohn noch, verzweifle nicht, ich bin noch unglücklicher als du, verstoße mich nicht aus deinem Herzen ...«

Dann ging das Hemdenflicken weiter. »Zuerst hoffte ich im stillen, meine Unschuld komme an den Tag und es winke mir Befreiung und Ehre wieder. Aber ein Tag um den anderen ging in dem grauen Einerlei vorüber, und dann wurde ich ganz hoffnungslos. Bald glaubte ich jetzt selbst, daß ich ein Mörder sei und zu Recht im Zuchthaus sitze.«

Aber dann kommt endlich der große Tag, da die Einzelhaft aufhört. Nun darf er tags zu achtzig Sträflingen in den großen Arbeitssaal, nachts zu vierzig Verbrechern in den Schlafraum. Er jubelt, er sieht Menschen, Leidensgefährten, er möchte sich am liebsten jedem an die Brust werfen. Indessen es wird eine furchtbare Enttäuschung. Zuerst hänseln ihn die anderen als den »Unschuldigen«. Dann nehmen sie es ihm übel, daß er früher Zollwächter war: »Erst hast du andere geschnappt und ins Kabuff gebracht, und jetzt sitzt du selber drin, recht geschieht dir, du feiner Herr!« Schließlich glauben sie, daß er als Beamter mit den Aufsehern im Bunde, daß er ein Spitzel und Denunziant sei. Sie wollen ihn vom gemeinsamen Arbeitstisch weghaben. Eines Tages platzt ein Straßenräuber heraus: »Dem renne ich meine Arbeitsschere durch die Gurgel, wenn er hier nicht wegkommt!« Nun bittet er, wieder in Einzelhaft gebracht zu werden – umsonst. Die Beamten können ihn ja auch nicht leiden, weil er doch einen der ihren erschossen hat, wie sie glauben. Da, um seiner Bitte Nachdruck und Begründung zu geben, erzählt er dem Aufseher von der Drohung.

Der Aufseher hinterbringt das dem Straßenräuber, und der überfällt Plank nun in der Nacht, im Schlaf. Er schlägt ihm mit einem eisernen Werkzeug über den Kopf, er schlägt ihm mehrere Zähne aus. Nur weil zufällig die Runde kommt, wird Plank nicht erschlagen, sondern in eine Einzelzelle gebracht – endlich!

»Anderntags war bei der Direktion großes Verhör. Aber die sechs bis acht Sträflinge, die in unmittelbarer Nähe von meinem Bett lagen, hielten wie die Kletten zusammen. Sie sagten einstimmig aus, ich hätte den Streit heraufbeschworen, ich hätte angefangen. Ich konnte den Hergang beteuern, wie ich wollte, es wurde mir eben nicht geglaubt, so wenig, wie jemand an meine Unschuld glaubte. Der Vor-

steher sagte mir ins Gesicht: ›Plank, Sie sind ein Lügner und bleiben ein Lügner!‹ und diktierte mir in meinem schwerverletzten Zustand acht Tage strengen Arrest, den ich sofort antreten mußte. Wegen meiner schweren Beule, die ich am Kopf hatte, bat ich abends um ein Kopfkissen zum Liegen. Aber der Vorsteher antwortete: ›Wenn Sie nicht liegen können, dann laufen Sie eben, und wenn Sie nicht mehr laufen können, dann sitzen Sie!‹ So bin ich mit meinem fiebernden Kopf die ganze Nacht auf meinem Schragen gesessen. Anderntags meldete ich mich krank, aber der Arzt war nicht anwesend. Der Prior der Anstalt hatte ein Herz und überließ mir ein Kopfkissen. Ich bin ihm heute noch dankbar, nun konnte ich in meiner verdunkelten Arrestzelle doch wenigstens liegen ...«
Aber nach der Verbüßung der Arreststrafe kommt er wenigstens in eine andere Abteilung, wo man ihn in Ruhe läßt. Nur einmal wird er noch mit siebenmaligem Entzug der Kost bestraft und muß bei Wasser und Brot sitzen. Warum?
Weil er sich mit einer seiner beiden Zahnbürsten den Schnurrbart gebürstet hatte. Das war verboten.
Manchmal kommt seine Frau zu Besuch. Dann setzt ihr der Anstaltsleiter, dann setzen ihr alle Beamten immer wieder zu: »Ihr Mann ist ein ganz verstockter Lügner. Er hat einen schlechten Charakter. Er ist der Mörder, er verbüßt seine Strafe zu Recht. Er ist es nicht wert, daß Sie ihn besuchen. Lassen Sie das doch!«
Aber sie bleibt fest. Und wenn sie auch nur in Gegenwart eines Beamten miteinander reden und seine Tat dabei nicht erwähnen dürfen – einmal wird ein Beamter für ein paar Minuten abberufen, und sie kann ihm endlich etwas erzählen, was er noch nicht wußte:
Kurz vor seiner Verurteilung hatte sie diesen anonymen Brief bekommen:

»Werte Frau Plank! Da ich schon zweimal der Gendarmerie mitgeteilt habe, daß Ihr Mann der Täter nicht ist, daß der Täter Leopold Knöpfler, ehemaliger Ziegelarbeiter von Heimenkirch, ist, schreibe ich Ihnen. Hoffentlich kommt es bei Ihnen zu einem Entscheid und wünsche eine baldige Entlassung Ihres Mannes. N. N.«

Damals war sie freudestrahlend und voll Zuversicht zur Behörde gelaufen. Aber zuerst hatte man ihr ins Gesicht gelacht: ja, genauso einen Brief hätte der Staatsanwalt schon früher bekommen. Aber auf so anonymes Zeug hin unternehme man selbstverständlich nichts. Da könnte jeder kommen. Und dann war man ernst und böse geworden und hatte sie selbst bezichtigt, beide Briefe geschrieben zu haben. Mit Mühe und Not hatte sie diesen Verdacht zerstreuen können.

Ja, das erzählt sie ihm. Aber das ist ja nun so lange her, und das beweist ja nichts, und was kann er tun? Er vergißt es.

Da, nach zweieinhalb Jahren, im August 1925, wird er auf die Direktion befohlen. Was habe ich schon wieder angerichtet? denkt er zitternd.

Aber der Anstaltsleiter – gibt ihm die Hand. Er gibt sie ihm mit einem verlegenen Lächeln, aber – er gibt die Hand!! Dann setzt er sich in Positur und verliest folgendes Dokument:

»Am 24. Juli 1925 erließ die Ferienstrafkammer des Landgerichts Kempten in nichtöffentlicher Sitzung folgendes Urteil:

1. Das Urteil des Volksgerichts Kempten vom 17. Mai 1923 wird aufgehoben.

2. Hans Plank wird von der Anklage eines Verbrechens des Mordes freigesprochen.

Gründe: Alsbald nach der Verurteilung des Plank lenkte

sich auf Grund anonymer Briefe, die bei verschiedenen Stellen eingegangen waren, der Verdacht auf den Hilfsarbeiter Knöpfler von Lustenau. Knöpfler wurde auch im Juni 1923 durch österreichische Behörden festgenommen, aber mangels genügender Verdachtsgründe am 10. Juli 1923 wieder aus der Haft entlassen.
Nach einer neuerlichen Verhaftung am 11. April 1925 in Bregenz legte er folgendes umfassendes Geständnis ab: Er habe am Abend des 17. Februar 1923 Porzellanwaren aus Bayern über die österreichische Grenze schmuggeln wollen. In der Nähe von Niederstaufen sei er – es sei stockfinster gewesen – von einem deutschen Zollbeamten angehalten worden, welcher ihm mit der Taschenlaterne ins Gesicht leuchtete und ihn aufforderte, auf die Zollwache mitzugehen. Da er keine Möglichkeit des Entkommens gesehen habe, habe er auf den Zollbeamten in der Richtung des Unterleibes einen Schuß abgegeben, um ihn kampfunfähig zu machen. Unmittelbar darauf sei ihm ein zweiter Schuß unwillkürlich aus der Pistole losgegangen. Er habe den zusammensinkenden Zollbeamten, obschon er ihn stöhnen hörte, liegen lassen und sei mit der Schmugglerware in das Wohnhaus der Hinteregger in Hohenweiler geflüchtet. In den nächsten Tagen habe er in der Zeitung von dem alsbald eingetretenen Tod des Sax, von der Verhaftung des Plank, später auch von dessen Verurteilung gelesen, habe aber nicht den Mut aufgebracht, sich selbst zu stellen. Nun wolle er die Tat eingestehen. Plank selbst sei bei dem ganzen Vorfall nicht beteiligt gewesen.
Knöpfler wurde vom Schwurgericht Feldkirchen am 12. Juni 1925 wegen Totschlags zu fünf Jahren schweren Kerkers verurteilt, verschärft durch einen Fasttag vierteljährlich und eine Dunkelzelle am 17. Februar eines jeden Jahres. Knöpfler hat sich sofort dem Urteil unterworfen. Die Sachlage erscheint deshalb nunmehr völlig geklärt, so

daß es der Erhebung weiterer Beweise nicht mehr bedarf. Vielmehr ergibt sich aus den Aussagen Knöpflers mit Gewißheit, daß Plank unschuldig ist. Es war daher ohne Erneuerung der Hauptverhandlung sofort auf Freispruch des Plank zu erkennen.«

»Ich konnte es kaum fassen und glauben«, schreibt Plank. »Ich dachte, ein böser Spuk triebt ein grausames Spiel mit mir. Ich hätte aufjubeln können, und dennoch versagte mir die Stimme. Es wurde mir so leicht, wie wenn mir Flügel wuchsen, und dennoch hatte ich in den Beinen eine bleierne Schwere. Aber es war wahr, der Händedruck des Vorstandes, die freundliche, aufmunternde Ansprache desselben, es war Wirklichkeit. Meine Unschuld war an den Tag gekommen!«

Ja, sie war an den Tag gekommen, aber heimlich, still und leise sozusagen – müssen wir hinzufügen. Kein Staatsanwalt plädierte in öffentlicher Verhandlung für den Freispruch und widerrief sein Plädoyer von damals, nahm das Kainszeichen wieder weg, das er auf Planks Stirn so deutlich gesehen hatte. Von der ganzen Entwicklung hatte man dem Gefangenen kein Wort mitgeteilt; solange das neue Verfahren lief, gute vier Monate lang, hatte man ihn ruhig unschuldig und ahnungslos weiter sitzen lassen. Auf Antrag seines Verteidigers allerdings durfte er dann das freisprechende Urteil auf Kosten der Staatskasse in sieben Zeitungen veröffentlichen, und seine Behörde stellte ihn später nach einem kurzen Urlaub wieder ein.

An jenem Tag aber, da er entlassen wurde, stand er mit ganzen acht Mark auf der Straße – soviel betrug der Lohn für seine im Zuchthaus geleistete Arbeit nach allen Abzügen. Diese acht Mark reichten nicht einmal für seine Heimreise.

Und Plank mußte sich den Rest von guten Menschen erbetteln.

1924

Der Fall Deutelmoser

oder

Die Unheiligkeit des Eides

Es ist der 10. April 1925 gewesen, da ist die ledige Franziska Deutelmoser zu Kleinschöpflarn in Bayern eines Knäbleins genesen, und obgleich niemand nicht weiß, was aus diesem Knäblein geworden ist, vermutlich ein Knecht oder Tagelöhner wie andere ledige Kinder halt auch, so ist das Datum seiner Geburt doch in die Geschichte eingegangen, jedenfalls in die Justizgeschichte, indem daß nämlich mit diesem Tage eine Kriminalaffäre angefangen hat, so kompliziert und so verwegen zugleich, daß höchstens ein Boccaccio sie hätte erfinden können, aber der ist ja kein Bayer gewesen. Auch ich, der ich sie nicht zu erfinden, sondern nur nach den Akten zu berichten brauche, bin kein Bayer und muß sie infolgedessen eben leider auf beinahe Hochdeutsch erzählen, was aber die Akten auch tun oder doch probieren.

Also die Franziska Deutelmoser, die wo eine arme Gütlerstochter war, hat den Alois Kraus als Vater angegeben, der wo seinerseits hinwiederum der Sohn vom reichsten Bauern im Dorf gewesen ist. Denn, so hat die Franzl gesagt, sie hätte keinen andern bei sich nicht fensterln und kammerln lassen, und überhaupt wäre der Loisl ihr erster gewesen. Aber der Loisl hat gemeint, das mit dem Fensterln und Kammerln wär schon recht, nur der Hubersepp, der wo doch sein Freund ist, der wär auch einmal bei der

Franzl eing'stiegen, und also könnt' kein Mensch nicht wissen, wer nun der Vater ist, er oder der Sepp, und zwegen dem bräucht keiner zahlen, weder er noch der Sepp. So ist es denn zum Vaterschaftsprozeß gekommen vor dem alten Amtsrichter Feurer, der auf diese Weise auch in die Fachliteratur eingegangen ist, und der Hubersepp hat beschworen, daß er in der Nacht zum Sonntag bei der Franzl gewesen wär, weil man dergleichen meist in der Nacht vor dem Tag des Herrn zu tun pflege, indem man es am anderen Morgen gleich wieder beichten könnt', und außerdem wüßt' er das noch so genau, weil es akkurat in der Nacht vor dem Turnfest gewesen wär. Der Herr Amtsrichter Feurer hat dann festgestellt, daß das Turnfest auf den 20. Juli 1924 gefallen war, und hat an den Fingern nachgerechnet und gefunden, so weit könnt's schon stimmen, aber der Sepp möchte ihm doch erzählen, wie er denn nun zur Franzl hineingekommen wär.

Ganz einfach, hat der Sepp gesagt, indem ich nämlich vor ihr Kammerfenster gegangen bin, und das ist offen gewesen, und g'fragt hab, ob ich ein bisserl hineinkommen dürft', und da hat die Franzl g'sagt: »Von mir aus schon!« Also, da bin ich halt nein, und wie ich bei ihr g'legen bin, hab' ich g'sagt: »Du kennst mich nicht!«, aber sie hat g'sagt: »Jetzt wo werd' ich dich nicht kennen!« Hab ich g'sagt: »Ich bin der Hubersepp!«, da hat sie aber gemeint: »A wo, du bist doch der Loisl!« Und wie's vorbei g'wesen ist, da ist sie aufgestanden und in die Küche hinausgegangen, und ich habe gedacht, jetzt holt sie ein Licht, weil sie wissen will, wer ich bin. Da habe ich Angst gekriegt, daß die andern mich erkennen, und bin aus dem Fenster g'sprungen und davong'laufen.

»Welche anderen denn?« hat der Amtsrichter Feurer gefragt, und da hat sich dann ergeben, daß in der Franzl ihrer Kammer auch das Bett der Magd Walpurga gestanden hat,

und in diesem Bett ist auch der Safthändler Josef Berger gelegen, weil der gerade bei Franzls Vater zu Besuch gewesen ist und hat sich verspätet und kein Bett nicht gehabt, und da hat der Vater von der Franzl gesagt: »Schläfst halt in der Menscherkammer.«
Nun, der Amtsrichter ist schon lang in derselbigen Gegend tätig gewesen und hat sich über nichts mehr gewundert und hat den Safthändler Josef vernommen, und der hat gesagt, daß er zwar meinen tät, der Mann, der da eingestiegen ist, ist nicht der Sepp, sondern der Loisl gewesen, aber beschwören könnt' er das halt auch nicht, indem daß das Gesicht des Einsteigenden im Schatten und er selbst sehr müde gewesen ist. Die Burgl hingegen, die Magd, die hat beschworen, daß sie ganz genau den Loisl erkannt hätt', und zwar wegen seiner Sprache und wegen der »Positur«, und auch die Franzl hat einen Eid darauf geleistet, daß es der Loisl war, denn »da dabei«, hat sie gesagt, ist eine Verwechslung unbedingt ausgeschlossen.
Es sind zwar zwei Freunde vom Loisl aufgetreten und haben bezeugt, wie ihnen der Sepp schon beim Turnfest erzählt gehabt hat, daß er nachts bei der Franzl gewesen ist – aber der Herr Amtsrichter hat sich doch der Meinung von Franzl angeschlossen und den Loisl zu den üblichen Alimenten verurteilt »aus Gründen des gesunden Menschenverstandes, und weil ich meine Pappenheimer kenne!« So hat er gesagt.

Aber der Loisl hat nicht zahlen wollen und hat die Sache nicht ruhen lassen, weil die Sache ihn selber nicht hat ruhen lassen, und er hat Berufung eingelegt und auch gleich eine Anzeige wegen Meineid gegen die Franzl und die Burgl erstattet. Dann hat der Herr Staatsanwalt auch gleich die Anklage wegen Meineids erhoben, und am 25. Oktober 1925 sind die beiden Mädchen in der Landeshauptstadt vor dem Schwurgericht gestanden. Das heißt, Schwurgerichte im alten und eigentlichen Sinne, also Gerichte, wo zwölf Geschworene allein über die Schuldfrage entscheiden und dann drei Berufsrichter über das Strafmaß, die hat's damals nicht mehr gegeben und gibt's auch bis heute in Deutschland noch nicht wieder, indem daß nämlich der Herr Justizminister Emminger, auch ein Bayer und einer vom Zentrum, inzwischen die Justiz reformiert gehabt hat: die drei Fachrichter haben beraten und beraten noch heute gemeinsam bloß mit sechs Schöffen auch über die Schuldfrage, und der Herr Emminger hat gemeint, daß es bei einer solchen Zusammensetzung zwischen Volk und Justiz keine Irrtümer nicht mehr geben könnt' – wie sie bislang bedauerlicherweise doch immerhin vorgekommen waren.

Und richtig haben die Herren von der oberen Justiz die Sache bedeutend gründlicher genommen als der alte Amtsrichter. Als nämlich alle Beteiligten bei ihren bisherigen Aussagen geblieben sind, da hat das Schwurgericht gleich noch drei weitere Zeugen vernommen, den Hermann, die Lintscherl und die Anni, die wo alle drei mit der Franzl befreundet gewesen sind – und trotzdem haben sie ausgesagt und beschworen, die Franzl hätt' es ihnen selbst erzählt: »Erst hab ich g'meint, daß es der Loisl ist, aber nachher hab ich gemerkt, es ist der Sepp gewesen!«

Da hat dann das Hohe Gericht nach einer ziemlich langen Beratung scharfsinnig ausgeführt: »Die Aussage des Hubersepp kann unmöglich erfunden sein, denn wenn er nicht in der Kammer gewesen wäre, hätte er auch nicht wissen können, daß darin noch ein anderer Mann schlief. Auch haben Huber und Kraus eine große Ähnlichkeit in Kopfform, Haarschnitt und Figur, die eine Verwechslung bei Nacht durch eine fremde Person ganz begreiflich machen. Es kann dahingestellt bleiben, ob beide Angeklagte den Hubersepp schon in dem Augenblick erkannten, als er einstieg; bei der späteren Entwicklung der Dinge hätten aber beiden Bedenken kommen müssen.« Und deshalb bekam die Franzl wegen Meineids fünfzehn Monate und die Burgl sogar, auch wegen Meineids, einundzwanzig Monate Zuchthaus. Denn die Burgl habe gar keinen Grund zum Meineid gehabt, und andererseits sei ihr ein solcher auch durchaus zuzutrauen, weil sie schon viermal unehelich geboren habe und also eine verdorbene und sittlich verkommene Person sei...

Nun haben aber die beiden Mädchen wieder Revision eingelegt, und weil das Reichsgericht ihr stattgab, ist am 16. Februar 1927 tatsächlich nochmals vor dem gleichen Schwurgericht verhandelt worden. Und siehe, diesmal hat der Hubersepp ganz ausführlich ausgesagt – und wie interessant! Die Herren Stadtfräck vom Schwurgericht hat's bei diesem Einblick in die Unschuld vom Lande direkt gerissen!

Ich kenne die Franzl schon von der Schule her, hat der Sepp erzählt. Ich habe auch gewußt, daß der Loisl es mit ihr gehabt hat. Aber von anderen hab ich gehört, daß sie ein Zwitter wär! Das hat mich natürlich arg interessiert, ich bin arg neugierig gewesen. Darum bin ich in der Nacht vorm Turnfest eingestiegen. Und sie ist kein Zwitter nicht gewesen, aber ich bin trotzdem nicht wieder gekommen, indem sie hat mir nicht gut genug gerochen!

Na, daß der Sepp sogar gewußt hat, wie die Franz riecht, das hat das Schwurgericht nun vollends überzeugt – denn woher sollte er das wissen, wenn er nicht bei ihr war, nicht wahr? Und es hat nichts geholfen, daß der Dienstknecht, der wo den Mann, wo aus dem Kammerfenster gesprungen ist, gesehen und einwandfrei als den Loisl erkannt haben will – dieser Dienstknecht, hat das Gericht gesagt, sei als der Dorfdepp bekannt. Und der alte Amtsrichter Feurer erst, den sie diesmal auch vernommen haben – mei, was hat der für eine lächerliche Rolle vor den Stadtleuten gespielt! Er hat gesagt, daß bei den bayerischen Bauernsöhnen, trotzdem man weiß, wie fromm sie sind, niemand das geringste auf ihre Eide in Vaterschaftssachen gibt, und er hat das Gericht sogar zu fragen gewagt, ob dieses den schwörenden Burschen denn auch verboten hätte, während des Eides die linke Hand nach hinten und nach unten zu halten – denn wenn einer das täte, dann, das wüßte doch jeder im ganzen Land, »lenkt er den Eid ab«, und der gilt schon überhaupt nicht!

Nun, über solchen Unsinn und solchen Angriff auf die fromme Landbevölkerung haben die Stadtherren natürlich nur überlegen gelächelt und gewiß gemeint, es werde schon seinen Grund haben, daß der alte Feurer über seinen entlegenen und winzigen Amtsgerichtsbezirk nie hinausgekommen sei; und so steht es denn also geschrieben: »Die Zeugen Kraus und Huber machten dem Schwurgericht auch an sich schon einen durchaus glaubwürdigen, ruhigen und in der Sache sicheren Eindruck, und die Aussagen des Zeugen Amtsrichter Feurer vermochten daran nichts zu ändern.«

Mithin blieb es beim Ersturteil, und die Burgl mußte ihre Zuchthausstrafe tatsächlich antreten.

Aber die Franzl nicht. Und das ist daher gekommen, daß sie nun zu dem Rechtsanwalt Hirschfeld gegangen ist. Das ist auch ein Stadtfrack gewesen, und noch dazu kein katholischer und nicht einmal ein protestantischer, sondern man weiß schon; aber dafür hat man gewußt, daß er ein ganz Gerissener ist. Und der hat nun eine Überlegung angestellt, die eines Sherlock Holmes in seiner besten Stunde würdig gewesen wäre:

Wie die Franzl ihm ihre Not geklagt hat, hat er gesagt: Ich brauche Ihnen gar nicht zu glauben, mein Kind, und ich brauche gar nicht die Akten zu lesen – ich weiß auch ohnedies genau, daß nur der Loisl bei Ihnen gewesen sein kann und nicht der Sepp. Und zwar warum? Weil der Einsteiger Angst gehabt hat, erkannt zu werden, und darum durchs Fenster gesprungen ist!

Die Franzl hat den Dr. Hirschfeld natürlich nur ganz blöd angeschaut, aber der Dr. Hirschfeld hat weitergesprochen: Sehn Sie, wenn es der Sepp gewesen wäre, der bei Ihnen eingestiegen ist und versucht hat, den Loisl zu spielen, damit er seinem Freund die Alimente erspart – dann hätte er doch jedes Interesse daran haben müssen, nachher von den übrigen Bewohnern des Zimmers als der Sepp auch erkannt zu werden, denn was hätte das ganze Theater sonst für einen Zweck gehabt! Also hätte er abgewartet, bis Sie mit dem Licht kamen, und wäre mitnichten geflohen!

Wenn aber umgekehrt der Loisl versuchte, den Sepp zu spielen – dann durfte er das Licht nicht abwarten, denn dann hätte man ihn ja eben als den Loisl erkannt und nicht als den Sepp. Also mußte er fliehen. Und weil der Mann, der bei Ihnen eingestiegen ist, tatsächlich auch geflohen ist – darum kann es nur der Loisl gewesen sein, und darum, liebes Kind, übernehme ich Ihren Fall!

So hatte sich der Dr. Hirschfeld in seinem tüchtigen jüdischen Köpfchen die Wahrheit einfach ausgerechnet!

Nun war es natürlich nicht so, daß Richter und Staatsanwalt das Rechenexempel ohne weiteres mitgemacht hätten. O nein! Der erste Wiederaufnahmeantrag wurde glatt abgewiesen – es genügte, daß die Staatsanwaltschaft die höhnische Frage stellte, warum die Burgl ihre Strafe dann angetreten habe? Wenn sie unschuldig war, hätte sie das doch nie getan!

Aber der Dr. Hirschfeld stellte die Gegenfrage, was eine simple Bauernmagd denn hätte tun sollen? Hätte sie die Strafe nicht freiwillig angetreten, hätte man sie eben verhaftet, und damit basta! Und der Doktor bohrte weiter. Es ging hin und her; Staatsanwaltschaft und Strafkammer widersetzten sich weiter jeder Wiederaufnahme und verweigerten jede Haftunterbrechung für die Burgl; aber die Generalstaatsanwaltschaft und das Oberste Landesgericht entschieden endlich anders, auf telegraphische Weisung von höchster Stelle mußte Burgl gegen den Willen des Staatsanwalt sofort aus dem Zuchthaus entlassen werden, und nach vierzehn Monaten war es soweit: am 16. und 17. April 1928, vier Jahre nach jenem Tage, da Franzls Knäblein das Licht der Welt erblickt hatte, fand die Wiederaufnahmeverhandlung statt. An ihrem Ende stand fest, daß in mindestens 30 (in Worten: dreißig) Punkten Meineide geschworen worden waren – aber alle mit der linken Hand nach hinten und unten ...

Es begann zwar damit, daß der Loisl und der Sepp erneut beschworen, wie nicht der Loisl, sondern der Sepp in Franzls Kammer gewesen wär. Leider aber hatte, wie sich nun herausstellte, der Loisl schon vorher in bierseliger Stimmung mit der lustigen und lüsternen Wahrheit nicht hinter dem Berge halten können und vor Zeugen erzählt, wie er in jener Nacht vor dem Turnfest mit seinem Freund Sepp den Rock und die Kappe gewechselt und dann versucht hätte, bei der Franzl den Sepp zu spielen – ohne Erfolg allerdings.

Es setzte sich dann zwar damit fort, daß der ärztliche Sachverständige versicherte, der als Dorfdepp verschriene Knecht habe ihm eine ganz einfache Frage nicht beantworten können und sei deshalb als schwachsinnig und nicht eidesfähig zu betrachten. Aber der hartnäckige Dr. Hirschfeld erkundigte sich, welche Frage das denn gewesen sei – und siehe, es war die Frage gewesen: »Wie lautet der Name des gegenwärtigen Papstes?« Da sagte der Dr. Hirschfeld, wenn jeder schwachsinnig wäre, der diese Frage nicht beantworten könne, dann werde man nicht allzu viele ländliche Zeugen mehr vereidigen können – und der Knecht wurde diesmal vereidigt und beschwor, den Loisl erkannt zu haben.

Und es endete schließlich damit, daß ein ganzes Meineidskomplott aufflog. Nahezu sätmliche Burschen des Dorfes hatten sich nämlich ein für allemal verschworen, in Alimentenfällen einander beizustehen. Und sie hatten, weiß Gott, ihren Schwur gehalten – seit Jahren und nicht nur in diesem Fall!

Nur einer von ihnen, der Asmus, hatte keinen Meineid nicht geleistet, weil er nämlich noch nicht eidesfähig war – er zählte fünfzehn Lenze; aber unehelicher Vater war er seinerseits auch schon.

Aber ach und darüber hinaus: auch die Damen des Dorfes waren ohne Rücksicht auf ihre Geschlechtsgenossinnen mit im Komplott gewesen – so vor allem die Lintschi und die Anni, die, wie sich nun herausstellte, ihrerseits ebenfalls ein Verhältnis mit dem Loisl gehabt hatten und nun umfielen: nie hatte ihnen die Franzl etwas von einem Besuch des Seppl erzählt! Und für den Seppl selbst wiederum hatten in einer anderen Alimentensache andere ihren Kameradschaftsmeineid geschworen, und man hatte sich vor lauter Meineiden bald nicht mehr ausgekannt, und es wäre vielleicht am besten gewesen, man hätte sich zu der Methode des berühmten schwäbischen Amtsgerichtsrates Dodl entschlossen, welcher zu Blaubeuren bekanntlich zwei Eidesformen eingeführt hatte, den milden Eid und den scharfen Eid. Der milde Eid nämlich lautete wie üblich: ». . . so wahr mir Gott helfe!«; der scharfe indessen lautete: ». . . so wahr mir sonst mein ganzes Vieh verrek-

ken soll!« – und dieser zweite, versicherte Dodl, sei selten falsch geschworen worden.
Nun, was die Franzl und die Burgl anging, so sind sie diesmal natürlich in Bausch und Bogen freigesprochen worden, und wenn die Burgl auch ihre sechs Monate unschuldig abgesessen hatte, so ist ihr jetzt doch bestätigt worden, daß selbst vier uneheliche Geburten noch nicht auf eine Neigung zum Meineid schließen lassen, und die Franzl, bei der der Sepp ja nie gewesen war, geriet nun auch wieder in den ihr zukommenden guten Geruch. Die Anzahl der weiteren Meineidsprozesse, die aus diesem einen hervorgegangen sind, ist leider nicht überliefert; sie würden aber, wenn der einleitend erwähnte Boccaccio doch ein Bayer gewesen wäre, zweifellos ein ganzes zweites Dekameron gefüllt haben.

1924

Der Fall Jakubowski

oder

Mordjustiz im Kleinstaat

In einem der ärmsten Landstriche Deutschlands, in der Ratzeburger Heide, südöstlich von Lübeck, liegt die ärmste Siedlung dieser Gegend, das winzige Dorf Palingen. Am Dorfrand steht oder vielmehr wackelt das ärmste Haus des Dorfes, der »Heidekaten«, der tatsächlich dereinst als Armenhaus diente, nun aber, in den zwanziger Jahren, von noch Ärmeren bewohnt wird, die nicht einmal mehr Unterstützung bekommen: von der fünfköpfigen Familie Kreutzfeld und der siebenköpfigen Familie Nogens, und von diesen beiden Familien ist wieder die Familie Nogens die ärmste. Denn der Vater Nogens ist gestorben, der älteste Sohn August arbeitet in einem weit entfernten Dorf als Knecht und tut nichts für seine Angehörigen, der zweite Sohn Wilhelm verbringt seine Tage meist im Zuchthaus und kann nichts für sie tun, und Mutter Nogens muß also zusehen, wie sie mit dem dritten Sohn Franz, der sich meist herumtreibt, mit ihrer Tochter Ida, die zwei uneheliche Kinder hat, mit dem schwachsinnigen Knaben Hannes und der erst neunjährigen Gertrud durchkommt. Allen sieben stehen als Kochraum nur eine zwei mal drei Meter große, fensterlose Diele mit offener Herdstelle und als Wohnräume zwei niedrige Stuben von je drei mal drei Metern zur Verfügung – also zweieinhalb Quadratmeter Wohnraum je Person. Die Mutter Nogens muß tagsüber arbeiten gehen und kann die Schar nicht überwachen, will es wohl auch gar nicht; ihr einziges Interesse ist die Suche nach einem neuen Mann. So gesellt sich in der Hütte zum äußeren Schmutz der innere: August Nogens, der älteste Sohn, muß 1924 zu neun Monaten Gefängnis verurteilt werden, weil er sich an seiner jüngsten, neunjährigen Schwester Gertrud sittlich vergangen hat, und die hübsche Ida entwickelt sich zum Dorfdirnchen: schon als Sechzehnjährige gebiert sie, im Jahre 1921, ihr erstes uneheliches Kind, den Knaben Ewald. Indessen gerade dies Dirnchen bringt in »den Schmutz und das Elend, die zu schildern die deutsche Sprache zu arm ist«, wie der Oberlandjäger später sagen wird, einen Schimmer von Licht und menschlicher Wärme: der Knecht Josef Jakubowski, der sie zunächst nimmt wie jeder andere, verliebt sich in sie und liebt sie schließlich von ganzem Herzen, ganzer Seele und ganzem Gemüte. Er erkennt den Knaben Ewald als sein Kind an, obwohl er nicht der Vater ist, er will sie heiraten, und seine Treue rührt sie: auch sie bleibt ihm treu und gebiert ihm 1923 ein Töchterchen Anna. Freilich ist es ein simples Herz, eine primitive Seele und ein einfältiges Gemüt, was dieser Liebhaber zu bieten hat – vom Materiellen ganz abgesehen, denn was zahlt man in Palingen schon einem Knecht, und einem polnischen noch dazu? Josef Jakubowski nämlich war während des ersten Weltkrieges aus dem Gefangenenlager nach Palingen kommandiert worden und dann, nach dem Friedensschluß, dort hängengeblieben: was wollte er schon zu Dunajowka in Polen, wo seine alten, kleinbäuerischen Eltern in so bitterer Armut lebten, daß das bißchen Scholle ihn als den Dritten nicht würde ernähren können? Zudem war er kein Kirchenlicht; aber seine Arbeit im Stall des Bauern Eggert tat er vorbildlich, und wenn er auch nie Hochdeutsch sprechen lernte, sondern nur das notwen-

digste Platt – man hatte ihn gern im Dorfe, er war zärtlich zu seiner Ida und nett zu ihren Kindern, auch zu Ewald, der nicht das seine war; Ida konnte nicht mehr erwarten und erwartete auch nicht mehr; wenn seine Papiere aus Polen da sein würden, würde man heiraten, und sie würde das Grauen des Heidekatens fliehen können.
Aber da, drei Monate nach der Geburt der kleinen Anna, starb die hübsche Ida ganz plötzlich an Lungenentzündung – schwindsüchtig geworden durch Hunger und elende Unterkunft, wie man sagte.
Die Idylle im Schmutz war vorbei, der Schmutz herrschte wieder allein, und die verwaisten Kinder mußten in diesem Schmutz, mußten im Heidekaten leben: in Jakubowskis Knechtskämmerchen über dem Stall war kein Platz, er hatte wenig Zeit für sie, die Pferde gingen vor. Aber immer, wenn er Zeit hatte, ging er die paar hundert Meter hinüber zum Katen, und sobald die Kinder nur kriechen konnten, krochen sie hinüber zu ihm in den Stall. Er sah entsetzt, wie verhungert und verkommen sie waren, und beklagte sich ein übers andere Mal bei ihrem Vormund – er gab doch für sie fünfzehn Mark monatlich! Das sei eben zuwenig, sagte der Vormund; aber für Josef war es doch die Hälfte seines Knechtslohns; und so kam er auf den unglückseligen Gedanken, mit den Zahlungen ein wenig zurückzuhalten, um die Mutter Nogens dadurch zu besserer Versorgung der Kleinen zu zwingen. Das brachte ihm eine Ladung vor das Amtsgericht Schönberg ein, die er am 8. November 1924 erhielt, an einem Samstag; am Montag, dem 19. November, sollte er in Schönberg sein und erschien auch. Wieder beklagte er sich beim Gerichtsschreiber: die Kinder kämen um vor Schmutz, liefen in dieser kalten Jahreszeit noch barfuß, die Großmutter sei seit Samstag schon wieder verreist, der kleine Ewald sei Samstag abend sieben Uhr noch nicht zu Hause gewesen, am

Sonntag hätten ein anderer Knecht und er den Jungen vergebens gesucht, und ob er jetzt gefunden und Großmutter Nogens von der Reise schon wieder zurück sei, wisse er nicht. Der Gerichtsschreiber tröstete ihn: sicher habe die Großmutter den Enkel mit auf die Reise genommen, sicher werde er beide jetzt vorfinden – und Josef verpflichtete sich, wieder anstandslos und pünktlich die fünfzehn Mark zu zahlen. So jedenfalls sagte der Gerichtsschreiber später aus.

In Wirklichkeit jedoch war die Großmutter schon in der Nacht vom Sonntag zum Montag zurückgekehrt, und Jakubowski wußte das; und in Wirklichkeit war der kleine Ewald nicht am Samstag, sondern erst am Sonntagabend zum letztenmal gesehen worden. Jakubowski freilich wandte ein, es müsse sich um ein Mißverständnis gehandelt haben, erklärbar dadurch, daß er so mangelhaft Deutsch spreche und verstehe: er habe sagen wollen, daß Ewald am Samstag *schon einmal* verschwunden gewesen sei (was sich später als richtig erwies) und daß er nicht wisse, *wann* die Großmutter in jener Nacht zurückgekehrt sei.

Aber man glaubte ihm nicht. Denn seit diesem Sonntagabend blieb der kleine Ewald verschwunden und wurde erst dreizehn Tage später von einem Jäger in einem Kaninchenloch aufgefunden – erwürgt.

Nein, man glaubte ihm nicht. Denn wer konnte ein Interesse daran gehabt haben, dies Kind zu töten? Doch nur der, der dafür zahlen mußte, und der das, wie jene Vorladung bewies, nur zögernd getan hatte. Konnte, mußte eben die Vorladung selbst nicht der letzte Anstoß zur Tat gewesen sein? Und hatte nicht die Großmutter der Kinder selbst als erste den Verdacht auf ihn gelenkt und dann Ewalds drei Onkel, August, Fritz und Hannes Nogens?

Sie alle sagten dem Gendarmen, die Kleinen seien dem Vater »nicht aus Liebe« nachgelaufen, er selbst habe wiederholt erzählt, wie gern er der Zahlung ledig wäre, und Hannes fügte noch hinzu, Jakubowski sei zu der Zeit, als Ewald verschwand, im Heidekaten erschienen und habe ihn unter einem Vorwand weggeschickt – gewiß um mit seinem Opfer allein sein und die Tat unbeobachtet ausführen zu können. Und als Jakubowski nun noch dazu bestritt, am Sonntagabend überhaupt im Heidekaten gewesen zu sein, wurde er verhaftet.

Es half ihm nichts, daß er in der Zwischenzeit nach Ewald gesucht hatte, denn die Schar der Suchenden hatte sich getrennt, um die ganze Umgebung durchkämmen zu können, und zwar auf Jakubowskis Vorschlag – somit hatte er allein gesucht, und zwar in der Nähe des Kaninchenlochs, in welchem Ewalds Leiche nachher aufgefunden wurde; um so verdächtiger! Verdächtig auch die kühle, unberührte Haltung Josefs, der immer nur gleichgültig sagte: »Ich bin unschuldig. Ich nichts getan. Wozu viel reden?« Höchst verdächtig schließlich die Tatsache, daß er für die Tatzeit um sechs Uhr abends kein einwandfreies Alibi beibringen konnte, daß immerhin fünfzehn Minuten blieben, während deren er vom Stall zum Katen und wieder zurück hätte gehen können und inzwischen das Kind ermorden und verstecken können – das ergab sich aus dem Zeugnis seines Mitknechtes Blöcker.

Unter solchen Umständen hatte der zuständige Oberstaatsanwalt Müller in Neustrelitz bereits anderthalb Monate später seine Anklageschrift fertig, in der es hieß, Jakubowski, als bereits einmal wegen Diebstahls mit einem Monat Gefängnis vorbestrafter Mensch, sei »ein schlauer, durchtriebener und skrupelloser Mann, dem man einen Mord zutrauen kann«, zumal »ein anderer als er als Täter überhaupt nicht in Frage kommt, denn welcher andere sollte sich an dem kleinen Jungen vergreifen?« Und bereits zwei Monate später fand die Hauptverhandlung statt – für Mecklenburg-Strelitz die erste Schwurgerichtsverhandlung nach Emmingers Justizreform überhaupt. Somit standen den drei Fachrichtern, unter ihnen dem als Persönlichkeit ungemein eindrucksvollen Vorsitzenden Landgerichtspräsident v. Buchka, sechs kleinstädtische und dörfliche Geschworene gegenüber: vier Handwerksmeister und zwei Kleinbauern.

Die Verhandlung, die im winzigen Amtsgerichtssaal von Schönberg stattfindet und jenseits der Stadtgrenzen kaum beachtet und verzeichnet wird, beginnt mit dem Vorschlag des Offizialverteidigers, dem Angeklagten wegen seiner mangelhaften Beherrschung der deutschen Sprache einen Dolmetscher zu stellen. Leider formuliert der Verteidiger seinen Vorschlag nur als »Anregung«, nicht als »Antrag«: somit genügt die spätere Feststellung in der Urteilsbegründung, Jakubowski spreche und verstehe »gut Deutsch«, es braucht kein Beschluß gefaßt zu werden, und das Urteil wird in dieser Hinsicht »revisionsfest«.

Es folgt die Vernehmung des Angeklagten. Er bleibt wortkarg, er lächelt meist, er wiederholt nur immer sein eintöniges: »Ich unschuldig. Ich nichts getan. Wozu viel reden?« Aus seiner Behauptung, er habe den Gerichtsschreiber bei der Verhandlung über die Alimentenfrage mißverstanden, schließt das Gericht, er habe »kein reines Gewissen und manches zu verbergen gehabt«.

Von den zahlreichen Zeugen bringt nur einer so etwas wie eine neue Belastung: ein Arbeiter aus Lübeck, der inseriert hatte, er wolle »einen Jungen gegen einmalige Vergütung an Kindes Statt annehmen«. Jakubowski hatte sich gemeldet, hatte aber erklärt, er könne nichts zahlen, und der Zeuge wollte »den Eindruck gehabt haben«, Jakubowski »hätte am liebsten noch Geld dazugehabt«. Zwar beschwört der Vormund der Kinder, er selbst habe Jakubowski geraten, Adoptiveltern für die Kleinen zu suchen, wo sie es besser hätten als bei der alten Nogens, die sieben Personen von 64 Mark im Monat ernähren und kleiden mußte; zwar macht der Verteidiger darauf aufmerksam, daß es ja der Lübecker Arbeiter war, der aus der Adoption ein Geschäft machen wollte und dessen Aussage deshalb nicht zuverlässig sei; das Gericht stellt dennoch fest, »daß die Kinder dem Angeklagten eine große Last waren«. Einen ähnlichen Schluß zieht es auch aus der Aussage einer Zeugin Mette: vor ihr hätte sich Jakubowski über die Verwahrlosung der Kinder durch die Großmutter beklagt und hinzugefügt, sie seien so dreckig, daß man sie gar nicht anfassen möge. Die Urteilsbegründung formuliert das so: »Wenn der Angeklagte die kleine Anni nicht hat anfassen mögen, so ist dies Verhalten auch nicht geeignet, die Liebe des Vaters zu seinen Kindern darzutun.« Im übrigen aber sagen alle Zeugen, die nicht dem Kreise um die Familie Nogens angehören, sehr günstig für Jakubowski aus. Sein Arbeitgeber: »Ich traue ihm die Tat nicht zu. Er war zu dem kleinen Ewald sehr gut. Er war freundlich zu beiden Kleinen und spielte oft mit ihnen am Brunnen.« Die Stallmagd Frida, die neben Jakubowski arbeitete: »Er ist immer gut und freundlich zu den Kindern gewesen.« Der Vormund der Kinder: »Er war stets bereit, seinen Verpflichtungen nachzukommen, wenn die Kleinen besser behandelt würden, und er hat Kleider und Schuhe für sie gekauft.« Der Oberlandjäger: »Er wollte immer für Ewald sorgen.« Der Justiz-Oberinspektor: »Sein Eindruck war ein sehr ordentlicher, und er sagte mir, die Hälfte seines Monatslohnes würde er gern zahlen, wenn die Kinder nur besser behandelt würden.« Ja, selbst die Großmutter Nogens: »*Vorher* habe ich's ihm nicht zugetraut, er war immer freundlich zu den Kindern ...«

Aber was das Nachher betraf: da blieb die Familie Nogens fest. Nur Jakubowski habe sich ihnen gegenüber verdächtig gemacht, nur er könne es gewesen sein. Die belastenden Aussagen der Mutter Nogens bestätigte August, dessen belastende Aussagen Wilhelm, dessen belastende Aussagen Fritz Nogens. Und was Hannes Nogens angeht, den Schwachsinnigen, so sagen die Akten: »Richtig ist es zwar, daß Hannes Nogens einen geistig zurückgebliebenen Eindruck macht. Allein das Gericht hat keine Bedenken, die von ihm bekundete Aussage, daß der Angeklagte zur Tatzeit bei ihm im Heidekaten gewesen sei und ihn weggeschickt habe, als richtig anzusehen. Denn diese Angabe hat seine Mutter und endlich auch die neunjährige Gertrud Nogens bestätigt, bezüglich derer festgestellt wird, daß sie trotz ihrer Jugend und trotz vielfacher Bedenken gegen die Glaubwürdigkeit jugendlicher Kinderaussagen ihre Aussagen so klar, bestimmt und unbeeinflußt von irgendwelchen sonst möglichen Einflüsterungen gemacht hat, daß sie zur Bekräftigung anderer Zeugenaussagen unbedenklich herangezogen werden kann.«
Nun: gerade die so »klare und bestimme« Aussage, meint der Verteidiger, sei ein Indiz dafür, daß sie der Neunjährigen erst kurz vorher von der Mutter eingeflüstert wurde. Aber wie steht es denn um den Knaben Hannes, dessen Aussage sie »bekräftigte?«
Anderthalb Jahre vor der Verhandlung hatte der Kreisarzt festgestellt: »Johannes Nogens ist so schwachsinnig, daß keine Aussicht besteht, daß er in einer Anstalt etwas lernen kann, damit er sich später einen Lebensunterhalt verdienen könnte.« Und der Landjäger von Palingen erklärte: »Hannes Nogens war ein Mensch, weil er Hände und Füße hatte, sonst hatte er nichts Menschenähnliches. Er kannt nur ein einziges Wort: Kuchen, aber das sprach er aus: Gu-gu-ch-ch-ch-en. Der einzige Mensch, der unge-

fähr verstehen konnte, was er meinte, war seine Mutter. Er konnte nicht einmal seinen vollen Namen nennen.«
Und tatsächlich steht im Verhandlungsprotokoll zu lesen: »Zeuge Hannes Nogens: Ich heiße Hannes. Auf die Frage nach seinem Alter antwortet Zeuge nicht. Beschlossen und verkündet: er ist unbeeidigt zu lassen, weil er wegen Verstandesschwäche von Wesen und Bedeutung des Eides keine genügende Vorstellung hat.«
Sehr korrekt, durchaus korrekt. In der Begründung aber heißt es:
»Vor allem aber hat das Gericht dem Zeugen Hannes Nogens deshalb unbedingt Glauben geschenkt, weil er unter den im Saale Anwesenden den Angeklagten sofort erkannte.«
Einer der Geschworenen indessen schilderte diese Aussage- und Erkennungsszene später so: »Der Vorsitzende fragte ihn, ob an dem Tage, an dem Ewald verschwand, ein Mann in den Heidekaten gekommen sei. Darauf grinste Hannes über sein ganzes Gesicht und sagte etwas, was ich als ›Nee‹ verstand. Dann sagte der Vorsitzende, er solle sich mal umsehen, ob der Mann, der ihn damals aus dem Katen fortgeschickt habe, im Saal sei. Wieder grinste Hannes, und nach einer Weile streckte er die Hand gegen Jakubowski aus und grölte: ›Djäh!‹ Ob er die Frage des Vorsitzenden überhaupt verstanden hatte oder ob er überhaupt nur erstaunt war, weil er Jakubowski plötzlich wiedersah, konnte niemand entscheiden.«
Immerhin: das Gericht anerkannte und bewertete die Aussage, die es selbst suggeriert hatte. Es anerkannte auch die Aussage des Knechtes Blöcker, die Jakubowski schwer belastete, indem sie sein Alibi zertrümmerte – obwohl diese Aussage von zwei beeidigten und unbescholtenen Zeugen bestritten wurde, und Blöcker stand keineswegs in gutem Ruf. Und – es anerkannte den dramatischen Wider-

ruf des August Nogens nicht! Als der nämlich seine belastenden Aussagen beschwören sollte, brach er zusammen und widerrief sie samt und sonders, und der Vorsitzende pfiff ihn an: »Wenn Sie nicht ein Alibi hätten, würde ich sagen, Sie sind der Täter!« Aber das Alibi hatte August, er wollte zur Zeit der Tat auf seinem Arbeitsplatz im stundenweit entfernten Dorf gewesen sein – und so taucht dieser Widerruf in der Urteilsbegründung denn auch nicht auf.

Ja, und noch zwei Indizien gab es. Einmal hatte eine Frau zur vermuteten Tatzeit aus der Richtung des Heidekatens zwei kurz aufeinanderfolgende, jämmerliche Kinderaufschreie gehört, und »da es ganz selbstverständlich ist, daß ein Erdrosseln Schreie auslösen muß, muß weiter festgestellt werden, daß diese Schreie die Todesschreie des kleinen Ewald Nogens gewesen sind«. Später stellte sich heraus, daß ein dreijähriges Kind, dem ein starker Mann den Hals zudrückt, eben nicht schreien kann, daß ein Schrei aus dem Heidekaten an der Stelle, wo sich die Zeugin befand, gar nicht hörbar gewesen wäre, und daß zur gleichen Zeit und in größerer Nähe ein anderes Kind zweimal geschrien hatte, weil es fror . . . ., aber wir wollen nicht vorgreifen!

Letztes Indiz: der Jäger, der die kleine Leiche fand, hatte Fußspuren entdeckt und aus ihnen geschlossen, daß dort »große Schritte gemacht sein müßten«, woraus das Gericht wiederum schloß, »daß der Täter eiligen Schrittes gegangen ist«. Später ergab sich, daß der Boden an der Fundstelle zehn Tage nach der Tat frisch geeggt, die Spur aber erst dreizehn Tage nach der Tat entdeckt worden – daß sie also erst nach dem Eggen geschaffen worden war! Aber wir wollen wiederum nicht vorgreifen.

Denn dem Gericht genügten damals die insgesamt elf Indizien, über die es verfügte. Aus ihnen schloß es, daß Ja-

kubowski keinen Totschlag, sondern einen kaltblütig vorbereiteten Mord begangen habe, und unter Berufung auf sie verteilte es den Angeklagten am 26. März 1925, dem Antrage des Staatsanwalts folgend, zum Tode.
Der Offizialverteidiger, überzeugt von der Unschuld seines Klienten, legte Revision ein. Er rügte vor allem drei Punkte: man habe dem Angeklagten keinen Dolmetscher gestellt, habe das Urteil auf die Aussage eines Schwachsinnigen gestützt, habe die Frage nicht genügend geprüft, ob statt eines Mordes nicht eher ein Totschlag vorgelegen haben könnte – wenn man schon Jakubowskis Schuld für erwiesen hielt. Allein das Reichsgericht verwarf die Revision und mußte sie nach der geltenden Prozeßordnung verwerfen: die Zuziehung des Dolmetschers war nicht »beantragt«, sondern nur »angeregt« worden, und die beiden anderen Rügen waren nicht formaler Art.
Nun erst scheint der Verurteilte zu begreifen, daß er wirklich verurteilt bleiben könne. Er läßt sich im Gefängnis vorführen und berichtet von einem Gespräch, das er bald nach dem Mord mit dem Arbeiter Kreutzfeldt geführt habe, der ja im gleichen Heidekaten wie die Familie Nogens wohnt und im ganzen Ort als »Schläger« bekannt ist. Kreutzfeldt habe ihm erzählt, wie der Knecht Blöcker den kleinen Ewald im Sumpfe ertränkt habe, und zwar unter Mitwisserschaft Kreutzfeldts. Er, Jakubowski, habe das bisher nicht angeben wollen, weil er Kreutzfeldt schonen wollte, der drei Kinder zu ernähren hat, und weil er es für unmöglich gehalten habe, daß man ihn als Unschuldigen verurteilen könne.
Der Anwalt beantragt daraufhin sofort die Verhaftung Blöckers und Kreutzfeldts. Es stellt sich erstens heraus, daß Kreutzfeldt im ganzen Dorf herumgelaufen ist und erklärt hat, wer etwas gegen ihn sage, dem werde er die Knochen kaputt schlagen. Zweitens stellt sich heraus, daß

jener Diebstahl von ein paar Brettern, um derentwillen Jakubowski mit einem Monat Gefängnis bestraft worden war, in Wirklichkeit von Kreutzfeldt begangen wurde. Jakubowski hatte den »Freund« schon damals gedeckt und Tat und Strafe auf sich genommen. Und drittens findet man an der Stelle, wo nach Jakubowskis Aussage der kleine Ewald versenkt worden sein soll, Kreutzfeldts Notizbuch.

Trotzdem lehnt der Staatsanwalt die Verhaftung ab, da »keine Rede davon sein kann, daß die Genannten mit der Ermordung des Ewald Nogens etwas zu tun haben«. Der Verteidiger legt Beschwerde ein: sie wird »aus rein formalen Gründen« verworfen.

Auf einen erneuten Wiederaufnahmeantrag hin läßt sich Landgerichtspräsident v. Buchka dazu herbei, Kreutzfeldt und Blöcker wenigstens vernehmen zu lassen. Aber mit ihrer Erklärung, sie hätten mit der Sache nichts zu tun, begnügt er sich und verwirft auch den zweiten Antrag. Auf die nunmehr geäußerte Vermutung Jakubowskis, auch Fritz oder Hannes Nogens könnten mit im Spiele sein, läßt man sich gar nicht ein.

Im Gegenteil: als Jakubowski nun um Umwandlung der Todesstrafe in lebenslängliches Zuchthaus bittet, werden ihm gerade diese Angaben zum Verhängnis. Oberstaatsanwalt Müller widersetzt sich der Begnadigung und schreibt unter anderem: »Er empfindet keine Spur von Reue über seine grausige Tat und beschuldigt vor allem andere Personen grundlos, das Verbrechen begangen zu haben.«

Und da nur einer der drei Fachrichter, die Jakubowski damals verurteilt haben, sich für eine Begnadigung einsetzt, die Geschworenen herüber aber nicht zu befragen sind, lehnt auch das Ministerium von Mecklenburg-Strelitz die Begnadigung ab.

Trotzdem glaubt niemand, daß die Todesstrafe vollstreckt wird – denn es wäre die erste, die in Mecklenburg-Strelitz vollstreckt würde; und in ganz Deutschland richtet man Mörder, die nur auf Grund von Indizien verurteilt wurden, seit Jahrzehnten nicht mehr hin.

Nur in der Strafanstalt Strelitz-Alt, wo Jakubowski auf die Wende seines Schicksals wartet, merkt man, daß tatsächlich Vorbereitungen zur Hinrichtung getroffen werden. Zwar weiß man nicht, daß der Oberstaatsanwalt mit dem langjährigen Scharfrichter des Freistaates Preußen, einem Magdeburger Wäschereibesitzer, eine Vereinbarung dahin getroffen hat, daß der Herr Wäschereibesitzer die Hinrichtung gegen ein Honorar von fünfhundert Mark vollziehen wird.

Über diesen Briefen steht das Kennwort: Geheim. Aber es kann nicht geheim bleiben, daß der Herr Staatsanwalt eine Anstaltsbesichtigung vornimmt, um jene »Vorbereitungen« zu prüfen.

Nun sind alle, die im Gefängnis mit Jakubowski in Berührung kommen, vom Anstaltsleiter über den Pfarrer und die Wärter bis zum letzten Mithäftling, von seiner Unschuld überzeugt. Sie wissen ja auch, wie schlecht seine Deutschkenntnisse sind, sie kennen seine Briefe – aus dem letzten, den er schrieb, und zwar an seinen Verteidiger, sei nur der Schlußsatz wiedergegeben:

»Ich hab zum Oberladiäger uschon erzelen un das mi Herz schmetze das ich unschuld Veruteilen und ich müchte bitten wen sei kom nach Neustrelitz den ich nüdwende Wol sprechen.«

Und das soll heißen:

»Ich habe auch schon dem Oberlandjäger erzählt, daß mein Herz schmerzt, daß ich unschuldig verurteilt bin. Ich möchte Sie bitten, wenn Sie nach Neustrelitz kommen, noch einmal mit mir zu sprechen.«

Aber einen Dolmetscher hatte dieser Mann nicht nötig, hatte das Gericht gemeint...

Sie wissen auch, seine Anstaltsgenossen, daß er Blöcker, daß er Fritz Nogens verdächtigt – aber sie wissen nicht, wie nahe er der Wahrheit ist. Und vor allem wissen sie, daß er seiner Schwiegermutter, der alten Nogens, einen Gruß bestellen und ihr versichern ließ, er habe das Kind nicht angerührt – aber sie wußten wiederum nicht, und er selbst wußte es nicht, daß er diesen Gruß an die Frau sandte, die ihn ans Messer geliefert hatte.

Seine Wärter gehen sehr weit in dem Wunsche, ihm zu helfen. Eines Tages, als er mit anderen Häftlingen in die Scheune der Anstalt zur Arbeit geführt wird, sind plötzlich alle Aufseher verschwunden, und seine Mitgefangenen sagen: »Schnell! Lauf! Mach, daß du fortkommst!« Aber er erwidert: »Ich nix getan, ich nix fortlaufen!« – und bleibt.

Selbst der Justizreferent im Ministerium ist von seiner Schuld nicht voll überzeugt – aber zwei Geistliche, ein katholischer und ein protestantischer, die beide Polnisch sprechen und sich mit ihm verständigen können, sind voll überzeugt von seiner Undschuld und bitten brieflich und mündlich um Gnade.

Umsonst. Seine letzte Nacht, die Nacht zum 15. Februar 1926, kommt heran. Er verbringt sie mit dem katholischen Pfarrer. Die beiden beten zusammen, dann schlafen sie ein kurzes Weilchen, dann äußert Jakubowski seinen letzten Wunsch: er will keine Henkersmahlzeit, er will nur sein kleines Mädchen, die Anni, noch einmal sehen. Der Wunsch wird abgelehnt. Da bittet er, in seinem besten Anzug hingerichtet zu werden...

Als sie ihn holen, spricht er seine letzten Worte: »Herr Pfarrer, soll ich jetzt nicht doch noch einmal den Herrn Staatsanwalt fragen, weswegen ich nun eigentlich hingerichtet werde?« Er fragt es auf polnisch, und der Geistliche antwortet auf polnisch: »Das würde ich nicht tun, Jakubowski! Das macht keinen guten Eindruck; man hat Ihnen so oft gesagt, daß Sie wegen Mordes hingerichtet werden; wenn Sie jetzt nun noch einmal diese Frage an den Herrn Staatsanwalt richten, dann sieht das frech aus.« Und dann Jakubowski, ergeben: »Dann werde ich es nicht tun.«

Was weiter geschah, möge ein Augenzeuge schildern:

»Als ich den Abend zuvor, es war ein Sonntag, nach Hause kam, fand ich die Ladung vor, am nächsten Morgen bei der Hinrichtung des Landarbeiters Josef Jakubowski in der Strafanstalt Strelitz-Alt als Zeuge zugegen zu sein. Ich hatte vorher nie von Jakubowski gehört. In der Ladung stand, ich dürfe mit niemandem über die bevorstehende Hinrichtung sprechen. Man fürchtete wohl einen Befreiungsversuch.

Es begann gerade zu dämmern, als ich vor dem Gefängnis eintraf. Ein Wächter führte mich in den hinteren Hof, einen schmalen, langgestreckten Zuchthaushof, der mit hohen, kahlen Mauern umgeben ist.

Ein kleiner Tisch war etwas seitlich aufgestellt worden. Hinter dem Tisch standen Landgerichtspräsident v. Buchka und die beiden anderen Richter, daneben Staatsanwalt Müller. Wir Zeugen, zwischen ein paar Kriminalbeamten, standen etwas abseits davon, im hinteren Teil des Hofes. Auf der anderen Seite sah ich vier Männer stehen: an Frack und weißer Weste des einen erkannte ich, daß es der Scharfrichter und seine Gehilfen waren.

Wir standen frierend und flüsternd. Einer der Kriminalbeamten teilte mir den Grund der Hinrichtung mit: ›Kindesmord ... unter erschwerenden Umständen ... deshalb ist die Begnadigung abgelehnt worden ...‹

Es war ein bedrückendes Bild: der halbdunkle Hof im Morgengrauen eines kalten Februartages, die feierlichen

Talare der Richter, die Zylinderhüte der Zeugen, die drei Gehilfen des Scharfrichters im Gehrock und den steifen, schwarzen Hut auf dem Kopf, zwischen ihnen durchschimmernd die weiße Weste des Scharfrichters selber, und die Mappe, die neben ihm stand, in der man das grausame Beil vermutete, das bald sein Werk tun sollte, und dann der Richtblock mit dem sargförmigen Korb davor, der das gefällte Haupt aufnehmen sollte ..., ich mußte mit mir kämpfen, um nicht jetzt noch fortzulaufen ...
Etwa eine Viertelstunde standen wir so. Es wurde allmählich heller, aber dadurch beinahe noch schauerlicher als vorher.
Plötzlich unterbricht eine schroffe Stimme die Stille. Es ist der Staatsanwalt Müller, der sich an den Gefängnisdirektor gewandt hat. Ich glaube, daß ich dieses Gespräch wörtlich in Erinnerung habe. Es war etwa so:
Staatsanwalt Müller: ›Wo bleibt denn der Delinquent?‹
Gefängnisdirektor: ›Der Geistliche ist bei ihm. Er empfängt gerade die letzte kirchliche Tröstung.‹
Staatsanwalt Müller: ›Darauf können wir nicht warten.‹
Der Gefängnisdirektor verließ den Hof durch die Tür, die in das innere Gefängnis führt, und bald darauf kam Jakubowski. Vor und hinter ihm Gefängniswärter. Ihm zur Seite ging der Geistliche, ein Gebetbuch in der Hand. Eine Sekunde lang war Jakubowski in der Tür stehengeblieben. Dann sah er den Geistlichen an und ließ sich in ruhigem Schritt bis vor den Richtertisch führen. Sein Gesicht, wie er da stand, konnte ich nicht mehr sehen. Ich bemerkte nur, daß sein Hals frei war und daß er Kniehosen und Gamaschen trug.
Inzwischen verliest der Staatsanwalt bereits das Urteil. Dann die Bestätigung des Staatsministeriums, und dann kommen mit harter, unbewegter Stimme die letzten Worte: ›Hiermit übergebe ich Sie dem Nachrichter.‹

Die Wärter treten näher an Jakubowski heran, er hebt etwas den Kopf, als ob er noch sprechen wollte, dann wendet er sich um – ich bemerkte nicht, ob ihn jemand führte oder ob er von selber ging, es waren vom Richtertisch zum Richtblock nur sechs oder sieben Schritte, und alles dauerte nur Sekunden. Dann stand er, umringt von den drei Gehilfen des Scharfrichters, dicht am Richtblock, mit dem Gesicht zu uns Zeugen gekehrt, aber er schien uns nicht zu sehen, er sah über uns hinweg, ins Weite hinein, vielleicht in den Himmel hinauf, mit einem so tiefen, traurigen Blick – ich kann diesen Blick nicht beschreiben, ich weiß nicht, wie ich das ausdrücken soll. Aber ich habe diesen Blick niemals vergessen können, es war etwas unsagbar Schreckliches, ich werde bis zu meinem letzten Tage immer wieder an diesen Blick denken müssen.
Ich glaube, daß Jakubowski, wie er so vor dem Richtblock stand, ganz zuletzt den Mund geöffnet hat. Aber ob er etwas gesagt hat, weiß ich nicht, ich habe nichts hören können. Es ging so furchtbar schnell. Schon lag sein Kopf auf dem Richtblock. Ich habe mich in diesem Moment schnell umgewandt, ich konnte nicht mehr. Aber fast im gleichen Augenblick hörte ich ein Knirschen und wußte, daß alles vorbei war. Als ich mich umkehrte, sah ich, wie die Gehilfen des Scharfrichters sich an dem Korb zu schaffen machten, und dann sah ich, eine schreckliche Sekunde lang, den blutenden Rumpf, der keinen Kopf mehr hatte. Ich ging schnell fort. Vor dem Tor der Strafanstalt stand der Wagen, auf dem der Leichnam zur Anatomie nach Rostock gebracht werden sollte.
Zu Hause war das erste Wort, das ich meiner Frau sagte, daß ich das Gefühl habe, als ob der Hingerichtete unschuldig gewesen sei. Ich hatte dieses Gefühl bei dem letzten Blick Jakubowskis. Es war nicht der Blick eines Schuldigen. Aber ich habe erst viel später erfahren, daß an der

Schuld Jakubowskis wirkliche Zweifel bestünden. Später hörte ich übrigens von einem Gerichtsbeamten, daß Staatsanwalt Müller dem Scharfrichter ein Anerkennungsschreiben wegen des glatten Vollzuges der Hinrichtung geschickt haben soll.«

Soweit der Augenzeuge. Der Gerichtsbeamte hatte recht gehabt: das Anerkennungsschreiben liegt bei den Akten.

Die Geheimhaltung war durchaus gelungen; die ganze Tragödie war bestenfalls eine mecklenburg-strelitzsche Angelegenheit geblieben. Anderthalb Eisenbahnstunden entfernt, in Berlin, wußte man von der ganzen Angelegenheit so gut wie nichts. Aber was dem lebenden Jakubowski nicht gelungen war, gelang dem toten: noch am selben Tage geisterte sein Schatten durch das Parlament von Mecklenburg-Strelitz und zeugte von seiner Unschuld. Ein sozialdemokratisches Mitglied dieses Parlaments berichtete:

»Am Vormittag oder in der Mittagsstunde des Tages, in dessen Frühe die Hinrichtung Jakubowskis vollzogen wurde, kam ich in das Fraktionszimmer des Neustrelitzer Landtags. Dort traf ich zwei Parteigenossen an, darunter einen Abgeordneten aus Ratzeburg, einen kleinen Bauern, den ich seit Jahren kenne. Gesprächsweise teilte ich ihm mit, daß die Hinrichtung heute stattgefunden habe. Der Mann – ich sehe ihn noch vor mir – wurde leichenblaß und geriet in außerordentliche Erregung. Er sagte mir sofort, daß man den Jakubowski in seinem Dorfe für unschuldig hält, auf den wahren Mörder hinweist – und: daß er selbst oder einer seiner nahen Freunde (darauf kann ich mich nicht mehr genau besinnen) bei dem Urteil als Geschworener mitgewirkt habe. Dieser Geschworene habe durchaus nicht für die Todesstrafe stimmen wollen. Er habe sehr lange gezögert. Man habe bei der Beratung auf ihn eingewirkt. Erst als ihm ein Richter (oder der Vorsitzende?) versichert habe: das Urteil würde ja doch nicht vollstreckt, Jakubowski würde zweifellos begnadigt werden, da erst habe er für das Todesurteil gestimmt.«

Es liegt also die Vermutung nahe, nur allzu nahe, daß diesmal aus der Zusammenarbeit zwischen Fach- und Laienrichtern eine Beeinflussung der Laienrichter durch die Fachrichter wurde und daß ein echtes Geschworenengericht anders geurteilt hätte. Tatsächlich wurde denn auch der nun beginnende Kampf um Jakubowski zugleich und vor allem als Kampf gegen die »reaktionäre Justizreform« geführt – tatsächlich und leider; denn dadurch wiederum wurde die Affäre Jakubowski zum Kampf zwischen den Links- und Mittelparteien einerseits und den Rechtsparteien andererseits, zum politischen Kampf, bei dem die Justiz für die einen der Prügelknabe und für die anderen der Fetisch war, und bei dem diese Justiz bewußt oder unbewußt immer mehr das Bestreben zeigte, nicht den toten Knecht und nicht die Wahrheit zu rehabilitieren, sondern ihre lebenden Kollegen: wollte sie nicht den Prügelknaben spielen, so glaubte sie den Fetisch spielen zu müssen. Nur so läßt sich erklären, was nun geschah – oder nicht geschah.

Auf parlamentarischem Boden zeigte sich dieser Pferdefuß am nacktesten: weil im Strelitzer Parlament der Antrag, das Verhalten des Ministeriums in der Strafsache Jakubowski zu mißbilligen, von den Linksparteien gestellt und unterstützt wurde, wurde er von der Mehrheit niedergestimmt, und der zuständige Minister Hustädt konnte ziemlich schnodderig erklären: »Wie das Ministerium zu seinem Entschluß gekommen ist, darüber brauche ich hier keine Auskunft zu geben!«

Auch die Bemühungen der »Liga für Menschenrechte« fruchteten zunächst nichts, nicht einmal dann, als eine neue Landtagswahl eine andere Zusammensetzung des Parlaments herbeigeführt und einen Sozialdemokraten zum geschäftsführenden Minister gemacht hatte. Und es kam zu der grotesken und wohl einmaligen Situation, daß der Fall erst wieder ins Rollen gebracht wurde durch eine Zeitungsnotiz, die – eine Ente war.

Nach fast zwei Jahren nämlich, am 3. Januar 1928, meldete ein Lübecker Blatt, die Großmutter Nogens habe auf dem Sterbebett gestanden, sie sei die Mörderin. Ob nun die Nachricht ein zufälliger oder ein lancierter Irrtum war – jedenfalls war sie restlos falsch. Die Großmutter Nogens erfreute sich bester Gesundheit und hatte sogar wieder geheiratet, und sie hatte nie daran gedacht, sich zu dem Mord zu bekennen. Aber nun zeigte sich, wie dünn und fadenscheinig der Beweis gegen Jakubowski gewesen war: zugleich mit dem Dementi brachte jetzt fast die gesamte deutsche Presse Kritiken dieses Urteils, und die Aufregung wurde so groß, daß sich der neue Minister gezwungen sah, eine neue Untersuchung des Falles anzuordnen; er beauftragte damit den Leiter des mecklenburgischen Kriminalamts, Regierungsrat Steuding, und gab ihm den berühmten Kriminalisten Professor v. Hentig zum wissenschaftlichen Mitarbeiter. Und damit nahmen sich zum ersten Male geschulte Kriminalisten der Sache des Toten an.

Die beiden Männer gingen zunächst psychologisch vor. Sie stellten die gleiche Frage wie damals das Gericht: wem konnte der Tod des kleinen Ewald nützen? – aber sie beantworteten sie anders. Nicht dem Jakubowski, schlossen sie nämlich, denn er hätte für die kleine Anni allein dasselbe zahlen müssen wie für Ewald und Anni zusammen – so wenig konnte er überhaupt zahlen. Die Familie Nogens hingegen brauchte, wenn eines der Kinder starb, für das gleiche Kostgeld nur noch das andere zu ernähren. Hinzu kam, daß Jakubowski als polnischer Staatsbürger sich durch eine einfache Ausreise nach Polen seinen Alimentationspflichten ganz und sehr leicht hätte entziehen können, weit sicherer jedenfalls als durch einen Mord. Das waren, so scheint es heute, zweifellos recht primitive Erwägungen; trotzdem hatte sie bis dahin noch keiner angestellt.

Steuding und Hentig begannen also mit Nachforschungen über die Familie Nogens. Binnen kurzem stellte sich heraus, daß in den letzten Jahren drei verdächtige Todesfälle in dieser Familie vorgekommen waren: der Vater Nogens wurde tot aus dem Wasser gezogen, seine Frau hatte ihn in den Selbstmord getrieben – zumindest, wenn sie ihn nicht ins Wasser gestoßen hatte. Auch der Tod der hübschen Ida war verdächtig plötzlich eingetreten und nie aufgeklärt worden. Ein weiteres Kind war durch Verbrennung »verunglückt«.

Frau Nogens galt als »sittlich verkommen«. Zeugen sagten ihr geschlechtlichen Umgang mit ihren erwachsenen Söhnen nach. Sie war als männertoll bekannt und wahllosen Geschlechtsverkehrs überführt.

August Nogens, der älteste Sohn, war nicht nur, wie schon bekannt, des Umgangs mit seiner Schwester Gertrud wegen bestraft worden, er hatte auch Beziehungen zu seiner Schwester Ida eingestanden, er war des Umgangs mit der Mutter verdächtigt, hatte eine Lues akquiriert und befand sich vor allem, wie ihm nachgewiesen werden konnte, am Tage der Tat nicht an seiner Arbeitsstelle im weit entfernten Dorfe, sondern im Heidekaten zu Palingen!

Wilhelm Nogens, der zweitälteste, erwies sich als zehnmal vorbestraft, zuletzt mit zweieinhalb Jahren Zuchthaus.

Fritz, der dritte, war sofort nach der Tat aus Palingen verschwunden, hatte sich unter dem Spitznamen »Staketen-Ede« seither in Lübeck herumgetrieben und war bei der dortigen Polizei wegen unsittlichen Umgangs mit Kindern angezeigt.

Hannes aber, der jüngste, dessen Aussage, Jakubowski sei im Heidekaten gewesen und habe ihn von dort weggeschickt, das Gericht als so wesentlich und so glaubwürdig betrachtet hatte – dieser Hannes war kurze Zeit nach dem Urteil in der Irrenanstalt Domjüch als »epileptischer Idiot« in totaler Verblödung gestorben, und der große Psychiater Aschaffenburg hatte seine Aussage für absolut wertlos erklärt.

Und alle diese, doch von vornherein der Mittäterschaft verdächtigen Gestalten hatte man im Jakubowski-Prozeß als Zeugen vernommen und bis auf Hannes sogar vereidigt, und auf ihren Aussagen basierte im wesentlichen das Todesurteil! Mit ihnen waren Kreutzfeldt und Blöcker befreundet, und Blöcker zählte zu den Liebhabern der Mutter Nogens!

Nach der Hinrichtung Jakubowskis aber hatten Frau Nogens, August Nogens und Fritz Nogens nicht weniger als dreiundzwanzig Zeugen gegenüber erklärt, Jakubowski sei unschuldig, man wisse, wer es gewesen sei, könne es aber nicht sagen – und nur August hatte einmal Blöcker als den Täter bezeichnet.

Als man die Verdächtigen vernahm, erlitt Kreutzfeldt einen weinerlichen Zusammenbruch, sagte aber nichts aus. Frau Nogens blieb fest, kalt und stritt alles ab. August Nogens hingegen und Blöcker gaben zu, Jakubowski zu Unrecht verdächtigt und Meineide geschworen zu haben, sie räumten ein, an dem Mord beteiligt gewesen zu sein, und stritten sich nur noch darüber, wer der Anstifter und wer der eigentliche Täter gewesen war. Daraufhin wurden Kreutzfeldt, Blöcker und August Nogens festgenommen. Das war am 9. Mai 1928, kaum acht Tage nach dem Beginn der erneuten Untersuchung. Am 10. Mai mußten sie dem

Gesetz nach der Justiz übergeben werden – also dem Oberstaatsanwalt Dr. Müller.
Und dieser Oberstaatsanwalt Dr. Müller, der die Todesstrafe beantragt und sich der Begnadigung widersetzt hatte, begab sich am 12. Mai, vom Gerichtsschreiber begleitet, zu den Verhafteten ins Gefängnis – und als er nach einigen Stunden wieder herauskam, hatte er den Widerruf der beiden Geständnisse in der Hand! Am 14. Mai entließ er die drei, und am 19. Mai teilte er der Presse mit:
»Die Ermittlungen haben darüber, daß Jakubowski unschuldig verurteilt ist und daß die drei Verhafteten mit dem Mord etwas zu tun haben, nichts ergeben. Bezüglich des angeblichen Meineids liegt gegen Nogens und Kreutzfeldt nichts und gegen Blöcker ein ganz entfernter, voraussichtlich in sich zusammenfallender Verdacht vor.«
Nun, es gelang ihm nicht, die Wiederaufnahme der Untersuchung und dann auch des Verfahrens zu verhindern, wenn sie auch erst nach langer Pause erfolgte: der Ruf der Öffentlichkeit nach Aufklärung war allzu laut, und das Reichsgericht befahl sie an. In zwei Schwurgerichtsverhandlungen unter anderen Richtern und mit einem anderen Staatsanwalt wurden verurteilt:
August Nogens wegen Mordes zur Todesstrafe und wegen Meineides zu anderthalb Jahren Zuchthaus;
Fritz Nogens wegen Beihilfe zum Mord und wegen Meineids zu vier Jahren und einem Monat Gefängnis;
Blöcker wegen Meineids zu anderthalb Jahren Zuchthaus;
Frau Nogens wegen Beihilfe zum Mord und wegen Meineids zu neun Jahren Zuchthaus.
Und noch fünf Monate vorher hatte Oberstaatsanwalt Müller die Presse zur Aufnahme einer »Berichtigung« gezwungen, in der es über diese Frau Nogens hieß: »Die Gerüchte beruhen auf müßigem, im Interesse der jetzt Beschuldigten, einer achtenswerten Frau, deren Liebling das

ermordete Kind war, sehr bedauerlichem Klatsch, denn die Großmutter hat nach ihrer Rückkehr weinend nach dem verschwundenen Kind gesucht.«

Ja, sie hatte geweint und ihren »Liebling« mit ermordet. Und Jakubowski hatte nicht geweint...

Übrigens sprach man den Toten nicht frei. In der mündlichen Urteilsbegründung heißt es vielmehr, daß Jakubowski schwer belastet und der Tat dringend verdächtig scheine, daß er aber auf keinen Fall der alleinige Täter gewesen ist und daß sich beim Gericht gewisse Zweifel an seiner Schuld geregt haben.

Was war geschehen?

Etwas höchst Einfaches:

Von dem Zeitpunkt an, da Oberstaatsanwalt Müller aus der Zelle der Verhafteten den Widerspruch ihrer Geständnisse mitgebracht hatte, hatten sie ihr Aussagen entscheidend geändert. Nur Blöcker war sofort nach der Entlassung zu Jakubowskis Anwalt gegangen und hatte erklärt, er widerrufe den Widerruf seines Gestädnisses und bleibe nun dabei, daß er einen Meineid geleistet habe; sein Gewissen zwinge ihn dazu, denn Jakubowski sei unschuldig. August Nogens, Fritz Nogens und ihre Mutter aber behaupteten nunmehr, nicht sie selbst, nicht Blöcker und nicht Kreutzfeldt seien die Anstifter gewesen, sondern – Jakubowski! Denn Jakubowski war ja tot, er konnte nicht mehr widersprechen – und die Justiz konnte sagen, daß sie diesen Aussagen zwar mißtraue, daß sie aber nicht widerlegbar seien und deshalb nach dem Grundsatz »Im Zweifelsfall für den Angeklagten« zugunsten der Täter bewertet werden müßten – also zuungunsten Jakubowskis! Und mit dieser Konstruktion, die viele Juristen als »gleisnerisch« und viele Laien als »infamen Dreh« bezeichneten, war das Ehrenschild der strelitzischen Justiz wenn nicht blankgeputzt, so doch notdürftig geflickt; denn wenn auch diese Belastung des Toten wiederum ausschließlich auf Aussagen der Familie Nogens beruhte – man konnte rein formal der ersten Instanz wohl einen Irrtum in der Beweiswürdigung, nicht aber geradezu einen Justizmord nachweisen, und nach jahrelangem Hin und Her sanktionierte schließlich auch das Reichsgericht die Konstruktion in der Formulierung der letzten schriftlichen Urteilsbegründung, »daß unter gewissem Hinausgehen über das Geständnis des August Nogens für erwiesen erachtet wird, daß entweder August Nogens oder Jakubowski die Tötung des Ewald vorgenommen und letzterer die Tat zweifellos mit angestiftet hat«.

Zwar reißt der sonst so fest gewebte Vorhang vor dem Tempel der Justiz diesmal mitten entzwei. Juristische Fachzeitschriften wenden sich in Artikeln, geschrieben auch von Richtern, scharf gegen diesen Versuch einer Ehrenrettung um jeden Preis, und selbst die ultrakonservative und dem Reichsgericht nahestehende »Deutsche Richterzeitung«, die jahrelang mit den Richtern und dem Oberstaatsanwalt von Neustrelitz durch dick und dünn ging und alle Gegner des Urteils heftig beschimpfte, bequemte sich zuletzt dazu, wenigstens von der Vollstrekkung des Todesurteils abzurücken: »Allerdings hätten sich, selbst wenn die Gnadeninstanz von der Richtigkeit des Todesurteils voll überzeugt war, gerade in dieser Mordsache, der nach allem, was die Person des Täters und des getöteten Knaben betrifft, sicherlich keine besondere kriminelle Bedeutung zukommt, Umstände und Gründe finden lassen, die eine Begnadigung nahelegen konnten.« Kühle Worte – aber immerhin klare Worte.

Noch bis in die ersten dreißiger Jahre hinein bemüht man sich immer und immer wieder um die Wiederaufnahme des Prozesses, der nach und nach elf Gerichte, nämlich drei Schwurgerichte, dreimal das Reichsgericht, dreimal

das Landgericht und zweimal das Oberlandesgericht, beschäftigt hat – vergebens. Die Justiz besteht auf ihrem Schein. Und dann ist es zu spät: eine neue Zeit bringt eine neue Richtung ans Ruder, die sich über den Kopf eines simplen polnischen Landarbeiters keine Gedanken mehr macht und derselben Justiz, die diesen Kopf opferte, den Fußtritt gibt.
Aber der Schatten des armen Knechtes Josef Jakubowski ist auch für unsere Zeit, die weiß Gott ebenfalls ihre Justizirrtümer hat, noch nicht stumm. In meinem Fall, will er sagen, war der Irrtum sicher erklärlich, vielleicht unvermeidlich. Nicht erklärlich und nicht unvermeidlich aber war der Widerstand, den man seiner Berichtigung entgegensetzte. Ich würde leben, wenn man mißtrauischer wäre in der Bewertung von Vorstrafen, Zeugenaussagen, Eiden, Indizien, Geständnissen, Staatsanwälten, Richtern, Prozeßvorschriften und Todesstrafen; ich würde leben, wenn man nicht gerade das Gericht, das den Irrtum beging, darüber entscheiden ließe, ob es einer war; ich würde leben, wenn man ihn schneller und leichter revidiert hätte. Ich würde leben, wenn unsere Rechtspflege lebendiger wäre.

1940

Der Fall Schlitt

oder

Die geköpfte Justiz

Das, was wir hier als Recht ansprechen, darf weder ein militärisches noch ein parteipolitisches noch ein autoritäres Vorzeichen haben; deshalb sei die Unzahl der Justizmorde während des Dritten Reiches und seines Krieges übergangen. Denn wo das Unrecht regiert, oder wo auch nur gesetzgebende, rechtsprechende und ausführende Gewalt nicht mehr getrennt sind, da gibt es kein Recht; und es hätte nur Sinn, die Fälle aufzuzählen, in denen trotzdem das Unrecht gebrochen wurde – nicht das Recht, denn das war ja gebrochen.
Um es aber brechen zu können, mußte Hitler zunächst die Justiz entmachten, und als Anlaß dazu benutzte er den Fall Schlitt – und der Fall Schlitt war ein Justizmord, den eben dieser Hitler selbst herbeigeführt hatte. Denn Schlitt war nicht unschuldig, aber er war kein Mörder; mit dem Unrecht an ihm rechtfertigte man den Unrechtsstaat. Mit seinem Fall wurde Geschichte gemacht; darum sei er allein hier erzählt, stellvertretend für aber hundert andere.

Ewald Schlitt wird, als Sohn eines Arbeiters, zwei Jahre vor dem ersten Weltkrieg in Dortmund geboren. Er entwickelt sich zu einem stillen, scheuen, aber begabten Jungen, so daß man den sieben Jahren Volksschule noch zwei Jahre Gymnasium anschließen kann; dann reicht seines

Vaters Geld nicht weiter, und so wird er Bautechniker. Seine Chefs sind sehr zufrieden mit ihm. Denn obwohl er infolge der Hunger- und Seuchenzeit nach 1918 mit zwölf Jahren an einer Kopfgrippe erkrankt, von der seltsamerweise ein bösartig juckender, quälender und nicht zu heilender Hautausschlag zurückbleibt, und obwohl er, der sonst so Zurückhaltende, während der akuten Stadien dieser Krankheit zu nervösen Ausbrüchen, zu Empfindlichkeit und Zorn neigt – er versteht sich zu beherrschen und gerät mit niemandem in Konflikt. Dazu hilft ihm wohl auch seine sehr religiöse Haltung; er ist eifriges Mitglied des katholischen Gesellenvereins und wird bald dessen Schriftwart. So lebt er sein stilles Leben abseits der Zeit, die ihn denn auch in Ruhe läßt, bis Hitler kommt.
Dessen Anhänger inszenieren ein Strafverfahren gegen den Dortmunder Pfarrer Gies; sie werfen ihm Vergehen an Kindern vor; doch bricht die Anklage zusammen, und Gies wird freigesprochen. In diesem Zusammenhang nimmt die Gestapo auch bei Ewald Schlitt eine Haussuchung vor; sie verläuft ergebnislos; immerhin ist man nun auf ihn aufmerksam geworden, und Freunde wie Vorgesetzte legen ihm nahe, zum Beweis seiner einwandfreien Einstellung der Partei beizutreten. Er lehnt, seiner katholischen Gesinnung wegen, ab, und man läßt ihn vorerst in Ruhe; die Zeit hat ihn zunächst nur gestreift. Sein Leben läuft wieder weiter wie früher, im engen Kreis. Auch seine erste Liebe sprengt ihn nicht.
Er erlebt sie, dem Gesetz seines Wesens entsprechend, spät, mit vierundzwanzig Jahren. Er hat bis dahin keine Frau berührt, er rührt auch Gertrud ein Jahr lang nicht an. Gertrud, zwei Jahre älter als er, ist ein armes Mädchen, denn ihr Vater, ein Zugführer bei der Reichsbahn, hat zwölf Kinder zu ernähren; gottlob bleiben alle gesund. Gertrud ist scheu und verschlossen wie Ewald auch; man

versteht sich; sie sagt ihm, daß auch sie sich noch keinem hingegeben hat; ihm ist das selbstverständlich. Erst als er 1937 eine Stellung bei der Marinewerft in Wilhelmshaven gefunden hat, die ihm hundertfünfzig Mark im Monat einbringt, erst als er Gertrud nun in der Gewißheit, sie heiraten zu können, zu sich nach Wilhelmshaven holt, kommt es zur ersten intimen Beziehung; der aber folgt schon anderthalb Monate später die Heirat. Sie ist für ihn, den Katholiken, eine ernste und ewige Sache, ein Sakrament, ein unbrechbarer Schwur: »Bis daß der Tod euch scheide ...«

Da, nach vier Wochen Ehe, muß Gertrud ins Krankenhaus, und er erfährt, daß sie an einer bösartigen, lange verschleppten Gonorrhöe leidet, ja, daß sie dieser Gonorrhöe wegen schon Wochen vor der Ehe in hautärztlicher Behandlung war. Eine Welt bricht in Ewald zusammen; sie hat ihn belogen, aufs gemeinste belogen, sie trat nicht »rein« in die Ehe. Aber er ist überzeugter Katholik: die Ehe ist von Gott und vor Gott geschlossen, sie gilt, sie ist unlösbar, sie muß durchgestanden werden, auch ist seine Christenpflicht das Verzeihen – wenn auch seine psychischen Qualen die physischen Qualen seines Hautleidens wieder verschlimmern.

Und nun stellt sich zudem heraus, daß Gertrud, entgegen ihren Versicherungen vor der Ehe, kaum kochen, nicht nähen, nicht haushalten, ja nicht einmal Sauberkeit wahren kann; die Wohnung ist ständig verschmutzt, und dazu auch die Treppe und die Waschküche, so daß man mit den übrigen Hausbewohnern in Konflikt gerät; Ewald muß, bevor er zur Arbeit geht und wenn er von der Arbeit gekommen ist, putzen, Essen bereiten, flicken. Immer häufiger bricht nun sein Jähzorn aus, zumal wenn die Krankheit ihn plagt; er beschimpft Gertrud oft und laut, manchmal schlägt er sie.

Trotzdem kommen Kinder: zuerst eine Tochter. Die Mutter hat keinerlei Vorbereitungen für die Geburt getroffen, Nachbarn müssen einspringen. Sie sagen später aus, daß er auch in dieser Zeit hart zu seiner Frau blieb, ihr kein Geld zurückließ, oft nur ein paar Stück Brot; daß er sich für die Hilfe nicht einmal bedankte; daß des Kindes früher Tod in einem Pflegeheim auf die Vernachlässigung zurückzuführen sei. Er wiederum wandte ein, daß es ja keinen Sinn gehabt hätte, ihr Geld zu geben, daß sie dem Kind dafür weder etwas gekauft hätte noch in der Lage gewesen wäre, ihm etwas zu kochen.
Gewiß ist, daß er selbst immer gut zu dem Kind war – wie auch zu den beiden anderen, die später kamen, ein Mädchen und ein Bube. Gewiß ist aber auch, daß er seine Frau ständig weiterbeschimpfte, so laut, daß man es im Haus hörte, und zuweilen schlug, so hart, daß die Nachbarn es sahen. Sie selbst gab nur zögernd zu, daß er sie mißhandelt habe, sie sprach von ihm als von einem guten Mann, sie suchte ihn immer in Schutz zu nehmen; wohl aus dem Gefühl ihrer Schuld heraus, von der nur sie wußte – und er. Die Nachbarn aber ahnten nichts davon, und so wandte alles Mitleid sich ihr zu und alle Abneigung ihm; denn wenn man auch wußte, daß er jeden Abend pünktlich nach Hause kam, ohne zu kneipen, so wußte man es doch eben deshalb, weil man ihn jeden Abend schimpfen hörte. Und als man bemerkte, daß Gertrud manchmal »nicht ganz bei sich«, daß sie oft seltsam stumpf und abwesend war, schob man auch dies auf sein Verhalten.
Und zweifellos: er hatte sich übernommen. Er hielt diese Frau, diese Ehe nicht aus. Er hätte sich von ihr trennen und die Ehe doch bestehenlassen können, auch nach katholischer Auffassung; aber das fiel ihm nicht ein. Dazu kam Verdruß im Betrieb, nicht seiner Arbeit wegen, die einwandfrei blieb, sondern seiner Gesinnung wegen; er

war nahezu der einzige seiner Belegschaft, der noch nicht in der Partei war, sehr zum Ärger des »Sicherheitsreferenten«, der ihn zu hassen begann, als er ihn nicht politisieren konnte. Dann kam zwar der Krieg, und Ewald wurde als Funker eingezogen; doch der Haß des Sicherheitsreferenten folgte ihm nach.
Und der Krieg brachte neue Schwierigkeiten: wahllose Kost, vom Zufall der Rationierung abhängig, die andere ertrugen, die aber sein Leiden verschlimmerte, Sorgen um Essen und Kleidung für die Kinder, Bombenangriffe. In der Nacht nach dem 27. Juni 1940 heulten wieder die Sirenen; alle Hausbewohner waren im Luftschutzkeller, nur die Familie Schlitt nicht; an Gertrud hatte man am Morgen ein blutunterlaufenes Auge bemerkt, er hatte sie also wieder geschlagen; so eilten zwei Nachbarinnen zur Wohnung hinauf.
Die Tür stand offen, Gertrud saß am Boden, einen Läufer um den Körper geschlungen, und schrie ein übers andere Mal: »Meine Kinder sind tot! Wo ist mein Mann?« Aber die Kinder lagen in ihren Betten, und ihr Mann stand vor ihr. »Da steht doch Ihr Mann, hier sind doch Ihre Kinder!« sagten die Nachbarinnen. Sie begriff es nicht, und ihr Mann sagte: »Meine Frau ist irre geworden. Ich brauche einen Wagen.«
Man brachte die Kinder in den Keller und versorgte sie mit Essen. Man trug Gertrud hinunter: sie sah furchtbar aus, hatte blaue Flecken im Gesicht und am ganzen Körper, redete wirr. Ihren Mann stellten die Nachbarn zur Rede: er dürfe seine Frau nicht so schlagen. Er stritt nichts ab, er sagte nur müde: »Was ich mit meiner Frau durchzumachen habe, soll erst einmal ein anderer durchmachen.«
Der Luftalarm war vorbei, man brachte Gertrud wieder hinauf. Er holte keinen Wagen, er telegraphierte an Gertruds Mutter, sie solle kommen. Sie kam am nächsten Tag

und holte den Arzt. Der wies Gertrud in die Heil- und Pflegeanstalt ein. Dort besserte sich langsam, sehr langsam ihr körperlicher Zustand, aber ihr geistiger nicht. Sie schrie auf vor Angst, wenn der Psychiater an ihr Bett trat. Nach drei Monaten stellte sich bei ihr ein infektiöser Darmkatarrh ein. Daran starb sie am 11. Oktober 1940. Man begrub sie, und es erfolgte nichts: weder der Arzt noch Gertruds Mutter noch die Nachbarn erstatteten irgendeine Anzeige. Aber nach fast einem Jahr erfuhr der Sicherheitsreferent der Werft, der Ewald nicht hatte in die Partei bugsieren können, von der Angelegenheit. Aha, da hatte man's ja! Und der Referent zeigte Ewald an, nicht ohne hinzuzufügen, daß er ein Gegner Hitlers, ein besonders gläubiger Katholik und ein fanatischer Kirchgänger sei. Ein Jahr nach Gertruds Tod wurde Ewald Schlitt verhaftet, anderthalb Jahre nach ihrem Tod wurde vor dem Landgericht Oldenburg gegen ihn verhandelt. Die Anklage lautete auf schwere Körperverletzung.
Ewald schilderte die Vorgänge am Abend des 27. Juni 1940. Als er vom Dienst nach Hause gekommen sei, habe seine Frau ihm gestehen müssen, daß sie die Verhaftung, zumindest eine Bestrafung zu erwarten habe. Sie war nämlich wieder schwanger und hatte deshalb Zusatzkarten für werdende Mütter und einen Textilbezugsschein erhalten. Beide Scheine habe sie gefälscht, indem sie auf dem einen vier Eier, auf dem andern einen Schlafanzug vermerkt und auch bezogen habe. Das sei nun herausgekommen. Im Verlauf der daraufhin beginnenden Auseinandersetzung habe sie ihm auch gesagt, sie habe wieder mit einem anderen Mann geschlechtlich verkehrt. Das habe ihn in rasende Wut versetzt, und wenn er ihr früher nur Ohrfeigen und Püffe verabreicht habe, so habe er nun mit dem Teppichklopfer zugeschlagen, blindlings, sinnlos, ohne zu wissen oder zu beachten, wohin er traf. Das Elend und die Qual

von Jahren, sagte sein Verteidiger, seien eben an diesem Abend beim Gellen der Alarmsirenen explodiert.
Daß Gertrud Bezugsscheine gefälscht hatte, erwies sich als richtig. Daß sie von einem anderen Mann gesprochen hatte, konnte Schlitt natürlich nicht beweisen – wie man es ihm auch nicht widerlegen konnte. Aber der Psychiater der Heilanstalt, in der Gertrud gestorben war, erklärte als Sachverständiger, sie habe Verletzungen gehabt, wie sie ihm bisher nur einmal begegnet seien, »als nämlich eine Horde Kommunisten einen Parteigenossen totgetrampelt hatte«, und ohne die jahrelangen körperlichen und seelischen Mißhandlungen, die Gertrud erleiden mußte, hätte sie die Darminfektion zweifellos überstanden. Auf Grund dieser Aussage wurde dann die Anklage verschärft; sie lautete nicht mehr nur auf schwere Körperverletzung, sondern auf schwere Körperverletzung mit Todesfolge.
Deshalb wurde Schlitt dann auch verurteilt. Sein Verhalten sei roh und brutal gewesen, er habe aber jeweils von seinem Jähzorn übermannt und infolge seiner Krankheit erregt, nicht aber rücksichtslos, kaltblütig und als Gewaltverbrecher gehandelt. Auch sei er nicht vorbestraft gewesen und von Gertrud oft belogen worden. Er bekam fünf Jahre Zuchthaus unter gleich langer Aberkennung der bürgerlichen Ehrenrechte und unter Anrechnung der Untersuchungshaft, weil er im wesentlichen geständig gewesen war.
Das Urteil war nach heutigen Begriffen hart bis zur Ungerechtigkeit. Nach damaligen Begriffen war es ebenfalls hart und wurde auch schon damals als hart bezeichnet, aber es war nicht gerade ungerecht, wenn auch der Anklagevertreter und der Vorsitzende sogar zu jener Zeit als »scharf« galten. Aber es suchte die ganz persönliche Schuld eines Einzelmenschen an einem anderen Einzelmenschen individuell zu bewerten und zu sühnen, wie es

Richterpflicht ist, und wir würden es in diesem Zusammenhang weder erwähnen noch angreifen, wenn es eben nicht Weltgeschichte gemacht hätte; wenn nicht eines der traurigsten und bittersten Kapitel der deutschen Rechtsgeschichte mit diesem Fall Ewald Schlitt begonnen hätte.
Über den Fall Schlitt nämlich berichtete die »Berliner Nachtausgabe« in der üblichen sensationellen Art. Hitler las den Artikel und tobte – wenn er nicht heimlich jubelte. Denn Hitler haßte die Juristen – wie noch jeder Tyrann die Juristen haßte, selbst wenn er sie in seinen Dienst zwang; zu ihrer Ehre sei das gesagt. Nun aber, dachte Hitler, konnte er sie fassen; an Hand dieses Rechtsfalls Schlitt konnte er die Richter entrechten!
Noch in der gleichen Nacht rief er die »Zuständigen« an. *Einen* Zuständigen gab es nicht, weil der Reichsjustizminister Gürtner gestorben und sein Posten noch nicht wieder besetzt war – wohl absichtlich, denn solange es diesen Justizminister gegeben hatte, hatte Hitler seine Wut auf das Jus noch einigermaßen zügeln müssen. Jetzt gab es den Staatssekretär Schlegelberger und – den Staatssekretär Freisler. Den alten, hochangesehenen Dr. Schlegelberger konnte Hitler nicht leiden. »Dieser Kerl«, hatte er einmal gesagt, »sieht genauso aus, wie er ist. Man braucht ihn nur einmal gesehen zu haben, um ein für allemal die Hoffnung zu begraben, daß Deutschland jemals eine nationalsozialistische Richterschaft bekommt.« Und eben weil er ihn nicht leiden konnte, rief er ihn zuerst an.
Der Anruf ist ein einziger gebrüllter Monolog. »Das ist ja wieder mal typisch für die volksfremde Justiz der reaktionären Richterkaste! Ein Gewaltverbrecher wie dieser Schlitt geht für fünf Jährchen in einen sicheren Bau, und das auf Staatskosten, während Hunderttausende von anständigen Männern an der Front ihr Leben einsetzen für ihre Frauen und Kinder! Ich werde Sie, Schlegelberger,

und die gesamte Justiz zum Teufel jagen, wenn dies Urteil nicht umgehend revidiert wird! Umgehend! Und wenn das nicht geschieht, dann werde ich die gesamte Rechtsprechung und die gesamte Strafverfolgung einfach dem Reichsführer SS überantworten, verstanden?«
Oh, Schlegelberger versteht durchaus. Er weiß, daß Himmler sich seit langem die Richter unterstellen will – oder, wenn das nicht zu erreichen sein sollte, wenigstens die Staatsanwaltschaften aus der Justizverwaltung herauslösen und mit der Polizei zu einer Ermittlungsbehörde verkoppeln will, die ihm pariert. Schlegelberger weiß auch, daß das verhindert werden muß. Aber was soll er sagen? Er kann nur sagen, daß er den Fall Schlitt ja gar nicht kennt und die »Nachtausgabe« gar nicht liest. Aber diese bescheidene Einwendung führt nur einen neuen Tobsuchtsanfall Hitlers herbei – und dann ruft er Freisler an. Freisler, der Ehrgeizige, der Rechtstyrann, weiß, wie man mit Ehrgeizigen, mit Staatstyrannen umgeht: »Immer erst mal recht geben!« Außerdem kennt er den Fall einigermaßen, der ihm, da ihm das Strafrechtsressort unterstand, ja gemeldet worden war. Also stimmt er Hitler zu. Aber Himmler unterstellt werden – das will auch er nicht. Kein Kopfjäger hat gern einen noch größeren Kopfjäger über sich. Also muß das Urteil eben revidiert werden, ob es nun gerecht war oder nicht. Ganz im Sinne des Herrn Goebbels, der frei und offen erklärt hat: »Im Krieg geht es nicht so sehr darum, ob ein Urteil gerecht oder ungerecht ist, sondern um die Frage seiner Zweckmäßigkeit. Es ist nicht vom Gesetz auszugehen, sondern von dem Entschluß: Der Mann muß weg!«
Nun, so nackt kann man es als Jurist natürlich nicht sagen. Aber weg muß der Mann doch. Freisler läßt sich zunächst den Oberstaatsanwalt kommen, der in Oldenburg die Anklage vertrat, und beflegelt ihn »in der rüdesten und demü-

tigendsten Form«, weil er kein Todesurteil beantragt habe. Dann holt er sich den Oberreichsanwalt Lautz. Der ist ein vorsichtiger Mann: er meint, er wisse nicht, wie man das Verfahren wieder aufrollen könne. Freisler läßt sich nun bei Hitler melden. Aber Bormann, der Freisler nicht grün ist, läßt ihn nicht vor. Erst müsse die Angelegenheit Schlitt im Sinne des Führers erledigt sein. Freisler und Lautz beraten aufs neue, diesmal sogar mit dem alten Schlegelberger. Ergebnis: man zitiert den Präsidenten des Reichsgerichts, Bumke, nach Berlin, den höchsten deutschen Richter, das Symbol der richterlichen Unabhängigkeit. Und siehe: Bumke muß wohl Rat gewußt haben. Auf diesen Rat hin scheint Freisler oder Lautz den »außerordentlichen Einspruch« eingelegt zu haben. Jedenfalls wird nur zwei Wochen nach dem Oldenburger Urteil – so schnell kann die sonst so langsame Justiz arbeiten, wenn Hitler ihr Beine macht –, wird also schon am 31. März 1942 vor dem »Besonderen Strafsenat des Reichsgerichts« zu Leipzig gegen Schlitt verhandelt. Vorsitzender ist Bumke, der sich ja, wie im Brockhaus von 1941 nachzulesen ist, »besonders für die Reform des Strafrechts, Strafvollzugs und Strafprozesses eingesetzt hat«. Und der Dreh ist der:

Das Oldenburger Verfahren wird im Urteil mit keinem Wort erwähnt. Es ist, als hätte es gar nicht stattgefunden. Schlitts Verteidiger wird nicht geladen, wohl aber werden alle Zeugen und Sachverständigen telegraphisch herbeigeholt; Schlitt bekommt überhaupt keinen Verteidiger. Und er wird auch nicht wegen Körperverletzung mit Todesfolge angeklagt, sondern wegen Verbrechens gegen eine Hitlerverordnung: die »Verordnung gegen Gewaltverbrecher vom 5. Dezember 1939« – eine Verordnung, deren Anwendung auf den Fall Schlitt das Oldenburger Gericht ausdrücklich abgelehnt hatte.

Allerdings hatte es auch das Reichgsgericht nicht leicht, die Tat des Angeklagten irgendwie nach den Bedingungen zurechtzuschneidern, die selbst diese ebenso massive wie dehnbare, brutale Naziverordnung noch stellte. Bumke war zwar klug genug, den Satz des ärztlichen Sachverständigen, worin Gertruds Verletzungen mit denen verglichen wurden, die »eine Horde Kommunisten einem Parteigenossen« beigebracht hätte, wegzulassen und dadurch dies Gutachten zu entpolitisieren; er war umgekehrt scheinheilig genug, dafür den Satz »Er ging eifrig zur Kirche« als scheinbare Entlastung, in Wirklichkeit natürlich als Belastung ins Urteil aufzunehmen; er ließ die Frage, ob die Frau durch Unaufrichtigkeit, Unordentlichkeit, Bezugsscheinfälschung und Verkehr mit einem anderen Mann Anlaß zu den Mißhandlungen gegeben hatte, »dahingestellt«, obwohl drei dieser Behauptungen bewiesen waren und die vierte nicht widerlegt, es sich somit vorwiegend um gar keine »Frage« mehr handelte, sondern um Tatsachen; er setzte auch statt der Wendung des Ersturteils, die Mißhandlungen seien an Gertruds Tod »mitschuldig« gewesen, den Satz: »Sie waren für den Tod ursächlich.« Aber alles das reichte noch nicht, um Schlitt eine »schwere Gewalttat« im Sinne jener Verordnung nachzuweisen und ihn zum »Gewaltverbrecher« zu stempeln. Indessen wo ein Wille ist, da ist auch ein Weg, wo Hitlers Wille war, war auch ein Weg für Bumke. Da ein Gewaltverbrecher »Schuß-, Hieb- oder Stoßwaffen oder andere gleich gefährliche Mittel« angewendet haben mußte, fand der Senat, ein Teppichklopfer, so angewendet, wie es Schlitt getan hatte, sei solch ein »gleich gefährliches Mittel«; und da eine »schwere Gewalttat« »verabscheuungswürdiger sein mußte als andere Gewalttaten«, griff er als letzten Notanker zu dem berühmten »gesunden Volksempfinden« – denn das Urteil schließt: »So hat sich der Angeklagte ... in seinem Wesen als Gewaltverbrecher erwiesen, der nach dem gesunden Volksempfinden aus der Volksgemeinschaft, die in ihrem Lebenskampf durch solch grausige Taten nicht erschüttert und seelisch belastet werden darf, auszumerzen ist.«

Dieses Ausmerzen erfolgte zwei Tage später zu Dresden – und die seelische Entlastung der Volksgemeinschaft am nächsten Tag zu Wilhelmshaven durch ein zinnoberrotes Plakat: »Bekanntmachung! Am 2. April 1942 ist der neunundzwanzig Jahre alte Ewald Schlitt aus Wilhelmshaven hingerichtet worden, den der Besondere Strafsenat des Reichsgerichts am 31. März 1942 als Gewaltverbrecher zum Tode verurteilt hat. Schlitt hat seine Ehefrau jahrelang derart mißhandelt, daß sie in Geisteskrankheit verfiel und starb. Der Oberreichsanwalt beim Reichsgericht.«

Auch Schlitts Mutter erfuhr vom Tode ihres Sohnes erst durch die Bekanntmachung. Man hatte auch sie nicht nach Leipzig geladen.

Schlegelberger, Lutz und Bumke indessen irrten, wenn sie glaubten, sie hätten Hitler durch den Justizmord an Schlitt von seinem Plan abgebracht, den deutschen Richtern ihre Unabhängigkeit endgültig zu nehmen; sie kannten ihren Hitler immer noch nicht. Gerade durch dieses Todesurteil hatte er seinen »Fall« und wußte ihn zu nutzen. Schlitt hatte seinen Kopf verloren: nun verlor ihn die deutsche Justiz.

Es dauerte nur drei Wochen, dann rief Hitler den Reichstag zusammen, zu der im übelsten Sinne »historischen« Sitzung vom 26. April 1942. Er hielt eine seiner »hinreißenden« Reden und sagte, beifallsumbraust: »Ich erwarte, daß die deutsche Justiz versteht, daß nicht die Nation ihretwegen, sondern daß sie der Nation wegen da ist . . . Ich habe, um nur ein Beispiel zu erwähnen, kein Verständnis dafür, daß ein Verbrecher, der im Jahre 1937 heiratet und dann seine Frau so lange mißhandelt, bis sie endlich geistesgestört wird und an den Folgen einer letzten Mißhandlung stirbt, zu fünf Jahren Zuchthaus verurteilt wird... Ich werde von jetzt ab in diesen Fällen eingreifen und Richter, die ersichtlich das Gebot der Stunde nicht erkennen, ihres Amtes entheben!«

Und mit selbstverständlichem Gehorsam faßt der Reichstag im Anschluß an diese Rede jenen leider historischen Beschluß, in dem es heißt: »Der Führer muß, ohne an bestehende Rechtsvorschriften gebunden zu sein, in seiner Eigenschaft ... als oberster Gerichtsherr jederzeit in der Lage sein, nötigenfalls jeden Deutschen, sei er auch ... Richter, mit allen ihm geeignet erscheinenden Mitteln zur Erfüllung seiner Pflichten anzuhalten und bei Verletzung dieser Pflichten nach gewissenhafter Prüfung ohne Rücksicht auf sogenannte wohlerworbene Rechte mit der ihm gebührenden Sühne zu belegen und ihn im besonderen ohne Einleitung vorgeschriebener Verfahren aus seinem Amt, aus seinem Rang und seiner Stellung zu entfernen.«

Und so wurden die deutschen Richter ohne Rechtsweg absetzbar – zum erstenmal in der Geschichte aller zivilisierten Staaten der Welt. Die Rechtsprechung war geköpft worden – wie sie drei Wochen zuvor den kleinen Mann Ewald Schlitt hatte köpfen lassen, und weil sie ihn hatte köpfen lassen.

Die Empörung in der gesamten Nichtnaziwelt war ungeheuer, und die Empörung über den Justizmord an Schlitt damit auch. Das Urteil wurde weltberühmt, weltberüchtigt, traurig weltberüchtigt. Und daß diese Maßnahme, die den ehemaligen Rechtsstaat Deutschland nun auch formal und vor aller Öffentlichkeit zum Unrechtsstaat machte, sich auf ein »Fehlurteil« des Oldenburger Landgerichts berief – das empörte auch die Oldenburger Richter. Der

Oberlandesgerichtspräsident wurde beim Gauleiter Röver vorstellig, der Gauleiter Röver bei Hitler. Er bewies ihm, daß seine Attacke gegen die Oldenburger Richter unberechtigt, daß Schlitt kein Gewaltverbrecher, sondern »ein armes, vom Schicksal gequältes und geschlagenes Luder«, daß die Strafe von fünf Jahren Zuchthaus auch nach seiner, des Gauleiters, Meinung zu hoch angesetzt, daß Gefängnis am Platze, daß der Staatsanwalt sogar ein besonders »scharfer« Mann und auch der Vorsitzende keinesfalls einer jener Richter war, denen man übertriebene Weichheit nachsagen könne.
Und, o Wunder: Hitler ließ sich überzeugen. Hitler sah alles ein. Er bekam wieder einen Tobsuchtsanfall, diesmal zuungunsten Freislers, der ihn falsch informiert habe und auch nur so eine »Kreatur mit durch das Jus gebrochenem Rückgrat« sei. Ja, welch ein Führer: er ließ sich durch Röver bei den Oldenburger Richtern entschuldigen!
Doch das Recht blieb gebrochen. Die Richter blieben durch Hitler absetzbar. Ihre Urteile verschärften sich vielfach. Ohne den Mißbrauch des Falles Schlitt durch Hitler wäre noch mancher am Leben geblieben, der den Tod nicht verdient hatte, wäre noch mancher geringfügig bestraft worden, der ins Zuchthaus kam. Mit Hilfe des Falles Schlitt hatte Hitler Geschichte gemacht, sein würgender Griff nach der Justiz blieb bestehen und wurde fester und fester, der Schlitts wegen »enthobene« Freisler fiel die blutige Treppe zum Volksgerichtshof hinauf; was brauchte Hitler den toten Schlitt noch? Ihn konnte er in Gottes Namen rehabilitieren. Die Geste konnte er sich leisten. Und noch dazu – blieb sie intern. Die Welt erfuhr es ja nicht, daß Adolf Hitler einen durch ihn veranlaßten Justizmord zugegeben hatte.
Nach dem Zusammenbruch sollte sie es erfahren. Die Mutter des Hingerichteten wollte es so, und ihr Anwalt

Dr. Amecke bemühte sich darum. Aber das ging nicht so schnell wie Ewalds Ermordung. Es dauerte seine paar Jahre.
Zunichte machen, hieß es schließlich, könne man das Urteil nicht. Denn es sei nicht härter gewesen als andere Reichsgerichtsurteile aus jener Zeit, die sogar die bloße Faust als »gefährliches Mittel« angesehen hätten. Gewiß sei es ein Fehler gewesen, gegen Schlitt ohne Verteidiger zu verhandeln; gewiß hätte man sich nicht nur auf das Gutachten eines reinen Psychiaters stützen dürfen, der ja gar nicht beurteilen könne, ob die Darminfektion auch ohne die Mißhandlungen zum Tode geführt hätte, das könne nur ein Internist; gewiß hätten politische Hintergründe vorgelegen, ja politische Eingriffe. Andererseits aber hätte das Reichsgerichtsurteil im wesentlichen keinen anderen Tatbestand zugrunde gelegt als das Oldenburger, und das sei von einem ordentlichen Gericht gefällt worden. Wiederaufnehmen könne man das Verfahren auch nicht, weil eine Wiederaufnahme nach dem Tode eines Verurteilten nur dann erfolgen könne, wenn ein Freispruch möglich sei. Der jedoch sei auch nicht möglich, und so sei man an den vom Reichsgericht festgestellten Tatbestand gebunden und könne nur rein rechtlich anders würdigen. Und da sehe die Sache denn so aus, daß jene Gewalttäterverordnung Hitlers nicht mehr gelte und daß nach dem Strafgesetzbuch entschieden werden müsse. Hier müsse es, weil eben neue Tatbestände nicht berücksichtigt werden könnten, bei der Körperverletzung mit Todesfolge bleiben, für die vier Jahre Gefängnis ohne Verlust der Ehrenrechte verhängt würden, denn ehrlos habe der Tote nicht gehandelt.
Nun gut. Es wird wohl so sein müssen. Wir aber wollen und dürfen nicht vergessen, daß über jenem Urteil die Formel steht: »Im Namen des deutschen Volkes«, und

darunter »Von Rechts wegen!« – und daß der Herr Oberreichsanwalt Lautz, der Schlitt hinrichten ließ, von unserem Staat seine »wohlverdiente« monatliche Pension beziehen konnte.

1946

Der Fall Lang

oder

Die kranken Akten

Der Unrechtsstaat war zugrunde gegangen – von Rechts wegen. Ein neuer Rechtsstaat wurde aufgebaut. Die Justiz wurde wieder unabhängig und konnte Verbrechen vermeiden; Justizirrtümer konnte und kann sie nicht vermeiden. Aber jetzt wurden und werden doch viele davon aufgedeckt und berichtigt; berichtigt durch die Gerichte, aufgedeckt aber zumeist von der wieder freien Presse. An der Wiederaufnahme einiger solcher »verfahrener Verfahren« war ich beteiligt, und den eindrucksvollsten will ich hier wiedergeben, so, wie ich ihn erlebt habe. Gleich den bisher berichteten Fällen soll er auf Grund von Akten und Aufzeichnungen erzählt, nichts soll ausgeschmückt oder hinzugefügt werden; eben darum erscheint es notwendig, ihn hier so an den Leser heranzutragen, wie er an mich herangetragen wurde und wie ich ihn damals in die Öffentlichkeit trug. In mancher Vermutung, in dieser und jener Einzelheit hatte ich mich geirrt; in dem, worauf es ankam, nicht: in dem Wissen, daß hier Unrecht geschehen war. Die Artikel, in denen das festgestellt wurde, stehen in diesem Buch so, wie sie damals in einer illustrierten Zeitschrift erschienen; sie mögen beweisen, daß der öffentliche Kampf ums Recht auch da begonnen und durchgefochten werden muß, wo noch einzelne Unklarheiten bestehen.

Die Klärung obliegt dann dem Wiederaufnahmeprozeß; es ging und geht nur darum, ihn herbeizuführen – mit allen Mitteln!
Der erste dieser Artikel erschien am 3. November 1951.

An der Bundesstraße von Heilbronn nach Karlsruhe liegt, ein Dutzend Kilometer westlich von Heilbronn, das große Dorf Gemmingen, ganz am Rande Badens; und ganz am Rande Gemmingens liegt der große Hof des Bauern Ottmar Maag: zwar blicken die vielen Fenster in der mächtigen Breitseite des Wohnhauses noch auf die Dorfstraße, aber hinter der türlosen Rückwand des gegenüberliegenden Wirtschaftsgebäudes beginnt schon das freie Feld, der Ausblick in die Weite.
Man schreibt den 2. Februar 1946. Es ist halb acht Uhr abends. Draußen ist es so dunkel, daß man kaum einen Meter weit sehen kann. Dazu regnet es in Strömen. Man kann also nicht auf dem Felde, sondern nur unter Dach arbeiten. Das tun sie denn auch alle, bis auf den siebzehnjährigen Kurt Renner aus Darmstadt, der an sich nur zur Erholung im Hause Maag weilt, aber jetzt unterwegs ist, um sich durch die Ablieferung der Milch bei der dörflichen Sammelstelle nützlich zu machen. Gearbeitet wird in der Küche, in der Scheune, im Stall.
In der Scheune steht der Bauer Maag selbst an der Rübenmaschine, deren Motor laut arbeitet. Ihm hilft beim Rübenmahlen Kurt Renners Mutter, die vierzigjährige Fabrikarbeiterswitwe Anna Renner, bei der der Bauer während der Kriegszeit einmal im Quartier lag und die sich nun mit ihrem Jungen hier einmal satt essen darf. Die Scheune bildet den Mittelpunkt des Wirtschaftsgebäudes; ihr großes Tor, das geschlossen ist, führt auf den Hof, während in der Rückwand, zu den Feldern hin, nur eine schießschartenartige Öffnung angebracht ist: das »Deich-

selloch«, das sonst die Deichsel des Erntewagens aufnimmt. Heute ist es mit einem Sack verstopft.
Zur Linken schließt sich an die Scheune der Keller, zur Rechten der Stall an. Im Stall arbeitet der vierunddreißigjährige Knecht Wilhelm Lang. Das heißt, eigentlich ist er kein Knecht, er ist gelernter Karosserieschlosser, ist im Dorf verheiratet, hat zwei Kinder, wohnt im Hause seiner Eltern – hilft aber, wie das im Krieg und Nachkrieg so üblich und nötig war, beim Bauern aus. Der Stall hat eine eigene kleine Tür zum Hof.
In der Küche schließlich, deren beide Fenster ebenfalls von der Rückwand des Wohngebäudes auf den Hof blikken, sitzt Ottmar Maags Frau Erika an der Nähmaschine. Die Bäuerin ist sechsunddreißig Jahre alt, eine kräftige, resche Brünette. Zugleich spült die sechsundzwanzigjährige Hanni Killer Geschirr. Sie ist ein Flüchtlingsmädchen aus dem Osten und kam erst vor zehn Tagen zu Maags. Die Küchenfenster sind geschlossen – wie gegenüber das Scheunentor. Es surrt also die Nähmaschine, es rauscht der Regen, es rattert und spuckt der Motor in der Scheune. Und als es nun in der Scheune knallt, glaubt Anna Renner, es sei, wie auch sonst häufig, eine Fehlzündung des altersschwachen Motors gewesen. Aber der Bauer weist auf das Deichselloch, aus dem der Strohsack plötzlich nach innen herunterfiel, und ruft: »Verdammt! Jetzt schießen sie schon auf mich!« Er öffnet in fliegender Hast die kleine Tür im großen Scheunentor und stürzt auf den Hof. Anna Renner versteckt sich vor Angst im Keller. Von dort aus hört sie den Bauern mit dem Knecht irgendwo im Hof sprechen – was, versteht sie nicht.

In der Küche hat inzwischen Frau Maag dem Flüchtlingsmädchen zugerufen: »Es hat geschossen!« Beide Frauen öffnen die Fenster. Sie sehen Maag um die Scheunenecke

herum zu den Feldern hin laufen, mit einer Mistgabel bewaffnet. Den Knecht sieht das Mädchen nicht; Frau Maag jedoch sagt, sie habe auch ihn am Scheuneneck gesehen, und sie habe ihrem Mann zugerufen: »Ottmar, blieb hier!« Als die Männer dann doch in den Feldweg einbiegen, der sich an der Scheunenrückwand entlangzieht, schließen die Frauen das Fenster wieder. Und als Anna Renner sich vom Keller in die Küche flüchtet, entsetzten Gesichts, fragt die Bäuerin: »Was ist passiert ...?« Anna will antworten – da knallen abermals Schüsse. Anna hört sie: zwei oder drei. Dann bringt der Knecht den Bauern. Er hat ihn unter die Arme gefaßt, er muß ihn schleifen, der Unterkörper ist bewegungsunfähig. Man trägt ihn in die Stube. Drei Männer, sagt der Knecht, hätten draußen hinter dem großen Birnbaum gestanden, hätten auf den Bauern geschossen, hätten ihn getroffen. Dann geht er, holt den Pfarrer, ruft vom Pfarrhaus aus den Arzt an, die Polizei.
Als der Polizeikommissar Jakob Mühling aus dem nahen Dorfe Riechen mit dem Motorrad eintrifft, ist der Verletzte schon fort: seine Frau und der Knecht haben ihn ins Krankenhaus gebracht, wo er eine Woche später, am 3. März 1946, um 18.30 Uhr, stirbt – ermordet. Von wem? Der Polizeibeamte, ein fünfzigjähriger Mann, kümmert sich zuerst um diejenige Spur, die den Dorfmenschen jener Jahre am nächsten zu liegen schien. Noch nicht ein Jahr war vergangen seit dem Ende des Krieges, seit der Befreiung der Fremdarbeiter. Man hatte viel von Racheakten solcher Fremdarbeiter an ihren ehemaligen Arbeitgebern gehört. Mehr noch: zwei Monate vorher, im Dezember 1945, hatten unbekannte und niemals erwischte Täter, mit ziemlicher Sicherheit aber Polen, die nahe Eichmühle überfallen und den Besitzer mit seiner ganzen Familie umgebracht. Bald darauf hatten sich auch im Hause Maag Anzeichen dafür ergeben, daß ein Racheakt gegen den

Bauern geplant war. Drei unbekannte, verdächtige Männer hatten sich häufig in der Nähe des Hofes gezeigt, hatten Stallfenster mit Steinen zertrümmert, hatten Schweine zu stehlen versucht, hatten einmal dem Knecht einen Schlag über den Kopf versetzt. Polizei hatte ihnen aufgelauert, aber umsonst; sie schienen gewarnt worden zu sein, nur einen Verdächtigen sah man davonlaufen und konnte ihn weder erkennen noch erwischen. Es hieß auch, daß der Bauer einmal einen Fremdarbeiter, die Bäuerin eine Fremdarbeiterin geschlagen habe; hier lag zweifellos ein Motiv. Andererseits war im Dorfe nur ein einziger Pole amtlich gemeldet, und der kam nicht in Frage. Keine Ausländer also, dachte der Kommissar. Aber vielleicht deutsches Personal?

Ja, da war ein Knecht gewesen, August Brandt, genannt »Der krumme August«. Den hatte Maag vom Hof gewiesen, weil er gestohlen haben sollte, und der krumme August hatte mit Rache gedroht. Auch sollte Maag noch nach seiner Verletzung gesagt haben, er habe den krummen August im Verdacht; vielleicht sei er es nicht selbst gewesen, aber er habe es angestiftet.

Immerhin war damit schon ein Dorfbewohner in den Kreis der Verdächtigen einbezogen worden. Und wenn auch noch manch anderes Getratsch sich als unwesentlich zu erweisen schien, so wurde doch hier und da mit bäuerischer List und Vorsicht geäußert, man solle nicht so in der Ferne, man solle mehr in der Nähe suchen. Deshalb vernahm der Beamte den inzwischen zurückgekehrten Wilhelm Lang. Der verwickelte sich, wie es dem Kommissar vorkam, in Widersprüche. Nun fuhr Mühling in die Klinik nach Heidelberg zu Maag, der bei vollem Bewußtsein war und nicht zu wissen schien, daß er sterben würde. Er habe, sagte Maag, erst jetzt vom Arzt erfahren, daß die Schüsse von rückwärts gekommen seien. Nun sei er mit

Lang, bei der Suche nach den vermeintlichen Tätern, den Feldweg zuerst etwa fünfzig Meter entlanggelaufen. Als man nichts fand, sei man umgekehrt, und Lang sei immer hinter ihm gegangen, obwohl er ihn wiederholt aufgefordert habe, neben ihm zu bleiben. Dann sei plötzlich ein Schuß gefallen, er sei sofort zusammengebrochen, er habe Lang zu Hilfe gerufen: »Heb mich auf, Helm!« – aber Lang sei erst nach den nächsten beiden Schüssen gekommen. Fremde Männer habe er nicht gesehen, und wenn die Schüsse von rückwärts abgegeben worden seien, dann könne nur Lang geschossen haben. Und das Motiv? Nun, Lang habe etwas mit der Bäuerin gehabt, Maag habe seiner Frau verziehen, dem Knecht aber daraufhin gekündigt, der Tattag sei der letzte Tag seiner Tätigkeit bei Maag gewesen.

Hier mußte das Gespräch abgebrochen werden, Maag war nicht mehr vernehmungsfähig. Kommissar Mühling fuhr zurück nach Gemmingen und verhaftete Wilhelm Lang unter dem dringenden Verdacht des Mordes an Ottmar Maag.

10. November 1951

Wilhelm Lang bestreitet nach seiner Verhaftung standhaft die Tat, und nach einigen Wochen entläßt ihn die Staatsanwaltschaft Heidelberg aus der Haft und stellt das Verfahren ein: es bleibe ein starker Verdacht, aber es fehle an ausreichenden Beweisen. Etwa ein Jahr später jedoch wird Lang wiederum festgenommen, und diesmal scheint der Karlsruher Kriminalkommissar Götz, der inzwischen die weiteren Untersuchungen geführt hat, ausreichendes Material gegen ihn beigebracht zu haben: er bleibt in Haft, und am 13. August 1947, also fast anderthalb Jahre nach dem Geschehnis, erhebt der Oberstaatsanwalt in Heidelberg die Mordanklage: Lang habe »heimtückisch und aus

Habgier einen Menschen getötet«. Die Darstellung der Vorgänge, wie die Anklageschrift sie gibt, scheint logisch und schlüssig. Was der sterbende Bauer aussagte und was die Bäuerin und der Knecht lange abstritten: daß ein Liebesverhältnis zwischen den beiden bestand – das haben sie inzwischen zugegeben. Es rührt schon aus den Kriegsjahren her, als Lang, eines Magenleidens wegen vom Militär entlassen, Luftschutzleiter in Gemmingen war, indes Frau Maag die Luftschutzmaßnahmen der Frauen überwachte. Da gab es denn mancherlei gemeinsam zu beraten und zu schreiben, und man tat das in Frau Maags Küche, oft so lange, bis Ottmar Maag zu Bett gegangen war. Dann drängte sich die Frau an den Knecht. Und der Knecht gab nach.

Das begann 1942 oder 1943, und als der Bauer am 1. Januar 1945 zur Wehrmacht eingezogen wurde, holte Frau Maag bereits am Tage danach den Geliebten auf den Hof und stellte ihn bei sich ein. Er bekam bessere Behandlung und besseres Essen als andere – gewiß nicht nur deshalb, weil sein kranker Magen das verlangte und seine anerkannt gute Arbeit das verdiente. Und als der Bauer, von dem man wußte, daß er nicht sehr gesund und widerstandsfähig war, im Spätsommer 1945 noch nicht aus der Gefangenschaft zurück war, begannen die beiden von späterer Heirat zu sprechen. Lang, so sagt die Anklage, versuchte sogar, sich Eingaben um vorzeitige Entlassung Maags zu widersetzen: sie seien zwecklos, soll er gesagt haben.

Der Bauer kam jedoch zurück: Mitte Dezember 1945. Lang aber wollte allein sein, allein in der Herrschaft über den Hof und über die Frau. Das schien nicht schwer, denn Maag war krank zurückgekommen; schon Mitte Januar 1946 mußte er in eine Klinik nach Heidelberg: Leistenbruchoperation. Kein Zweifel: dieser Kranke war kein Mann mehr für diese Frau. War es der Knecht...?

Jedenfalls trug man es dem Bauern so zu, und als er acht Tage später aus der Klinik zurückgekommen war, wurde und blieb er mißtrauisch. Anfang Februar kam es zu einer Auseinandersetzung zwischen Bauer und Knecht, und der Bauer sprach die Kündigung aus; sie wurde jedoch zurückgenommen, als die Bäuerin, die sich im übrigen jetzt vom Knecht fernzuhalten schien, sich dennoch für ihn einsetzte. Lang also blieb; aber es mußte ihm klar sein, daß es so nicht mehr lange weitergehen könne, daß er mit der Liebe der Frau die Aussicht auf Heirat und Hof verlieren würde. Manche Drohung gegen Bauer und Bäuerin soll er damals ausgestoßen haben. Gewiß aber ist für die Anklage, daß er damals mit der Durchführung seines Planes begann: den Mann zu töten, der ihm im Wege stand. Denn seit jener Auseinandersetzung begannen die »Überfälle« auf den Hof, das Einwerfen der Scheiben, das Öffnen der Ställe, das Auftauchen der drei Unbekannten, deren einer Lang vor die Stirn geschlagen haben sollte.
Diese Unbekannten, sagt die Anklage, gab es nie. Sie waren von Lang erfunden. Denn Maag, als friedfertig weithin bekannt, hatte keine Feinde. Und immer, wenn dergleichen geschah, war Lang nicht anwesend. Er war nicht im Stall, als das Fenster eingeworfen wurde. Verständlich, er selbst warf den Stein. Vom Öffnen des Schweinestalls hatte er nur selbst berichtet. Für den Schlag über den Kopf hatte er keine Zeugen: die Wunde hatte er manchem gezeigt, sogar dem Bürgermeister, aber sie rührte wohl von anderem her. Und als die Polizei auf seine Angaben hin stundenlang auf die Unbekannten wartete, war er es, der schließlich erklärte, man könne aufhören, es habe keinen Zweck mehr. Also: Lang fingierte die Unbekannten und die Überfälle, um im Dorf die Meinung zu verbreiten, man trachte Maag nach dem Leben – im Dorf und in Ottmar Maag selbst. Beides gelang ihm. Und mit der gleichen teuf-

lischen Schlauheit schritt er schließlich zur Tat – am Abend des 27. Februar. Denn acht Tage zuvor hatte Frau Maag sich dem Knecht in den Stall nachgeschlichen, der Bauer hatte es bemerkt, und er hatte Lang nunmehr endgültig gekündigt: zum 28. Februar. Es war also der letzte Abend, an dem Lang sich auf dem Hofe befand, an dem er die Tat ausführen konnte. Es wurde höchste Zeit für ihn. Morgen war es zu spät.

Während also Kurt Renner die Milch austrägt und somit nicht Zeuge werden kann, während Frau Maag und ihr Dienstmädchen Hanni hinter verschlossenen Küchenfenstern arbeiten und nichts sehen können, während Ottmar Maag und Mutter Renner die Rübenmaschine bedienen, geht Lang in den Stall, um ihn zu säubern. Aber er tut das nicht, er bleibt dort nicht. Sondern er schleicht sich durch den dunklen Hof und durchs Hintertor auf den dunklen Feldweg an die Rückseite der Scheune. Er hat eine tschechische Duo-Pistole eingesteckt, die ursprünglich dem Bauern gehörte. Er tritt an das Deichselloch, stößt den Strohsack beiseite und schießt einmal hinein. Um Maag zu treffen? Kaum: das wäre schwierig gewesen. Sondern um ihn nach draußen zu locken.

Richtig gelingt ihm das: er hört den Bauern rufen und durchs Scheunentor auf den Hof eilen. Er rennt den Weg, den er hergeschlichen war, zurück, um rechtzeitig wieder im Stall zu sein. Aber er schafft es nicht mehr, der Bauer war zu schnell: so begegnet er ihm schon gleich am Hintertor beim Scheuneneck – und Maag muß sehen, daß er vom Feldweg herkam. Auch Frau Maag sieht es, weil sie den Schuß gehört und das Fenster geöffnet hat; aber das weiß Lang wohl nicht. Auch ist in rauschendem Regen und nachttiefem Dunkel nichts Genaueres auszumachen. Und schließlich hat Maag keinen Verdacht geschöpft: gemeinsam begibt man sich auf die Suche nach dem Schützen.

Fünfzig Meter weit geht man, mit Mistgabeln bewaffnet, den Feldweg entlang, findet nichts und kehrt um. Lang fordert Maag auf, auch in den Feldern nachzusehen; aber Maag lehnt das ab. Er sei immer schräg vor Maag gegangen, beteuert Lang; Maag aber versicherte auf dem Sterbebett, Lang sei schräg hinter ihm gegangen. Und eben von dort fallen, als man sich wieder hinter der Scheune befindet, die drei Schüsse, deren einer Maags Wirbelsäule trifft und seinen Unterkörper sofort lähmt, indessen die beiden anderen Unterleib und Oberschenkel treffen. Maag stürzt sofort und ruft um Hilfe, aber Lang kommt erst, als keiner mehr schießt. Er schleppt sein Opfer in den Hof und erzählt dort, wie er hinter dem dicken Birnbaum in der umzäumten Fohlenkoppel neben dem Feldweg drei Gestalten gesehen und nach ihnen mit der Mistgabel geworfen habe. Maag jedoch hat niemanden gesehen – außer Lang. Noch kurz vor seinem Tode, im Heidelberger Krankenhaus, bezeichnet er dem Inspektor Mühling gegenüber Lang als den Täter, untersagt er seiner Frau nach deren Zeugnis, jemals wieder mit der Familie seines Mörders Gemeinschaft zu haben.

Gewiß: Lang leugnet. Aber er ist überführt, und nicht nur durch sein Opfer, das in der Gewißheit starb, Lang habe es getötet. Da ist die Pistole: nach kriminaltechnischem Gutachten eine Kleinkaliber-Duo-Pistole. Man hat sie nicht gefunden. Lang hatte in der Nacht nach der Tat Zeit genug, sie zu beseitigen; aber nur aus solch einer Pistole können die Schüsse abgegeben worden sein. An ihrem Griff stehen die drei Buchstaben »DUO«, in einem gleichfarbigen Kreis. Und Frau Maag sagt aus, daß ihr Mann eine solche Pistole besessen habe. Vor der Besetzung Gemmingens hätten sie und Lang, als sie Schreibtischpapiere beseitigen wollten, die Waffe in einer Schublade gefunden. Sofort nach der Tat hat Frau Maag in der Schub-

lade nachgesehen: die Pistole war nicht mehr vorhanden. Lang aber hat immer Zutritt zu Stube, Schreibtisch und Waffe gehabt.
Da sind aber, vor allem, die Patronenhülsen. Man hat sie gefunden: der Nachbar Doll, der etwa hundertfünfzig Meter von Maags entfernt am selben Feldweg wohnt, entdeckte sie am nächsten Morgen und gab sie Lang, der sie wiederum Mühling übergab. Sie lagen in Abständen von je einem Schritt am rechten Wegrand hintereinander – also nicht unter dem Birnbaum, wo sie hätten liegen müssen, wenn Männer von dort geschossen hätten. Sie lagen aber genauso, wie sie liegen mußten, wenn Lang hinter Maag herschritt und bei jedem Schritt einen Schuß abgab. Auch die Hülse vor dem Deichselloch wurde gefunden und lag »richtig«.
Was aber nicht gefunden wurde, das waren irgendwelche Spuren, die auf die Anwesenheit weiterer Personen hingedeutet hätten. Kein Abdruck im nassen Lehm des Feldwegs, nichts war gesehen, nichts war gehört worden, keine enteilenden Schatten, keine enteilenden Schritte, und waren es vom angeblichen Standort Langs bis zum Birnbaum nicht gute neun Meter? Konnte man in dieser Nacht, da man kaum einen Meter weit sehen konnte, auf diese Entfernung hin drei Menschen wahrnehmen, konnte man vom Birnbaum her Maag wahrnehmen und auf ihn zielen? Unmöglich! Und wenn Lang die drei sah – warum sah er, nach seiner eigenen Angabe, das Mündungsfeuer der Schüsse nicht?
Nein: für die Anklage kann Lang und nur Lang der Täter sein. Und er allein hat auch ein Motiv: die Liebe zur Bäuerin, die Habgier nach dem Hof, der nur durch Heirat mit der Bäuerin zu erwerben war, die Notwendigkeit, den zu beseitigen, der all dem im Wege stand. Und Langs Persönlichkeit? Tüchtig, aber aufbrausend, empfindlich, aber

vorbedacht und hartnäckig, so hat sein Arbeitgeber, so haben seine Kollegen ausgesagt. Und ist einem Mann, der mit einer Frau ein Verhältnis anfängt, während ihr Gatte im Felde steht, der sich dann, als dieser Gatte zurückkehrt und seiner Frau verzeiht, um Liebe und Zukunft gebracht sieht – ist einem solchen nicht alles zuzutrauen? Wahrlich: klassische Motive, und dazu ein beinahe vollkommenes Verbrechen – eben jenes vollkommene Verbrechen, das eine so große Rolle in so vielen Kriminalromanen spielt. Übrigens: Romane. Bei Maags wurde, während der Bauer im Felde war, auch ein Roman gelesen: »Der Knecht«. Darin war geschildert, wie ein Knecht eine Bäuerin liebte, hoffnungslos scheinbar – bis der Bauer bei einem politischen Umsturz ums Leben kam und der Knecht doch noch Weib und Hof gewann. Und als dazu in Maags Küche gesagt wurde: »Die haben sich geliebt bis zum Tod«, da schaute Lang Frau Maag innig an und sagte: »Das gibt's bei anderen auch!« Weshalb denn auch die Staatsanwaltschaft auf diesen Roman als auf ein »anliegendes Überführungsstück« verweist. Ja: ein vollkommener Roman, ein vollkommenes Motiv, ein vollkommenes Verbrechen, ein vollkommener Zeugen- und Indizienbeweis. Die Verteidigung wird einen schweren Stand haben.

17. November 1951

Die Verhandlung gegen Wilhelm Lang fand am 17. und 18. Oktober 1947 vor einer Strafkammer des Heidelberger Landgerichts statt. Sie endete, nachdem der Staatsanwalt die Todesstrafe und der Verteidiger den Freispruch gefordert hatte, mit der Verurteilung Langs zu lebenslänglichem Zuchthaus. Sie erbrachte, der ausführlichen Urteilsbegründung nach, im einzelnen folgendes Bild: Lang ist ein Mensch mit ausgesprochen positiven Charakterzügen, fleißig, ruhig, besonnen, nur selten und dann nur kurz

aufbrausend, von empfindlichem Ehrgefühl, nicht grob, ein braver Vater seiner drei Kinder, in seine um drei Jahre ältere Frau bis zum Fanatismus verliebt – die Ehe blieb auch gut, während seine Beziehungen zu Erika Maag bestanden, der Frau des später ermordeten Bauern. Nur Frau Maag selbst behauptet das Gegenteil. Lang sieht jung und unverbraucht aus, ist von fast schmächtiger Gestalt, sein Magenleiden merkt man ihm nicht an, er wirkt weit jünger als seine Frau, beinahe wie ein Mann in den zwanziger Jahren. Während der ganzen Verhandlung macht er auf das Gericht »einen sehr beherrschten, fast starren Eindruck; gemütsmäßig war er nicht ansprechbar, er zeigte auch keinerlei Gemütsbewegung, insbesondere auch keine echte Entrüstung über das schwere Verbrechen, dessen er angeklagt war«. Wie wurde er zum Mörder? Zum Mörder an dem stillen, ruhigen und rechtschaffenen Bauern Ottmar Maag, den er seit beider gemeinsamer Schulzeit kannte, der so vertrauensselig und anständig war, daß er erst spät argwöhnisch wurde und auch dann noch großmütig blieb, dem es nie in den Sinn kam, daß Lang ihm nach dem Leben trachten könne, der seiner Frau auf dem Sterbebett alles verzieh, der nirgendwo Feinde hatte?
Durch Frau Erika Maag, die ihrem Manne, trotz ihrer vier Kinder, »wohl nie treu war«, gegen die im Kriege ein Parteiverfahren lief wegen Umgangs mit einem französischen Knecht, die auch, obwohl sie das abstreitet, erotischer Beziehungen zu anderen Knechten dringend verdächtig ist, die von der eigenen Schwägerin zwar als temperamentvoll, tüchtig und pflichtbewußt, aber auch als manchmal unverständlich herzlos und dann, wenn es um ihren Vorteil geht, als nicht wahrheitsliebend bezeichnet wurde, die Lang als Knecht rief, aber als Herrn schalten ließ, die ihn in Gegenwart anderer abküßte. Sie erweckte dadurch in Lang die Hoffnung auf ihren und ihres Hofes Besitz, die

Unfähigkeit, sich nach der Rückkehr des Bauern einem fremden Willen zu fügen, den Haß gegen Maag, den Mordplan. Sie war »moralisch am Tode ihres Mannes mitschuldig, mußte aber aus Mangel an gesetzlichen Handhaben frei ausgehen«. Lang indessen, »von schrankenlosem Geltungsbedürfnis«, führte die Tat zwar »wohlüberlegt und konsequent« durch, um auf dem Umweg über die Eheschließung mit der Witwe auch »der Rechtsnachfolger« des Opfers zu werden, sah jedoch »die ungeheuren Hindernisse, die sich auftürmen mußten, in seiner Verblendung nicht«.

So viel vom sehr ausführlichen psychologischen Teil der Urteilsbegründung. In bezug auf den Tatvorgang selbst sieht sie durch die Beweisaufnahme die Darstellung der Staatsanwaltschaft bestätigt. Für sie erwies sich durch die Zeugenaussagen, daß die »Überfälle« erfunden oder inszeniert sein mußten, daß Lang nicht im Stall, sondern am Deichselloch gewesen sein muß, daß er von dort den »Lockschuß« und nachher auf dem Feldweg die Todesschüsse abgab, daß es die drei Unbekannten nicht gegeben haben kann, denn sonst hätte auch Maag sie sehen müssen, sonst hätte vor allem Lang erklären können, warum er nicht in Deckung ging, als sie schossen, und warum er nicht weiß, was sie nachher taten, ob sie etwa wegliefen – und das kann er nicht erklären. Dazu Maags DUO-Pistole, die Frau Maag wiedererkannte – also kann »nach der vollen Überzeugung des Gerichts« nur Lang der Mörder gewesen sein, wenn er auch »die Tat bis zuletzt leugnete und zu einem Gestädnis nicht zu bewegen war«.

So stellt also die Urteilsbegründung das Verhandlungsergebnis dar – aber die Verteidigung legt Revision ein. Das Gericht, so behauptet sie, habe in größtem Ausmaß seine Aufklärungspflicht verletzt. Es hat den Antrag auf einen Lokalaugenschein abgelehnt, hat vom grünen Tisch her eine Sache entschieden, die nur an Ort und Stelle zu entscheiden war. Wie weit strahlte das Licht aus den Küchenfenstern auf den Hof, wieviel konnte man sehen? Wenn Lang nun doch im Stall war und, wie er behauptete, in der Tür zum Hofe stand, weil er Roßbollen auf den Misthaufen warf – war sein Weg zum Hintertor dann nicht doch kürzer als der Weg des Bauern, der von der Rübenmaschine im Scheunenhintergrund kam und erst das Scheunentor öffnen mußte? Ferner die Sache mit der Pistole: hatte Frau Maag nicht ausgesagt, die Pistole ihres Mannes habe einen roten Kreis auf dem Griff gehabt, während der Kreis auf den DUO-Pistolen grau ist, und während es Schreckschußpistolen mit rotem Kreis gibt – und Lang behauptet ja, Maags Waffe sei nur eine Schreckschuß-Pistole gewesen? Dann die Frage der Geschosse und Hülsen: gewiß, alle vier Hülsen hat man gefunden – aber wann fand man sie, und wer fand sie? Nicht der Polizeibeamte! Er schritt zwar noch in der Nacht den Tatort ab, er kann dabei die Hülsen unbemerkt mit dem Fuße fortgestoßen haben; vor allem aber hat er nicht dafür gesorgt, daß dieser freigelegene Tatort bewacht, daß diese oder jene etwaige Spur gesichert wurde. Jeder hatte Zutritt dahin bis zum nächsten Morgen und konnte verändern, was ihm paßte. Und als der Nachbar Doll die Hülsen fand, die verdächtig unbeschmutzt auf dem Lehm lagen, markierte er ihre Lage mit – Ziegelsteinen; die Hülsen selbst gab er Lang, und der erst gab sie dem Polizisten. Kann man unter einer so unverzeihlich leichtfertigen und kenntnislosen Arbeit des Fachkriminalisten den Angeklagten leiden lassen? Ist nicht auch die Sache mit den Geschossen seltsam? Man fand ein Geschoß in der Wirbelsäule, ein zweites in der Bauchhöhle des Opfers. Das Geschoß, das den Oberschenkel durchschlagen hatte, fand man nicht, und das Geschoß, das beim »Lockschuß« in die Scheune abgefeuert worden

war, fand man auch nicht. Hingegen fand man unter dem Bett, auf das man Maag gleich nach der Tat gelegt hatte, ein weiteres Geschoß. Wie in aller Welt kam es dahin? Man hatte also hier zwei Hülsen ohne Geschosse, dort ein Geschoß ohne Hülse. Und im übrigen hatte das kriminaltechnische Gutachten ausdrücklich erklärt: »Ob Geschosse und Hülsen aus ein und derselben DUO-Pistole abgefeuert wurden, läßt sich erst bei Vorlage der Tatwaffe feststellen.« Die Tatwaffe war aber nie gefunden worden!
Weiter: nach Frau Maags Aussage hatte ihr Mann sie im Krankenhaus gebeten, den Arzt zu fragen, ob die Schüsse von rückwärts gekommen seien – wenn ja, dann müsse es Lang gewesen sein. Erst als sie lange mit ihrem Mann allein gewesen war, war der Polizeibeamte gekommen, und ihm hatte Maag dann gesagt, nach Auskunft des Arztes seien die Schüsse von rückwärts gefallen. Die Verteidigung hatte die Ladung des Arztes beantragt, damit er aussage, ob Maag wirklich den Hinweis auf Lang auch ihm gegenüber gemacht habe. Das Gericht aber hatte sich damit begnügt, den Arzt telefonisch anzurufen, und als der erklärt hatte, er entsinne sich nicht mehr, hatte es auf seine Ladung verzichtet. War das ausreichend, war das korrekt angesichts der Unglaubwürdigkeit der Zeugin Maag?
Denn wie oft hatte sie sich widersprochen, wie vieles abgestritten und später zugegeben, wie vieles beschworen, was ihr widerlegt wurde! Und doch stützt sich die Urteilsbegründung, obwohl sie die moralische Fragwürdigkeit dieser Zeugin erkennt, in vielen Punkten ausschließlich auf ihre Aussagen.

Noch viele Behauptungen der Urteilsbegründung erklärt die Verteidigung zumindest als nicht erwiesen. Maag *hatte* Feinde: beispielsweise Fremdarbeiter, einen Onkel. Und es gab Zeugen, die bestätigen wollten, daß Lang mitnichten habe bei Maags bleiben wollen. Und hatte nicht auch

die Presse ihren Zweifel an Langs Schuld und ihre Empörung über »die ungenügende Aufklärung der Geschehnisse« freimütig zum Ausdruck gebracht? Also Revision!
Wiederum ging ein halbes Jahr ins Land, dann entschied Karlsruhe. Es gab im wesentlichen der Verteidigung recht: die Ablehnung des Lokalaugenscheins wurde gerügt, denn »der Augenschein war das einzige Mittel, durch das der Richter zu einer einwandfreien Klärung des Sachverhalts überhaupt kommen konnte«; und der Arzt hätte selbstverständlich geladen und nicht nur telefonisch angerufen werden müssen, denn »wäre eine solche Begründung zugelassen, so könnte sich jeder Zeuge mit Leichtigkeit seiner Zeugenpflicht entziehen«. Und also wurde die Sache Lang zur erneuten Verhandlung an dieselbe Heidelberger Strafkammer zurückverwiesen, während der Revisionsantrag der Staatsanwaltschaft, der die Todesstrafe forderte, abgelehnt wurde.
Ein erster Sieg der Verteidigung? Es sollte nicht einmal ein Pyrrhussieg, es sollte eine Niederlage werden.

24. November 1951

Am 3. Juni 1948, also zweieinviertel Jahre nach der Tat, wird erneut gegen Wilhelm Lang verhandelt – diesmal im Rathaus zu Gemmingen. Der Strafprozeßordnung gemäß war die Sache an das Gericht zurückverwiesen worden, dessen Urteil aufgehoben worden war: so leitete denn diese zweite Verhandlung und damit die Zeugenvernehmung wie den Lokalaugenschein derselbe Richter, der in der ersten Verhandlung bestimmte Zeugenvernehmungen und den Lokalaugenschein versäumt und damit den Anlaß zur Revision gegeben hatte. Prozeßrechtlich »geht das in Ordnung«; ob es auch psychologisch in Ordnung geht? Es handelt sich hier um einen ausgezeichneten Richter. Aber ist nicht auch der beste Richter überschätzt?

Lang hat, wie seine Vernehmung ergibt, seine Darstellungen in einigen Punkten erweitert oder variiert. Maag hätte ihm nicht zum 1. März, hätte ihm überhaupt nicht zu einem bestimmten Datum gekündigt; er hätte bleiben sollen, bis ein anderer Knecht gefunden wäre. Beim Absuchen des Geländes sei er wirklich schräg hinter Maag gelaufen, im Augenblick der Schüsse jedoch schräg vor ihm. Er habe Deckung gesucht, indem er auf das Scheuneneck zugesprungen sei.

Die drei Gestalten habe er nicht direkt unter dem Birnbaum, sondern etwa drei Meter entfernt auf dem Wege gesehen. Ob und wie sich die drei nachher entfernten, habe er nicht sehen können, weil es zu dunkel war, und nicht hören, weil es zu laut regnete.

Die Zeugenvernehmung bringt wieder die alten, aber keine neuen Belastungen für Lang; hingegen scheinen sich einige entlastende Momente zu ergeben. Frau Renner wird nachgewiesen, daß sie nach der Tat mehrfach erklärte, Lang könne den Schuß durchs Deichselloch nicht abgegeben haben – andernfalls »müßte er ja über das Scheunendach geflogen sein«, um rechtzeitig mit dem Bauern im Hof zusammentreffen zu können. Es stellt sich heraus, daß nicht nur Lang Drohungen aussprach (was er im übrigen bestreitet), sondern daß auch Maag etwa acht Tage vor seinem Tode gesagt hat, und zwar einer Zeugin gegenüber, die er nach dem Verhältnis zwischen Lang und seiner Frau gefragt hatte: »Es ist jetzt höchste Zeit. Es hat neunundneunzig geschlagen, bald wird es hundert schlagen! Ich werde meine Augen offenhalten!« Daß die Schwester Ottmar Maags vor der ersten Verhandlung zu mindestens *einer* Zeugin kam und sie bat, nichts auszusagen, da sie dann Frau Maag belasten würde, sondern zu erklären, sie wisse von nichts – daran entsinnt sich Maags Schwester nicht, aber die Zeugin beschwört es. Ein Wachtmeister sagt aus, daß er einmal sehr wohl eine unbekannte Person aus dem Maagschen Anwesen habe flüchten sehen und daß er, Maag, Lang, Frau Maag und ein weiterer Dorfbewohner diesen Fremden ebenfalls gesehen und vergeblich verfolgt hätten – vierzehn Tage vor dem Mord. Also war doch nicht alles fingiert. Frau Maag als Zeugin verwickelt sich in Widersprüche, teils mit ihren eigenen Aussagen, teils mit denen der Zeugen. Sie will jetzt nicht mehr sagen können, ob der Kreis auf der Pistole rot war; die Waffe sei so klein gewesen, daß man sie in der Hand verschwinden lassen konnte. Innerhalb des letzten Jahres, während Lang in Haft war, wurde ihr Geld gestohlen und verendeten drei Pferde und zwei Ochsen. War da doch ein Feind am Werke, der nicht Lang sein konnte? Trotz allen ihren Widersprüchen wird sie vereidigt. Schließlich wird eine fünfundsiebzigjährige Nachbarsfrau vernommen, die, durch Krankheit ans Bett gefesselt, am Tatabend zwar keine Schüsse, wohl aber Maags Ruf nach dem Knecht hörte. Sie lenkt den Verdacht wieder auf den Knecht Lang, mit der eindrucksvollen Begründung, daß sie ja am Rande des Grabes stehe und deshalb keine Furcht vor der Wahrheit zu haben brauche. Und daß Maag dem Arzt gegenüber einen Verdacht gegen Lang schon geäußert hätte, ehe seine Frau ihn hatte besuchen und damit beeinflussen können, läßt sich nicht beweisen: der Arzt weiß es nicht mehr.

Es bleiben also der Lokalaugenschein und die Rekonstruktion der Tat. Wenn sich ergibt, daß der Weg Langs von der Stalltür zum Scheuneneck kürzer war als der Weg des Bauern von der Rübenmaschine zum Scheuneneck, so daß also Lang schon durch den Hof gelaufen sein kann, ehe noch die beiden Frauen in der Küche die Fenster öffneten – dann würde das eine Entlastung bedeuten. Nun, man macht eine Reihe von Versuchen: man stellt fest, daß das Licht aus den Küchenfenstern den Hof nicht ausgiebig genug erhellt, so daß man sich weit aus dem Fenster lehnen und erst das Nachlassen der Blendwirkung abwarten muß, ehe man etwas erkennen kann; man stellt fest, daß Anna Renner aus dem Keller ein Gespräch zwischen Scheuneneck und Brunnen sehr wohl hören konnte; man stellt auch fest, daß Lang, wenn er am Deichselloch stand, Maag sehr wohl an der gleichen Stelle treffen konnte – aber gerade den entscheidenden Versuch, den die Revisionsinstanz in Karlsruhe ausdrücklich forderte, macht man nicht; ob nähmlich Lang, wenn er in der Stalltür stand, noch vor dem Bauern ans Scheuneneck gelangen konnte. Seine eigene Aussage also legte man keinem Versuch zugrunde.

Nun kam alles auf den Lokaltermin am Feldweg an. Konnte der Holzzaun um den Fohlengarten, konnte insbesondere der dicke Birnbaum zwei oder drei Tätern Dekkung bieten – was das Erstgericht ohne Augenschein verneint hatte? Viel, fast alles kam auf Zaun und Birnbaum an. Also ging das Gericht hinter die Scheune auf den Feldweg und suchte danach. Vergebens:

Zaun und Birnbaum waren nicht mehr da. Frau Maag hatte den Zaun beseitigen, den Birnbaum fällen lassen.

Warum? Durch wen? In welchem Augenblick des Ermittlungsverfahrens? Es findet sich nichts darüber im Protokoll. Anscheinend hat man Frau Maag nicht gefragt – oder man hat ihre Antwort nicht für wichtig gehalten. Jedenfalls waren die Versuche, die man auf dem zum Maisfeld umgepflügten ehemaligen Fohlengarten dennoch anstellte, nunmehr von zweifelhaftem Wert. Der Kriminalbeamte Mühling hatte, schlimm genug, den Tatort nicht gesichert. Frau Maag aber hatte ihn einfach zerstört. Der Erfolg blieb nicht aus. Denn die Unmöglichkeit einer einwandfreien Rekonstruktion der Tat wirkte sich keineswegs zugunsten des Angeklagten aus, sondern war mitbestimmend für seine erneute Verurteilung zu lebenslänglichem Zuchthaus.

Die Begründung war im wesentlichen die gleiche wie im ersten Urteil. Wiederum viel Psychologie, manchmal höchst seltsamer Art: so, wenn es Lang angelastet wird, daß er furchtbar aufgeregt war, als er Maag nach der Tat ins Wohnhaus schleppte. Wenn er sehr gefaßt und kühl gewesen wäre, hätte man ihm das wahrscheinlich auch angelastet – und mit größerem Recht. Auf der Geschichte um den Roman »Der Knecht« wird wieder weidlich herumgeritten. In diese Kalenderstory scheint man sich geradezu verliebt zu haben. Er erscheint fraglich, ob es richtig ist, im Rahmen eines reinen Indizienbeweises Seiten über Seiten lang zu psychologisieren. Wenn man einmal von der Voraussetzung ausginge, daß Lang nicht der Täter war, könnte man fast alles genau umgekehrt deuten. Und eine voraussetzungslose Psychologie gibt es in diesem Bereich wohl nicht. Es geht um die Wertung von Zeugenaussagen und von Indizien.

Auch diese Wertung ist zuweilen seltsam. Soll etwa der Zeuge Renner für Lang etwas Entlastendes aussagen und erklärt er laut Protokoll: »Ich kann mich nicht erinnern«, dann heißt es in der Urteilsbegründung: »Renner bestreitet dies auf das bestimmteste.« Was ist nun falsch, das Protokoll oder die Begründung? Und vor allem: in noch breiterem Ausmaß als im Ersturteil stützt sich die Beweisführung diesmal auf die Aussagen der Zeugin Maag. Von den Widersprüchen in Langs Aussage ist ausführlich die Rede, von Frau Erikas Widersprüchen fast überhaupt nicht. Dauernd wird vergessen, daß viele Äußerungen Langs über Maag oder Maags über Lang nur auf Frau Maags Darstellung beruhen; sie werden ohne weiteres als wahr und geschehen unterstellt. Nach den Regeln des gesunden Menschenverstandes sind die Aussagen einer einst liebenden und nun hassenden Frau, die in einem so hohen Grad moralisch mitschuldig an der ganzen Entwicklung ist, keinen Pfifferling wert, soweit sie nicht durch andere Aussagen wirklich einwandfreier und unbeeinflußter Zeugen bewiesen werden. Und solche Zeugen gibt's hier anscheinend sehr selten. Man hat Sympathien und Antipathien, man befindet sich in Abhängigkeit von der oder jener Seite, man will seine Ruhe haben und hat vor allen Dingen Angst, sich einzumischen, Angst vor der Wahrheit. Nur eine am Rande des Grabes Stehende erklärt ausdrücklich, sie habe diese Angst nicht, sie »brauche nicht die Unwarheit zu sagen«. Das spricht Bände.

Bleiben die Indizien. Es sind die alten, und sie wiegen schwer. Sie sprechen oft und laut gegen Lang: das soll nicht verschwiegen, die volle Überzeugtheit des Gerichts von Langs Schuld nicht bestritten werden. Er war von Anfang an im höchsten Grade verdächtig, er hat sich durch manchen Widerspruch selbst noch verdächtiger gemacht. Aber wie kann man über einen Zentralpunkt, den man durch kein Experiment zu klären gesucht hat, mit der durch nichts bewiesenen Mutmaßung hinweggehen: »Wäre Lang tatsächlich aus dem Stall gekommen, so hätten ihn die Zeuginnen am Küchenfenster sehen müssen, denn er wäre kaum schneller als Maag zur Scheunenecke gelangt, selbst wenn er auch an der Stalltür gestanden hätte.« Wie verräterisch nimmt sich das Wörtchen »kaum« in diesem Satz aus! Es gehört in keine Urteilsbegründung. Jedenfalls wird sie dann »kaum« überzeugen.

Die oben aufgezählten, in etwa entlastenden Momente werden entweder überhaupt nicht angeführt oder anders gedeutet. Die Verteidigung legt denn auch abermals Revision ein. Doch diesmal verhält sich Karlsruhe ablehnend, meist aus formalen Gründen: die von der Verteidigung angegriffenen Feststellungen des Gerichts seien »prozeß-

ordnungsgemäß getroffen worden« oder für das Urteil nicht maßgebend gewesen.
Der Rechtsweg ist also erschöpft. Wilhelm Lang muß seine Strafe antreten. Andere mögliche Täter haben einerseits ein Alibi, andererseits kein Tatmotiv, und die drei Unbekannten hat außer ihm niemand gesehen: »Diese Schilderung Langs vom Hergang der Ereignisse am Tatort trägt den Stempel der Lüge an der Stirn. Sie ist nicht nur höchst unwahrscheinlich, sondern sie ist unmöglich und unglaubhaft.« Alles scheint also aus zu sein. Und doch finden sich jetzt erst, als die Justiz ihr letztes Wort bereits gesprochen hat, zwei Männer, die gerade an die beiden Grundfragen der Alibis und der drei Unbekannten mit neuen Mitteln herangehen: ein bekannter Verteidiger und ein unbekannter kleiner Privatdetektiv.

1. Dezember 1951

Mit dem Anbruch des Jahres 1949 übernimmt der Heidelberger Rechtsanwalt Dr. Schwander die Vertretung Langs, und im Frühjahr desselben Jahres kann er den Antrag auf Wiederaufnahme des Verfahrens stellen: neue Tatsachen sind beigebracht worden, und zwar durch die kluge und energische Arbeit des jungen Privatdetektivs Heinz Lay, der im Auftrage Dr. Schwanders gemeinsam mit seinem Kollegen Mucha nach Gemmingen gegangen war. Schon beim »Lockschuß« durch das Deichselloch fängt es an. Frau Renner, die direkt neben dem Deichselloch stand, hatte ihn für einen Motordefekt gehalten, keiner der nahe wohnenden, hinter unverschlossenen Fenstern wachenden oder zufällig in ihren Gärten stehenden Nachbarn hatte ihn gehört, und nach der festen Überzeugung des Kriminalkommissars Götz, der doch selbst die Untersuchung führte, konnte er auch gar nicht gehört werden, denn der Regen rauschte, und der Motor der Rübenmaschine lief. Also konnte ihn auch Frau Maag, die hinter verschlossenen Küchenfenstern an der surrenden Nähmaschine und in Gesellschaft eines mit den Tellern klappernden Mädchens saß, nicht gehört haben – es sei denn, sie hätte gewußt, daß ein Schuß fallen würde.

Die anderen drei Schüsse hingegen wurden von den Nachbarn gehört, und vier unter ihnen hörten noch mehr: nämlich *Schritte mehrerer, schnell und in schweren Stiefeln den Feldweg entlang flüchtender Menschen!* Sie hatten das bisher nicht gesagt, weil sie es für unwesentlich hielten, denn gesehen hatten sie ja nichts, und weil sie als parteipolitisch Belastete in jenen ersten Nachkriegsjahren Furcht davor hatten, sich irgendwie einzumischen. Nun aber sind sie bereit, diese Tatsache zu beschwören, und ihre Aussagen stimmen bis auf Kleinigkeiten überein. Und diese Tatsache ist entscheidend, denn das Gericht hatte sein Urteil zu einem sehr wesentlichen Teil auf die Behauptung gestützt, niemand außer Maag und Lang könne auf dem Feldweg gewesen sein, und Lang müsse gelogen haben. Nun: dies »Getrappel« konnte Lang nicht »inszeniert« haben!

Ein Richter vernimmt in Gemmingen die von der Verteidigung genannten neuen Zeugen, und sie bleiben fest. Er vernimmt auch alte Zeugen über neue Tatsachen: es sind noch weit mehr als die hier genannten drei wichtigsten. Und dann, nach fast drei viertel Jahren, wird zuerst von Heidelberg und dann von Karlsruhe der Wiederaufnahmeantrag – verworfen! Die Begründungen sind recht lapidar. Zum Teil sind sie rein formalistisch (die behaupteten Tatsachen seien nicht absolut »neu«), zum Teil beruhen sie darauf, daß man den neuen Zeugen einfach nicht glaubt. Und den Aussagen der vier unbescholtenen Nachbarn über die enteilenden Schritte stellt man die Aussage eines weiteren Nachbarn entgegen, der sie nicht gehört hat. Aber dieser Nachbar konnte sie gar nicht hören: er wohnt hundertfünfzig Meter vom Tatort entfernt, die anderen kaum zwanzig Meter!

Mit Verlaub: die Ablehnung der Wiederaufnahme mag vom *formalen Recht* her in Ordnung sein. Von der *inneren Gerechtigkeit* her ist sie nicht in Ordnung. Sie ist von jener gewissen Halsstarrigkeit erfüllt, die der Justiz zuweilen eigen ist, wenn sie einen begangenen Fehler zugeben oder auch nur untersuchen soll, ob sie einen Fehler gemacht hat. Sie trägt hier Scheuklappen – wie der Amtsschimmel. Der aber hat hier nichts zu suchen. Denn es geht um einen Menschen, der nun schon sechseinhalb Jahre sitzt und noch ein Leben lang sitzen soll. Wir wissen nicht, ob er schuldig oder unschuldig ist, aber wir wissen, daß ihm seine Schuld nicht eindeutig bewiesen ist. Und wir wissen noch eines: wie es auch immer gewesen sein mag – so, wie es das Gericht annahm, kann es nicht gewesen sein!

Schon die Darstellung von Langs Motiven ist eine Hypothese – eine durch viele Umstände unterstützte, eine sehr verlockende, aber keine bewiesene Hypothese. Lang soll durch den Mord an Maag beabsichtigt haben, den Hof an sich zu bringen. *Aber der Hof gehörte ja gar nicht Maag*, seine Frau konnte ihn gar nicht von ihm erben! Der Hof gehörte und gehört Maags alter Mutter, die von den Beziehungen ihrer Schwiegertochter zu Lang wußte und sich wohl gehütet hätte, ausgerechnet ihm den Besitz zu übergeben. Und wenn man annimmt, Lang habe nicht aus Habgier, sondern aus Rache und Eifersucht gemordet: warum mordete er dann nicht ganz? Warum tötet er sein Opfer auf dem einsamen Feldweg nicht vollends, sondern trägt es ins Haus, wo es gegen ihn sprechen kann, was es übrigens zunächst gar nicht tut – statt es stumm zu machen? Nein, hier stimmt etwas nicht. Die Psychologie des Urteils ist eine Groschenpsychologie.

Warum hörte Frau Maag einen Schuß, den sie gar nicht hören konnte? Zumindest wenn er überraschend fiel? Warum lehnt sie sich weit aus dem Fenster, statt, wie Frau Renner, in Deckung zu gehen, zu fliehen? Warum duldet sie nachher nicht, daß irgendwer ohne ihr Beisein mit ihrem Manne sprechen darf bis zu seinem Tode? Warum läßt sie kurz vor dem Lokaltermin den Birnbaum fällen, von dem sie behauptet, er sei abgestorben gewesen, während es feststeht, daß er gesund war und gut trug? Warum erzählt sie jetzt, sechseinhalb Jahre nach der Tat, zum ersten Male, Lang habe sie aufgefordert, mit ihm nach der Pistole zu suchen? Weil sie ihn haßt. Kein Haß ist größer als der, der aus einer zerbrochenen Liebe entsteht. Die Liebe war schon zur Zeit der Tat zerbrochen. Sie haßte also Lang schon damals. Mußte es nicht in ihre Pläne passen, den Knecht zu erledigen?

Viele in Gemmingen glauben, daß die Schüsse den Falschen trafen, daß sie Lang galten; manche weisen sogar darauf hin, daß auch Maag ein Motiv gehabt hätte, Lang zu töten – eine höchst kriminalromanhaft klingende Vermutung, die aber beweist, wie unsicher das ganze Beweisgebäude ist. Es ist hier eben alles möglich – die Schuld Langs, gewiß, aber auch die Schuld vieler anderer, auch solcher, die hier noch nicht genannt wurden. Unwahrscheinlich, aber möglich. Lang als Täter schien dem Gericht wahrscheinlicher. Indessen ist die Rechtsprechung keine Wahrscheinlichkeitsrechnung.

Gewiß: durch die Pfuscharbeit des Herrn Mühling sind wichtige Spuren verwischt. Man war zudem so sehr von Langs Schuld überzeugt, daß man nicht einmal mit Hilfe der MP die Alibis der im Dorfe wohnenden Polen nachprüfen ließ: denn es war zwar nur einer polizeilich gemeldet, aber es befanden sich mehrere dort. Nun ist es dazu, wie zu vielem anderen, zu spät. Niemals aber ist es zu spät, sich dennoch auf die Suche nach der Wahrheit zu begeben.

Wir bitten die Gemminger beider Parteien und erst recht die parteilosen Gemminger, sich zusammenzutun und die Wahrheit finden zu helfen. Sie können es nämlich, wenn sie wollen. Und sie irren sich, wenn sie glauben, daß sie die Wahrheit totschweigen können. Die Wahrheit kann man weder auf einem dunklen Feldweg noch in der Flüsterverborgenheit von Familiencliquen erschießen. Der Privatdetektiv Heinz Lay ist tot: er verunglückte, als er noch mit der weiteren Aufklärungsarbeit beschäftigt war. Aber andere traten an seine Stelle, alle Gemminger sollten an seine Stelle treten. Der Schatten des Ermordeten wird nicht aufhören, in ihrer Gemeinschaft unfriedenstiftend umzugehen, ehe nicht jeder gesagt hat, was er weiß – keinem zur Last, keinem zu Leide, und nur der Wahrheit zur Ehre. Die Justiz aber kennt doch kaum einen heiligeren Rechtsgrundsatz als den, keinen Menschen lebenslänglich einzusperren, solange auch nur die Möglichkeit seiner Unschuld oder einer geringeren Schuld besteht! Wie schrieb der Rechtsanwalt Schwander in seiner letzten, vergeblichen Eingabe: »Es geht hier um das Schicksal eines Menschen. Daß die Wahrheit gefunden wird: das darf an keinem Formalismus scheitern!«
Wir bitten um Wiederaufnahme des Verfahrens gegen Wilhelm Lang.

Dezember 1951 bis September 1953

Aber diese Bitte blieb lange vergebens – obwohl die offen ausgesprochene Absicht des Berichtes, die Beunruhigung über die Tat im Dorfe Gemmingen nicht abklingen zu lassen, erreicht wurde, obwohl die Artikel manches neue Entlastungsmoment erbrachten, und obwohl der Verteidiger Dr. Schwander, gestützt auch auf die Artikelfolge, zwei neue Wiederaufnahmeanträge stellte: der eine wurde abgelehnt, der andere blieb einfach liegen, so lange, bis ein

Zufall sich des Angeklagten annahm. Der Richter nämlich, unter dessen Vorsitz die Urteile gegen Lang gefällt worden waren und dessen Kammer bisher über die Wiederaufnahme in erster Instanz zu entscheiden gehabt hatte, übernahm mit Beginn des Jahres 1953 eine Zivilkammer, während seine bisherige Strafkammer ein Kollege erhielt. Dieser Kollege hatte einen der Radiokommentare gehört, in denen ich immer wieder auf die Unhaltbarkeit der Urteilsbegründungen hingewiesen und reichlich vage behauptet hatte, an den Protokollen des Prozesses sei irgend etwas »krank«. Weder er noch ich ahnten, wie nahe eine so unpräzise Ausdrucksweise dennoch der Wahrheit kam; aber als er nun, bei der Übernahme der Kammer, den letzten Wiederaufnahmeantrag noch unerledigt vorfand, führte er den Beschluß zur Wiederaufnahme herbei. Lang sah nach siebenjähriger Zuchthausstrafe zum ersten Male Licht.

Indessen die Staatsanwaltschaft Heidelberg legte gegen den Beschluß Beschwerde ein, und ihr hätte das höhere Gericht aus formalrechtlichen Gründen wohl stattgegeben. Als ich davon erfuhr, wandte ich mich an die Generalstaatsanwaltschaft in Stuttgart als an die vorgesetzte Instanz und bat sie lediglich darum, sich die Akten kommen zu lassen, sie zu prüfen und dann zu entscheiden; nicht etwa mit der Drohung, die Öffentlichkeit aufzuputschen, was nur das Gegenteil der erwünschten Wirkung erreicht hätte, nicht etwa auch mit der Behauptung, Lang sei unschuldig; wohl aber in der unausgesprochenen Meinung, daß die Anklagebehörde nicht dazu da sei, auch nur die geringste Möglichkeit zur Auffindung der Wahrheit zu verhindern. Nach dem Studium der Akten wies die Generalstaatsanwaltschaft den Oberstaatsanwalt in Heidelberg an, seine Beschwerde zurückzuziehen, so daß die Wiederaufnahmeverhandlung stattfinden konnte – eine Anweisung, die, wie der Vorsitzende später in seiner Urteilsbegründung erklärte, »dem Angeklagten wie ein Wunder erscheinen mußte«, die aber der Oberstaatsanwalt in seinem Plädoyer dahin interpretierte, die ganze Wiederaufrollung des Prozesses sei »unter dem Druck einer mit allen Mitteln arbeitenden Presse« erfolgt. Nur um diesen Vorwurf widerlegen zu können, wurden solche Einzelheiten hier berichtet.

17. September 1953

An diesem Tage begann vor dem Schwurgericht in Heidelberg, vor einer ganzen Bank voller Sachverständiger und vor einem überfüllten Zuschauerraum, die Wiederaufnahmeverhandlung gegen Wilhelm Lang.
Hier, in der Anklagebank, von zwei Polizisten flankiert, sah ich ihn zum ersten Male – und mußte zugeben, daß der Eindruck, den er auf alle im Saale machte, durchaus dem Eindruck entsprach, den die erste Urteilsbegründung wiedergegeben hatte: noch immer machte er »einen sehr beherrschten, fast starren Eindruck«, war »gemütsmäßig nicht ansprechbar« und »zeigte auch keinerlei Gemütsbewegung, insbesondere auch keine echte Entrüstung über das schwere Verbrechen, dessen er angeklagt war«. Er blieb in dieser Haltung seine ganze, stundenlange Vernehmung hindurch, auch dann, wenn ihm, übrigens nicht sehr gewichtige Widersprüche zu früheren Aussagen nachgewiesen wurden – etwa wenn er heute zum ersten Male sagte, er habe nach den drei Schüssen zunächst hinterm Scheuneneck Deckung genommen, während er nach der früheren Darstellung sich zuerst umgesehen und dabei die drei Männer erblickt hatte. »Was ist denn nun richtig?« fragte der Vorsitzende. »Was ich heute sage.« – »Warum haben Sie es denn früher anders gesagt?« – »Ich habe es nie anders gesagt.« – »Es steht doch aber so im Pro-

tokoll!« Er zuckt nur müde die Achseln – er wirkt nicht sehr überzeugend. Die gleiche Unbeteiligtheit zeigt sich, wenn ihm belastende Zeugenaussagen vorgehalten werden; nur eine leise Bitterkeit ist in seiner ruhigen Stimme, wenn er erwidert: »Die Zeugen wurden von den Maags unter Druck gesetzt. Es wäre kein Platz mehr für sie auf dem Hofe, wenn sie nicht gegen mich auftreten, wurde ihnen gesagt. Damals, im Jahre 1946, als es nichts zu essen gab, da wurde die Wahrheit für ein Butterbrot verkauft, Herr Vorsitzender.« Jeder im Saale, der jene Zeit mitgemacht hat, weiß, daß das leider richtig ist, nur zu richtig – und doch: diesem scheinbar »kalten Rechner« will man's nicht recht glauben. Wie man ihm auch nicht glauben kann, wenn er im wesentlichen zu seinen allerersten Aussagen gleich nach der Tat zurückkehrt und vorgibt, die späteren Darstellungen in den Protokollen des Kriminalsekretärs Götz habe er »nie so gemacht«, das sei »falsch aufgeschrieben worden«. Ein allzu alter Trick! sagen die versierten Gerichtshasen.

Selbst bei der Vernehmung Erika Maags, seiner Geliebten von einst und seiner Feindin von heute, bleibt er unbewegt, und doch müßte er Befriedigung darüber empfinden, wie ungeschickt und hilflos sie sich in beständige Widersprüche verwickelt. Im Gegensatz zu ihm will sie von ihren Aussagen unmittelbar nach dem Geschehnis nichts mehr wissen und bleibt bei dem, was sie Götz berichtet hat: nein, auf der Pistole befand sich kein roter Kreis, sondern nur »so was Rotes« auf der Schachtel, nein, sie hat Lang nie geliebt, sie hat »nur so was mit ihm gehabt«. Im übrigen kann sie sich an nichts, an fast gar nichts mehr erinnern – und Lang, der doch seit sieben Jahren um seine Freiheit kämpft, versucht nichts, um sie festzulegen. Er hockt starr da und überläßt alles dem Geschick seines unermüdlichen Verteidigers – und des geduldigen, um die

Wahrheit und nur um die Wahrheit bemühten Vorsitzenden.
Seine alte Mutter sagt aus. Sie weint. Lang weint nicht. Er wendet nur den Blick ab. Verbirgt er seine Rührung – oder einen Gewissensbiß? Kein Zweifel: der berüchtigte »Eindruck auf das Gericht« spricht nicht für ihn.
Endlich wird der Kriminalsekretär aufgerufen, der Mann also, der nach der ersten Einstellung des Verfahrens wiederum Verdacht gegen ihn faßte und ihn zum zweiten und endgültigen Male verhaften ließ. Man sieht dieser üblichen Polizeiaussage ohne Spannung entgegen; es geht nur um die übliche und üblicherweise bejahte Frage, ob Lang wirklich das ausgesagt hat, was protokolliert wurde. Und Götz, ein sehr großer, kräftiger Mann, wahrlich ein Bulle von einem Polizisten, bejaht sie auch, nur tut er das mit auffallend leiser und unsicherer Stimme.
Indessen das ist es nicht, was den Vorsitzenden zur Unterbrechung seiner Aussage veranlaßt. Sondern dies ist es; Lang, der bisher so »unansprechbare« Angeklagte, der »kühle Rechner«, der Verwirklicher des Traums vom »vollkommenen Verbrechen« – dieser Lang weint!
»Aber Angeklagter – warum weinen Sie denn?«
»Entschuldigen Sie, Herr Vorsitzender – aber wenn ich den sehe, muß ich weinen.«
»Ja, warum denn?«
»Weil er mich zwanzig Stunden lang immerzu vernommen hat, von nachmittags um vier bis zum andern Mittag um zwölf.«
»Aber Lang, wer soll Ihnen denn das glauben! In soundso vielen Verhören und Verhandlungen und in unzähligen Eingaben seit sieben Jahren haben Sie noch kein Wort davon gesagt! Warum denn nicht?«
»Man hat mich doch nicht danach gefragt.«
»Nun hören Sie aber auf! Und jetzt wollen Sie wahrschein-

lich noch behaupten, daß Sie Ihre Aussagen unter Druck gemacht haben, wie?«

»Jawohl, Herr Vorsitzender. Darum habe ich sie ja auch nicht unterschrieben. Es stand was drin, was ich nie gesagt habe. Und ich habe die ganze Zeit meinen Lebenslauf niederschreiben und dabei immerzu Fragen beantworten müssen über die Tat, und aufhören mit Schreiben durfte ich nicht.«

»Sie haben nicht unterschrieben, das ist richtig. Aber das andere . . . Zeuge Götz: haben Sie den Angeklagten jemals zwanzig Stunden lang nacheinander vernommen?«

»Das ist ausgeschlossen. Ich habe mehrere Morde aufgeklärt und keinen Menschen länger als höchstens sechs Stunden vernommen.«

»Und mußte Lang seinen Lebenslauf schreiben, während Sie ihn vernahmen?«

»Unsinn!«

»Nun, Angeklagter?«

»Es ist so, wie ich es sage.«

Der Staatsanwalt, der schon in den früheren Verhandlungen die Anklage gegen Lang vertreten hatte, erhebt sich mit siegreichem Lächeln. »Es gibt ja einen sehr einfachen Beweis dafür, daß Lang wieder lügt. Wir brauchen nur das Ein- und Ausgangsbuch des Gefängnisses in Sinsheim beizuziehen. Darin muß ja verzeichnet stehen, wann Götz das Gebäude betreten und verlassen hat.«

Der Verteidiger protestiert. Er muß fürchten, daß diese Eintragungen seinen Klienten widerlegen. Auch ihm, seinem Anwalt, habe Lang das in all den Jahren nie gesagt. Vielleicht unterliege er einem durch die lange Haft erklärlichen Gedächtnisirrtum.

Da meldet sich Götz: »Es hat keinerlei Zweck, das Buch beizuziehen, denn in Sinsheim wurde nach meiner Erinnerung keines geführt.«

Das Gericht beschließt trotzdem, nach dem Buche fahnden zu lassen – und der Riese im Zeugenstand scheint plötzlich irgendwie einzuschrumpfen. Und als er nun vereidigt werden soll, sagt er mit leiser, stockender Stimme: »Ich muß aber vorher darauf aufmerksam machen, daß ich mich nicht an alles so genau erinnern kann. Ich bin ja auch inzwischen aus dem Kriminaldienst ausgeschieden.«
»Richtig. Auf eigenen Wunsch, steht in den Akten. Stimmt das nicht?«
»Doch. Aber eigentlich wegen eines Leidens.«
»Und was war das für ein Leiden?«
Und der Riese, kalkbleich, flüsternd, mühsam:
»Gedächtnisspaltung.«
Langes Schweigen im ganzen Saal.
Keiner findet ein Wort. Nur im Zuschauerraum springen einige erregt auf. Der Vorsitzende fordert Beherrschung.
»Sind Sie Ihres Leidens wegen behandelt worden?«
»Ja.«
»Wo?«
»In der psychiatrischen Klinik.«
»Wie?«
»Mit Elektroschocks.«
»Viele?«
»Ja.«
Und einer der Sachverständigen bemerkt leise: »Also tatsächlich. Schizophrenie.«
Da beschließt das Gericht, außer dem Ein- und Ausgangsbuch des Gefängnisses Sinsheim auch die Personalpapiere des Kriminalsekretärs beizuziehen, und schließt für diesmal die Verhandlung.

18. September 1953

Die nächste beginnt am andern Morgen in Gemmingen, dem Dorf, in welchem der Mord geschah. Zunächst werden die gesuchten Eintragungen verlesen, die sehr wohl gemacht wurden, mit guter deutscher bürokratischer Gründlichkeit, und die beweisen, daß Lang von Götz verhört wurde: vom 19. Mai 1947 sechzehn Uhr bis zum 20. Mai 1947 zwölf Uhr fünfzehn und dann wieder vom 20. Mai achtzehn Uhr dreißig bis zum 21. Mai vierzehn Uhr dreißig – also nicht nur, wie Lang behauptet hatte, zwanzig Stunden, sondern vierzig Stunden lang mit einer nur sechsstündigen Unterbrechung. Der Oberstaatsanwalt, der ja die Vorlage des Buches verlangt hatte, hat seiner These selbst die erste Niederlage beigebracht.

Die Personalpapiere des Kriminalsekretärs werden erst später verlesen. Aber sie ergeben eine erstaunliche Biographie, erstaunlich selbst für einen Beamten, der zwischen die wechselnden Systeme und Nationen geriet.

Anton Götz wurde 1909 in der Tschechoslowakei geboren. Seine Muttersprache ist Tschechisch, mit seinem Schriftdeutsch hapert es heute noch. Er war dann auch von 1933 bis 1938 bei der tschechischen Kriminalpolizei tätig; dann wurde er seines Nervenleidens wegen in den Ruhestand versetzt. Damals erfolgte also der erste »Schub« seiner Krankheit. Aber nach der Gründung des Protektorats läßt er sich als deutscher Kriminalbeamter anstellen, flieht 1943 nach Nordbaden und wird dort rasch befördert, obwohl ihm seine Vorgesetzten Herrschsucht und Wahllosigkeit in den Untersuchungsmethoden vorwerfen. So »klärt« er denn von 1945 bis 1949 vier Mordfälle und eine Unzahl anderer Fälle auf; 1948 nimmt seine Schizophrenie derartige Ausmaße an, daß er um Entlassung bitten muß. Sie wird ihm »auf eigenen Wunsch« gewährt, er bekommt ein gutes Zeugnis und darf sogar seinen Führerschein behalten, obwohl er oft plötzliche »Abwesenheiten« hat – man will menschlich sein. Derzeit verkauft er Waschmaschinen.

Nun werden die von ihm diktierten Protokolle noch einmal durchgesehen. Es fiel schon immer auf, daß er unter jeder noch so kurzen Einzelvernehmung mit schwungvoller Schrift vermerkt hatte: »Kriminalsekretär Anton Götz, Hauptstelle der Landespolizei!« – aber man hielt es für Eitelkeit; es war Krankheit. Der Antrag auf die erneute Verhaftung Langs war von ihm unterschrieben; darin bemängelte er zwar, daß »die Aufnahme des objektiven Tatbestandes nicht so erfolgt ist wie es die Aufklärung des Falles erfordert hätte«, fügt jedoch sofort hinzu: »Es ist kein Zweifel, daß Lang der Täter ist.« Im Protokoll über die Dauervernehmung bemerkt er: »Lang ist mehrmals weinend vor den Bildern seiner Kinder zusammengebrochen, er ist aber in seinem Willen fest entschlossen, die Tat nicht zuzugeben«; dann, nach den ersten zwanzig Stunden, so sagt die spätere Urteilsbegründung wörtlich, »hatte er den Lang so weit«, daß er triumphierend festhalten konnte: »Lang ist nicht in der Lage, auf die ihm gestellte Frage überhaupt eine Antwort zu geben, er benötigt Zeit, die er für eine solche Frage nicht beanspruchen dürfte!«; und endlich, nach vierzig Stunden, schließt er mit dem auch nach Meinung des Gerichts »erstaunlichen« Satz: »Lang ist der wahre Typ eines kaltblütigen, brutalen und rücksichtslosen Mörders.«

Wie kam dieser arme Kranke nun zu solcher Überzeugung?

Private Ermittlungen ergaben folgendes: Götz wohnt in einem kleinen, selbst erbauten Häuschen mit einer Landsmännin und Freundin zusammen, und ihr hat er nach deren Aussage erzählt: »Ich war durchaus nicht von Langs Schuld überzeugt, im Gegenteil. Aber als ich nach Gemmingen kam, um Lang zu verhören, fand ich ihn auf dem Fußballplatz, und weil er mich, obwohl er mich nie gesehen hatte, meiner großen Figur wegen sofort als Kriminalbeamter erkannte, wurde er leichenblaß und brach ohnmächtig zusammen – da wußte ich, daß er der Täter war!«

Aber sowenig er über Bilder von Langs Kindern verfügte, vor denen Lang hätte zusammenbrechen können, sowenig hat er Lang je auf dem Fußballplatz in Gemmingen getroffen. Er sah ihn vielmehr zum erstenmal im Gefängnis Sinsheim; verhaftet hatte Lang ein anderer Polizist. Sein krankes Hirn hatte sich das alles nur eingebildet; dennoch: für ihn war es Wirklichkeit. Und die Aussagen, die er ins Protokoll diktierte, hatte er wirklich gehört – als Stimmen. Und weil dem Verfolgungswahn auch der Überführungswahn parallel geht, änderten sich bei ihm Langs Aussagen zu dessen Ungunsten, konnte er die suggestible und nun so hassende Frau Maag dazu bringen, jetzt plötzlich gegen den einst Geliebten auszusagen, bestätigte selbst ein Zeuge, daß Götz ihn zu einer Aussage gegen Lang »erpreßt« habe. Später, in der Urteilsbegründung, sagte der Vorsitzende: »Durch die Betrauung dieses kranken Menschen mit der Untersuchung sind Dinge geschehen, die wie Romane unheimlichster Art anmuten, wie Angstphantome bei E. T. A. Hoffmann. Alles, was durch Götz zutage gefördert wurde, ist damit null und nichtig, sowohl die Aussagen des Angeklagten als auch die der Zeugen, worunter eine sogar unter Erpressung erfolgte – und alles zusammengenommen entstand dadurch ein krankes Bild des Falles.« Darum also hatte ich die Akten als »krank« empfunden – weil der krank gewesen war, der sie diktiert hatte! Aber freilich: nur die Ermittlungen des Kriminalsekretärs Götz waren nun »null und nichtig«, nicht jedoch die Indizien, die der Polizeinspektor Mühling zusammengetragen hatte, nicht die Feststellung Karlsruhes von der Unglaubwürdigkeit der vier Zeugen, die das Trampeln sich entfernender Schritte gehört haben wollten, nicht die übereinstimmenden Aussagen der Frau Maag und der Frau Killer, sie hätten beim Blick aus dem Küchenfenster nur Maag und nicht auch Lang über den Hof laufen sehen. Dies alles und noch einiges mehr belastete den Angeklagten aufs schwerste.

Der Inspektor Mühling erweist sich als ein biederer, rundlicher Dorfpolizist, der indessen, wie das denn wohl vorkommt, einen unüberwindbaren Hang zur Romantik und zum Kriminalroman, mithin zur Kriminalromantik hat – wie denn bei dieser Gelegenheit überhaupt festzustellen ist, daß das Lesen von Kriminalstories und der Besuch von Kriminalfilmen weniger für die Kriminellen gefährlich und anregend ist als vielmehr für die Kriminalisten. Mühling also zeigt einerseits eine schöne Naivität: so hat er den Tatort nachtüber darum nicht sichern lassen, weil »damals doch sowieso ein Ausgehverbot bestand« – als ob nicht gerade dies Ausgehverbot für Deutsche die Untaten so manches Ausländers ermöglichte, und als ob es einen inländischen Täter daran gehindert hätte, seine Spuren zu verwischen! Andererseits war der ehrgeizige kleine Mann Mühling begreiflicherweise sofort von dem »großen Fall« fasziniert, der ihm da unversehens begegnete, und ging denn auch ungesäumt auf die Suche nach dem »vollkommenen Verbrechen«: da war der Roman »Der Knecht«, und ihm war sofort klar, daß Lang und Frau Maag diesen Roman einfach »nachgespielt« hatten, wobei er leider übersah, daß Lang das Buch überhaupt nicht gelesen hatte; da war die Unterhaltung an Maags Krankenbett, die freilich vorzeitig abgebrochen werden mußte, weil der Sterbende die Fragen nicht mehr verstand und auch nichts mehr unterschreiben konnte, die aber doch nach Mühlings Aussage die »spontane und wiederholte« Versicherung Maags erbracht hatte, daß Lang der Täter sei – während Maag selbst nach der Darstellung einer mit ihm eng befreundeten Zeugin erklärte hatte: »Eben hat Mühling die Sache mit mir durchgesprochen, und denk mal, was dabei herauskam: Lang muß der Täter sein!«; da war endlich die pathetische Art, in der Mühling den vermeintlich Schuldigen verhaftete; er trat mit entsicherter Pistole auf ihn zu und brüllte: »Hände hoch! Sie sind der Mörder!« Fügt man hinzu, daß auch die längst widerlegte Theorie von den durch Lang inszenierten »Spukgeschichten« eine Mühling-Hypothese war und sonst nichts, dann wird man verstehen, daß das Gericht die Pfuscharbeit des gesunden Mühling dem Angeklagten so wenig zur Last legen konnte wie die Gewaltarbeit des kranken Götz.

Es folgten die Aussagen und Eide der vier »Trampelzeugen«, die vom Vorsitzenden hart ins Gebet genommen wurden: er ging bis an die Grenze dessen, was ein Richter einem Zeugen zumuten darf, er ging fast darüber hinaus – aber sie blieben fest: sie hatten alle gehört, wie mehrere Männer nach den Schüssen den Feldweg entlangliefen und nach etwa fünfzehn Sekunden in die Gärten abbogen. Warum aber hatten sie so lange geschwiegen? Sie nannten ihre Gründe: der Mann ein höherer Amtsanwalt in der Partei und damals mit harter Entnazifizierungsstrafe bedroht, die Mutter Frauenschaftsleiterin und deshalb ebenfalls darum bemüht, sich keine Feinde zu machen, sich in nichts hineinzumischen; der Senat in Karlsruhe hatte diese Gründe als »unglaubwürdig« bezeichnet, das Gericht versetzte sich in die Zeit von damals und glaubte den vier, mußte ihnen glauben, besonders als am Abend der ganze Vorgang am Tatort rekonstruiert wurde, immer und immer wieder. Landespolizisten liefen den Feldweg entlang, bald stampfend, bald fast schleichend, und obwohl der Wind in den Bäumen rauschte, die doch am Tatabend ohne Laub gewesen waren, hörte das gesamte Gericht die Schritte ganz deutlich – und nur der Oberstaatsanwalt sagte: »Ich weiß nicht, was hier alle hören. Ich höre nichts.« Es blieb die Frage, warum Frau Maag und Frau Killer aus den Küchenfenstern nur einen Mann an der Scheunenwand hatten vorbeilaufen sehen, wenn es doch, wie Lang behauptete, zwei gewesen waren. Auch hier wurde immer und immer wieder der Vorgang des Mordabends nachgeahmt, bei gleichen Lichtverhältnissen, und immer einmal so und einmal anders: während wiederum Frau Maag und Frau Killer aus den Fenstern sahen und nach ihnen jeweils zwei Richter oder Geschworene, liefen an der Scheune jetzt ein Mann und jetzt zwei vorbei, und das Ergebnis war ebenso verblüffend wie unbestreitbar. Auch wenn zwei Männer da entlangliefen: von diesen Fenstern aus konnte immer nur einer wahrgenommen werden – und diesmal auch vom Oberstaatsanwalt! Beide Zeuginnen hatten also nicht gelogen; sie hatten recht, und Lang konnte recht haben; nur das damalige Gericht hatte falsche Schlüsse gezogen und in der Urteilsbegründung dies niedergeschrieben: »Langs Darstellung trägt sonach den Stempel der Lüge an der Stirn.«

Und als dann noch festgestellt wurde, daß Maags Weg von der Rübenmühle bis zum Brunnen tatsächlich zeitraubender war als Langs Weg vom Stall bis zum Brunnen, daß also Lang sehr wohl vor Maag am Brunnen sein, nicht aber bis zum Deichselloch gelaufen und von dort wieder zum Brunnen zurückgekehrt sein konnte – da war kurz vor der Mitternachtsstunde dieses Tages wenigstens eines klar: den »Lockschuß« durchs Deichselloch konnte Lang nicht abgegeben haben!

19. September 1953

Man verhandelt wieder in Heidelberg. Die Geschichte vom schizophrenen Kriminalsekretär und die erstaunlichen Ergebnisse des Lokaltermins in Gemmingen haben

sich herumgesprochen; der Andrang zum Zuschauerraum wird beängstigend.
Die Schwester des Ermordeten sagt zuerst aus. Sie gibt zu: »Bisher habe ich manches nicht gesagt«, und räumt ein, daß sie die »Trampelzeugen« gewarnt hat, ihre Wahrnehmungen mitzuteilen – »weil schon so viel Staub aufgewirbelt wurde, und weil sie mit dem Mord selbst doch nichts zu tun hatten!«
Frau Maag wird noch einmal aufgerufen: sie soll sich zur »Pistolenfrage« äußern. Sie hat bisher behauptet, ihr Mann habe eine »richtige« Pistole besessen, eine DUO-Pistole; Lang behauptet, es habe sich um eine harmlose Schreckschußpistole gehandelt, »in der Mitte auseinanderzuklappen wie ein Buch«. Jetzt werden der Zeugin vom Sachverständigen des Bundeskriminalamts zehn verschiedene Pistolen vorgelegt; zögernd greift sie zunächst nach einer und dann nach einer zweiten, und der Sachverständige erklärt: »Beides sind Schreckschußpistolen!« Als sie das hört, greift Frau Maag noch einmal zu: »Auch diese hier könnte es gewesen sein!« Jeder im Saal glaubt, daß sie den Angeklagten jetzt »hineinreiten« will – aber der Sachverständige stellt fest: »So. Das war die dritte und letzte Schreckschußpistole. Die übrigen sieben, die sie liegen ließ, sind echt!« Und wen das noch nicht überzeugte, den überzeugt nun ein letzter Versuch: gleich nach der Tat hatte Frau Maag auf die Aufforderung Mühlings hin eine Skizze der Pistole angefertigt, die sie im Gedächtnis hatte. Diese Skizze ist noch bei den Akten; sie wird gebracht: die drei Schreckschußpistolen passen fast haargenau in die Umrisse hinein, die »echten« nicht! Kein Zweifel besteht mehr an dem, was in dieser Frau vorgeht: der Einfluß des suggestiven Kriminalkommissars Götz, der Druck der unbewußt voreingenommenen Gerichte von einst sind gebrochen, und Frau Maag kehrt zu ihren ersten, richtigen

Aussagen zurück. Hat Lang also überhaupt geschossen, hat er nicht mit Maags Pistole geschossen; wie er in den Besitz der tschechischen DUO-Pistole gekommen sein soll, bleibt zumindest unklar; und da nach dem Urteil der Schießsachverständigen die Schüsse aus jeder Entfernung abgegeben worden sein können, die zwischen einem halben Meter und zehn Meter liegt, können sie kaum von Lang abgefeuert worden sein, der so nahe bei Maag war, wohl aber von einem Mann hinter dem Birnbaum.

Und dann, in den Abendstunden des Samstags, folgt noch eine Szene, die dem Vorsitzenden den Seufzer entlockt: »Dieser Prozeß ist voller Geheimnisse!« Nach den Akten der bisherigen Verhandlungen nämlich hatte der frühere Arbeitgeber Langs vor der Polizei ausgesagt, Lang sei »brutal und jähzornig« und die Tat »ihm zuzutrauen« gewesen. Das soll er nun als Zeuge bestätigen – er aber versichert und beschwört, daß er niemals über Lang vernommen worden ist, den Beamten, der das Protokoll aufnahm, nie gesehen hat, eine derartige Aussage auch nie hätte machen können, weil Lang einer seiner besten und verträglichsten Arbeiter gewesen sei und jederzeit bei ihm wieder eintreten könne. Jener Beamte wird herbeigeholt; er erinnert sich an nichts mehr; es könne ja sein, daß er jemand anderen über Langs Leumund vernommen und nachher »aus Versehen« die Personalien des Arbeitgebers eingefügt habe, vielleicht habe ihm ein Werkmeister oder ein Arbeitskollege Langs derartige Angaben gemacht. Aber auch die werden herbeigeholt und stellen Lang das beste Zeugnis aus, sind auch nie vernommen worden, und man wird den Verdacht nicht los, daß hinter diesem seltsamen Polizeibeamten auch wieder der düstere Schatten des Kriminalsekretärs Götz steht.

Und am Sonntag, der verhandlungsfrei bleibt, ist der Angeklagte, wie es der Vorsitzende später ausdrücken wird,

»zum erstenmal aus dem Dunkel der Unglaubwürdigkeit in das Zwielicht der Glaubwürdigkeit vorgerückt, und es ist sogar durch die neuen Untersuchungen eine Art Erdrutsch der Indizienbeweise eingetreten.«

21. September 1953

Am Montag setzt sich dieser Erdrutsch fort – und zwar abermals gerade darum, weil die Staatsanwaltschaft ihn aufhalten will. Sie zeigt sich durch die »Trampelversuche« nicht überzeugt. Denn erstens sei am Tatabend die Rübenmühle in Betrieb gewesen, deren Rattern irgendwelche Schritte auf dem Feldweg zweifellos übertönt haben müsse; die Zeugen hätten solche Schritte also gar nicht hören können. Und zweitens habe ein Nachbar, der hundertundfünfzig Meter von Maags Anwesen entfernt wohnt, in der Mordnacht wohl die aufgeregten Stimmen aus Maags Hof gehört, nicht aber die Schritte; hat er aber jene gehört, so hätte er auch diese hören müssen – wenn sie getan worden wären. Also begibt sich das Gericht abermals nach Gemmingen, stellt sich abermals vor dem Haus der »Trampelzeugen« auf und läßt abermals drei Männer den Feldweg entlangrennen – nur daß heute die Rübenmühle läuft. Und – man hört die Schritte genauso!

Man wandert weiter, in das hundertfünfzig Meter entfernte Gehöft. Man trifft langwierige Vorbereitungen, um die Vorgänge am Mordabend aufs genaueste zu rekonstruieren – die Spannung wird so unerträglich, daß ein Referendar in Ohnmacht fällt. Endlich ist es soweit:

Drüben, hinter Maags Scheune, knallt, wie damals, der »Lockschuß«. Im Hof wird, wie damals, das Licht angezündet. Eine Frauenstimme ruft, wie damals Frau Maag: »Ottmar, bleib hier!« Drei Schüsse folgen, wie damals. Ein Mann bittet, wie damals der Getroffene: »Helm, ich bin geschossen, hilf mir!« Andere, aufgeregte Stimmen von Maags Hof her, auch wie damals – man hört das alles recht laut, wenn man auch die Worte nicht versteht. Und währenddessen laufen, wie damals, drei Männer den Feldweg entlang, so laut sie können – ihre Schritte aber hört man nicht!

Die Spannung löst sich. Der letzte Belastungsversuch der Staatsanwaltschaft ist gescheitert. Morgen sollen die Plädoyers beginnen. Damit es dabei keinen Aufenthalt mehr gebe, nimmt der Vorsitzende die Beeidigung aller der Zeugen, die ihre Aussagen noch nicht beschworen haben, hier auf dem Hof, unter freiem Himmel und im Wind rauschender Bäume vor. Fast das ganze Dorf ist anwesend und bildet einen äußeren, das Gericht einen inneren Kreis. Inmitten dieses Kreises steht der jeweilige Zeuge. Durch die Totenstille ringsum klingt nur die Stimme des Vorsitzenden, der jedem noch einmal seine Aussagen vorhält, ihn zur Wahrheit ermahnt und zu nichts als der Wahrheit, ihm die Heiligkeit des Eides vorhält und die Strafen, die ihn erwarten, wenn er diese Heiligkeit verletzt.

Die Männer ringsum ziehen ihre Hüte ab, die Frauen falten die Hände. Der Vorsitzende sagt: »Ich spreche Ihnen die Eidesformel vor: Ich schwöre bei Gott dem Allmächtigen, daß ich die reine Wahrheit gesagt und nichts verschwiegen habe. Sprechen Sie mir jetzt die Worte nach: Ich schwöre es, so wahr mit Gott helfe!«

Frauen, Männer und zwei Burschen wiederholen: »Ich schwöre es, so wahr mir Gott helfe.«

Und unter diesen Eiden, mögen sie nun den Angeklagten belasten oder entlasten, ist kein Meineid. Vor dieser ihrer Dorfgemeinschaft, vor dieser einzigen echten und wahren Öffentlichkeit, unter dem Himmel Gottes wird die Lüge zur Qual. Hier wird das alte, ehrwürdige, das Recht geübt, der echte Eid geschworen. So war es einst, so sollte es immer sein. Nur so läßt der sterbende Eid sich retten.

22. September 1953

Die Plädoyers.

Der Oberstaatsanwalt spricht leidenschaftslos und monoton. Er ist der Chef derselben Staatsanwaltschaft, die schon zweimal Langs Verurteilung, die sogar die Todesstrafe für ihn gefordert hat – wäre es nach ihrem Willen gegangen, stünde Lang nicht mehr hier. Kann man von diesem Mann verlangen, jetzt für den Freispruch zu plädieren und damit die schmerzhafte Einsicht in einen tragischen Irrtum, die Verantwortung für eine versuchte »legale« Tötung auf sich zu nehmen? Darf er, muß er nicht bei seinem Irrtum bleiben? Darf er, muß er nicht sich einreden, daß alle anderen irren und nur er im Recht ist?

Nie wurde die Methode, eine Wiederaufnahme demselben Richter und demselben Ankläger anzuvertrauen, die schon zuvor verurteilt und angeklagt haben, schroffer ad absurdum geführt als durch dies Plädoyer. Wie die Emigranten der Französischen Revolution hat dieser Staatsanwalt »nichts vergessen und nichts gelernt«. Eintönig wiederholt er die Beweisführung der früheren Prozesse; was sich jetzt neu ergab, übergeht oder bagatellisiert er. Er lastet es Lang an, daß er in den ersten Vernehmungen sein Verhältnis mit Frau Maag nicht zugegeben hat; das beweise, welch ein Lügner er sei. Mit Scham könne das nichts zu tun haben, denn »er hatte ja auch keine Scham, als er dies Verhältnis einging«. Auf solche billige, moralinsaure Rabulistik wird der Vorsitzende später in seiner Urteilsbegründung antworten: »Für sein Schweigen hatte der Angeklagte durchaus anständige, ja ritterliche Motive. Wenn jedem, der unter Anklage steht, und das kann jedem von uns schon morgen passieren, jedes anständige Motiv schon darum abgesprochen werden könnte, weil er eben Angeklagter ist, dann wäre das eine schlechte Sache und der Bankrott des Rechts.«

Aber einstweilen hat noch der Ankläger das Wort. Er glaubt Lang nichts, er glaubt dem sterbenden Maag alles, der seine Aussagen unter dem Einfluß seiner Frau, unter der Wirkung furchtbarster Schmerzen und stärkster Opiate, im Haß auf den Mann, der ihn mit seiner Frau betrog, gemacht und nicht einmal unterschrieben hatte; er glaubt sogar der »zwar verstockten, aber nicht unglaubwürdigen Zeugin Maag« alles. Er bezeichnet die Aufklärungsarbeit des Verteidigers und des Privatdetektivs Lay als »kriminalistischen Dilettantismus«, aber den kriminalistischen Dilettantismus des schizophrenen Götz erwähnt er kaum, denn »polizeiliche Protokolle sind ohne Einfluß auf die Urteilsfindung« – nun, eben noch hatte er sich auf das polizeiliche Protokoll des Herrn Mühling gestützt! Er läßt deutlich durchblicken, daß die Wiederaufnahme des Verfahrens gegen seinen Willen erfolgt und seine Beschwerde dagegen nur »weisungsgemäß« zurückgezogen worden sei, und er macht »Außenstehende« dafür verantwortlich, namentlich die Presse, der er sogar Zeugenbeeinflussung vorwirft. Und er fordert die Aufrechterhaltung der Verurteilung Langs zu lebenslänglichem Zuchthaus.
Nun, wenn der Vorsitzende Landgerichtsdirektor Dr. Munzinger ein wahrer Wunschtraum für jeden Freund eines ordentlich geführten Verfahrens war, so war dieser Oberstaatsanwalt mit diesem schwachen und ressentimentgeladenen Plädoyer ein Wunschtraum für den Verteidiger. Dr. Ernst Schwander hatte es schwer gehabt in seinem Eintreten für Lang, schwer gehabt alle die Jahre vor und alle die Tage während der Verhandlung – in dieser Stunde hatte er es leicht. Wäre, so sagte er, damals so sorgfältig ermittelt worden wie diesmal, dann hätte es überhaupt keinen Fall Lang gegeben. Mühlings Ermittlungen jedenfalls könnten in einer Schule für Kriminalisten als Lehrbeispiel dafür dienen, wie man es nicht machen dürfe

– von den Ermittlungen des armen Götz zu schweigen. Er braucht nun nur noch in leidenschaftlicher Rede zusammenzustellen, was sich in diesen Tagen ergeben hat; und als er den Freispruch beantragt, donnert im Zuschauerraum ein Beifall los, den der Vorsitzende mit Recht, aber vergebens einzudämmen versucht.

Und jetzt, da es scheint, als habe nur noch das Gericht zu sprechen – jetzt hält das Schicksal in diesem aus lauter Überraschungen zusammengesetzten Prozeß noch zwei Dei ex machina bereit; einen Zeugen, der rasch noch entlasten will, und einen zweiten, der rasch noch belasten soll. Der erste hat sich, auf Grund der Zeitungsberichte, freiwillig gemeldet. Er ist Kraftfahrer, nie vorbestraft, und hat im Herbst 1945 im Bahnhofswartesaal von Frankfurt am Main übernachtet. Dort hat er Polen kennengelernt, die ihm erzählten, sie führen jetzt in ein Dorf bei Sinsheim, um mit einem Bauern abzurechnen, der während des Krieges viele ihrer Landsleute und besonders ihre Schwester mißhandelt habe. Nun, juristisch ist mit dieser gut gemeinten und absolut glaubwürdigen, aber vagen Aussage natürlich nichts anzufangen – wenn es auch nachdenklich stimmt, daß in einem anderen Dorf, das jedoch ebenfalls bei Sinsheim liegt, ein Großbauer an Polen ausgeliefert werden mußte und dort gehängt wurde, weil er polnische Arbeiter mißhandelt hatte. Und dieser Großbauer hieß gleichfalls Maag …

Der zweite Zeuge ist keineswegs unbescholten, sondern im Gegenteil ein zu lebenslänglichem Zuchthaus verurteilter Mörder, der mit Lang in derselben Strafanstalt saß. Ihn hat der Oberstaatsanwalt benannt: die Zuchthausleitung habe ihm mitgeteilt, daß Lang sich diesem Zeugen gegenüber schuldig bekannt habe. Er wird schleunigst herbeigeholt – wird er das lecke Schifflein der Anklage wieder flottmachen?

Aber nein: er sorgt nur für den Humor selbst in dieser todernsten Angelegenheit; die Tragödie ist vorüber, das Satyrspiel beginnt. Lang, so sagt und beschwört er, habe sich immer als unschuldig erklärt; er habe nur einmal gemeint: »Wenn man mich schon unschuldig verurteilt hat, so hätte man mich trotzdem nur wegen Körperverletzung mit tödlichem Ausgang, nicht wegen Mordes verurteilen können, denn das Opfer des Unbekannten starb ja erst nach drei Tagen.« Diese Äußerung habe er einem Wärter mitgeteilt, und der müsse sie wohl falsch verstanden haben, oder vielleicht habe er sich auch nicht richtig ausgedrückt. Nun, sie war nichts Neues, diese Äußerung, sie war das übliche falsche Ergebnis der in allen Zuchthäusern leidenschaftlich betriebenen Schmalspurjuristik, und Lang hatte sie schon Anno 1948 schriftlich getan in einem Brief, der bei den Akten lag und mit den Worten schloß: »Einmal wird der Tag kommen, wo man auch mir glaubt!« Und das Rätsel um das Auftreten dieses Häftlings löste wohl der Vorsitzende, als er ihn anlächelte und sagte: »Sie wollten offensichtlich mal ein bißchen an die frische Luft kommen!« Und der Häftling lächelte zurück ...
Der Tag aber, den Lang vor fünf Jahren prophezeit hatte, der Tag, an dem man auch ihm glaubte, stand bevor: am nächsten Tag um sechs Uhr abends wurde das Urteil verkündet.

23. September 1953

Tausende von Männern, Frauen und Kindern drängen sich vor dem Gerichtsgebäude; kein Zweifel: das Volk hat Langs Sache zur seinen gemacht; Lang macht den Weg von der Zelle zur Anklagebank diesmal zwischen Mauern von schweigenden Menschen. Alle wollen sie diesem letzten Akt beiwohnen – bis auf einen: den Oberstaatsanwalt; er läßt sich durch einen Kollegen vertreten, was nach der

Strafprozeßordnung möglich ist. Sonst ist es unmöglich. Das Gericht tritt ein. Alles steht auf und bleibt stehen. Der Vorsitzende verliest:

»Im Namen des Volkes verkündige ich folgendes Urteil:

Erstens: Das Urteil der Strafkammer des Landgerichts Heidelberg vom 4. Juni 1948 wird aufgehoben.

Zweitens: Der angeklagte Wilhelm Lang aus Gemmingen wird wegen Mangels an begründetem Verdacht freigesprochen.

Drittens: Die gesamten Kosten des Verfahrens einschließlich der dem Angeklagten erwachsenen notwendigen Auslagen fallen der Staatskasse zur Last.«

Nach dem ersten Satz bricht eine wilde Bewegung im Zuschauerraum aus. Frauen weinen laut. Männer springen auf die Bänke und werfen jubelnd ihre Hüte in die Luft. Das Trimphgeschrei dringt durch die offenen Fenster zu der Menge drunten. Die guten Heidelberger, und keineswegs der »Mob«, benehmen sich wie Italiener.

In der Anklagebank aber geht es ganz anders – geht es ganz still zu.

Lang, der »Unansprechbare«, jubelt nicht mit. Er bricht halb ohnmächtig zusammen und muß seinen Verteidiger von rückwärts umfassen, um nicht zu stürzen. So bleibt er nun lange und weint hemmungslos.

Währenddessen treten die beiden Polizisten, die ihn bisher rechts und links flankierten, aus der Anklagebank und machen seiner Frau Platz, die sich neben ihn setzt – und seine beiden bisherigen Bewacher salutieren nun vor ihm, dem freien Mann, dem endlich Recht wurde.

Zwei Stunden lang, in sorgsamen und oft schönen Sätzen, begründet der Vorsitzende den Spruch des Gerichts. Nach den Gesetzen der Logik, so schließt er, kann Lang nicht der Täter gewesen sein. »Wir haben deshalb lange geschwankt, ob wir ihn nicht wegen erwiesener Unschuld freisprechen müssen, und haben das nur deshalb nicht getan, weil es eben im Leben nicht immer logisch hergeht. Es besteht noch immer die Möglichkeit, daß Lang geschossen hat, aber es besteht kein begründeter Verdacht mehr. Und weil er somit nicht nur wegen Mangels an Beweisen freigesprochen worden ist, steht ihm die gesetzlich vorgeschriebene Entschädigung zu, die freilich keine Wiedergutmachung für die sieben Jahre Zuchthaus sein kann – die sind nicht wiedergutzumachen. Selbstverständlich kann die Staatsanwaltschaft Revision einlegen und ein höheres Gericht anders entscheiden – aber wir glauben es nicht, und hoffen es nicht!«

Tatsächlich legte die Staatsanwaltschaft keine Revision ein. Das Urteil wurde rechtsgültig, und Lang erhielt eine Entschädigung.

Aber das war viel später. Damals legte er seinen letzten Weg in die Zelle durch jubelnde Menschenmassen zurück. Damals fuhr er noch am gleichen Abend mit den Seinen zurück nach Gemmingen.

Und im Gemmingen jubelte niemand. Die Straßen waren wie ausgestorben. Wollte man von diesem Freispruch nichts wissen? Schwelten da noch Verdacht und Haß?

Aber als Lang seine kleine Wohnung betrat, war sie mit Bauernblumen geschmückt und mit Gaben überfüllt. Die Dorfbewohner hatten ihm das alles gebracht – vorsichtig, wie es gut bäuerisch ist, auf dem Weg über den Hinterhof – aber doch auf dem Weg des Rechts.

JOE LEDERER

Tödliche Leidenschaft
Sieben große Mordfälle

300 Seiten · Leinen

»In der ganzen Geschichte des Menschen ist kein Kapitel unterrichtender für Herz und Geist als die Annalen seiner Verirrungen. Bei jedem großen Verbrechen war eine verhältnismäßig große Kraft in Bewegung. Wenn sich das geheime Spiel der Begehrungskraft bei dem matteren Licht gewöhnlicher Affekte versteckt, so wird es im Zustand gewaltsamer Leidenschaft desto hervorspringender, kolossalischer.« (Friedrich Schiller)
Von Verbrechen aus gewaltsamer, tödlicher Leidenschaft handeln diese sieben Mordfälle, die in der internationalen Kriminalgeschichte einen besonderen Platz haben. Die Beweggründe, die Tatmotive sind in allen Fällen eine triebhafte Besessenheit.
Kein Kriminalroman könnte spannender und phantastischer sein als die Tatsachenberichte dieser Verbrechen. Joe Lederer – als Romanautorin nennt man sie die deutsche Colette – hat diese Mordfälle, von denen die Welt sprach, an Hand des authentischen dokumentarischen Materials nach neuen Recherchen und psychologischen Erkenntnissen geschildert.